Gu Zhutong Zhuan

Gu Zhutong
Zhuan

顾祝同传

吕慧 ◎著

中国文史出版社

前　言

顾祝同将军是江苏涟水人，保定军校第六期毕业，后在黄埔军校任教，曾参与东征、北伐、军阀混战、“围剿”红军。抗战期间，任国军第三战区司令长官，兼江苏省主席，制造了震惊中外的“皖南事变”。1945 年5 月，当选为国民党第六届中央执行委员。抗日战争胜利后任徐州绥靖主任、陆军总司令、国防部参谋总长、“西南军政长官”等职务。1950 年 3 月去台湾，曾兼台湾“国防部”代部长。1972 年任“总统府”战略顾问。1987 年 1 月 17 日卒于台湾。他在国民党军中，素有“驭将之才”声誉，被军政高层称为“军中圣人”。他身居国军高位，经历了黄埔建军之后国军全部重大历史时刻，善于谋划全局，折冲转圜，“政才”甚至强于军事上的才干，堪称军中“宰相”。

与同样受到蒋介石宠信的何应钦、陈诚二人不同的是，顾祝同在军中并无明显的派系，而是坚定地执行蒋介石的政策，这一方面巩固了其在军中的“敦厚长者”形象，同时也注定其最终的人生轨迹。

本书通过记叙顾祝同将军一生历程，探寻其在国民党内长盛不衰、官运亨通的奥秘，揭示历史上国民党反动统治的残酷性和反人民性，直言其败退台湾的必然性，对于研究国民党建军治军思想或有帮助。

目　　录

第一章　三尺墨池起微涟

猛虎下山入梦来

1893 年 1 月 9 日，也就是清光绪十八年十一月二十二日，顾祝同出生在江苏省涟水县东北乡的四集镇。

涟水之名，开始于隋朝，自唐代以来建制多有变更，明清时称安东县，民国建立后乃称涟水县。古老的盐河与淤黄河横贯涟水境内，它平野广畴，虽无高山以登临，鲜大海以游弋，但东临渤海，西带沭河，三涟绕北，长淮襟前。由于水陆交通发达，成为北上齐鲁、南下京沪的要津。甸湖位于涟水和阜宁之间，靠近黄海，自古以来人烟稀少。在太平天国时期，洪秀全攻陷南京。南京制台夫妇将一儿一女托付将领薛驹，自杀殉难，薛驹带其乘船回到了老家涟水县甸湖荡。传说，在过江之时，制台公子落水而亡，薛驹与制台小姐结成夫妻，在甸湖盖起瓦房宅邸，人称“薛家三大门”。此后，从黄海陈家港挑运私盐的商贩多在此转手，再由盐商运往扬州等地，商贾云集，生意兴隆。四集镇，旧称顾家庄，离甸湖九里上下，就是顾祝同的家乡。

按照中华姓氏的源与流，顾氏本源于夏禹，是勾践的七世孙，因有功被封为顾余侯。三国时，顾氏祖先居东吴，人口繁衍成一脉大姓，顾雍还做了深得吴王倚重的吴国丞相。自西晋到南北朝、隋、唐、宋、元几代，顾氏出了像光禄大夫尚书顾和、唐著作郎顾逋、开封府尹顾谦、刑部尚书顾礼、户部侍郎顾而谋等杰出人物。顾祝同先祖顾天时从苏州阊门迁居到涟水，顾家在此地开枝散叶，日益兴盛。顾天时，劳作勤恳，得有积蓄，便携弟弟顾天运到县城开办木场、米市，诚信经商，生意红火，不料天运暴卒，留下五岁侄儿永宽。在昼夜不停的狂风暴雨中，顾天时含泪涉水将弟遗体安葬，悉数变卖县城产业，带着侄儿和自己的三个儿子回到了顾家庄。三个儿子中，顾永清不喜读书，只好农活；老二顾永茂和老三顾永贞偏爱书本。顾永茂因长期苦读，两耳患上了重听症，以至于家中不得不过早地为他操办了婚事，娶了十九岁的杨氏当妻子，生下顾祝同的父亲顾芝田等四男一女，于四十一岁那年去世。

据顾祝同回忆，顾家原有良田一百八十余亩，分为供建房种菜的基地和供种麦、杂粮的农地两类。到了顾永茂时，家族扩大，田地愈分愈少。时由于顾芝田及其弟顾良田年幼，顾祝同祖母杨太夫人只得将田地分租，以腾出更多的精力督促顾芝田参加科举考试。顾家客厅两旁悬挂的对联曰：光前善法忠和孝，裕后良图读与耕。但顾芝田秉性愚钝，虽经年悉心苦读，但屡试不第。在堂弟顾龙田的劝说下，顾芝田将祠堂改为私塾，收了四十余名年少学童，以为生计。据四新集百姓传说，顾芝田也兼从湖荡里搂草养活家小，因为老背着一张竹笆子，被大人小孩称为“顾大笆子”。

这样的生活终究不能再继续下去。男大当婚，家中为顾芝田将妻子张凤英娶进门，顾家生活逐渐有了生气。这时候，顾祝同来到了人间。传说，顾芝田在顾祝同出生前夜偶得一梦：只见山林中，林木葱郁、如诗如画，令人怡然。却山风陡起，天色陡暗，丛林中乍然蹿出一只老虎，带着一团火焰，张着血盆大口，遮得日月无光。正在惊恐不知所措之时，一位老者从山坡上飘然而至，只听他断喝一声："大胆孽畜，还不快快滚回山林!"话音刚落，那只凶悍无比的猛虎果然乖乖地甩着尾巴向林中走去。老者将顾芝田领进龙岩洞。洞中自有仙境，极目远眺，又见兵荒马乱中，士兵追到人群里见人就砍，腐尸遍地，鲜血淋漓。又看那群山幽谷中，一位军官英眉朗目，正在挥旗下令，一时伏兵四起，杀声震天，尸横遍野，血流成河。忽然，这位英武神勇的军官又幻化出一只猛虎闯进顾家中来。这梦吓得顾芝田出了一身冷汗。梦醒时分，张凤英已腹痛一阵紧过一阵。待到天明时，下了一夜的雪终于停了，顾家门外人声鼎沸，百十号人，拎着木桶，夹着铜盆，拿着水舀，面面相觑。原来，是邻居发现顾家院子上空火光冲天，就领着众人赶来扑火，可到门前发现啥也没有，纷纷称奇，一时传为异谈。顾祝同就是在这样的传说中诞生的。在这美好传说的背后，是顾祝同不得不面对的贫苦家庭生活。这也正是当时万千中国家庭的缩影。

家道中落的困苦境遇在顾祝同脑中埋下了从军报国的思想萌芽。顾家从祖辈的小康之家，到顾芝田这辈经济状况已彻底恶化。无论是开馆教学，还是打草出售，均不是富裕人家所为。从某种意义上看，顾祝同这只下山虎生不逢时，饱受砥砺。贫苦的家世既能困住一个人，也能激励一个人，并能成就一个人。无论是当兵吃粮，还是携笔从戎，顾祝同贫苦的家庭生活无不让他自一出生就担负起改变自身、家庭乃至国家命运的历史责任。有困境方能生恒心，有磨难方能生胆气。在顾祝同晚年的自述中，回忆其一生，叹其比同辈幸运，能"平步直前"，其实正是这种家境给了其顺时应势的人生智慧，这其中不能不说饱含着痛苦和辛酸。

重商崇利的思想在顾祝同心里幻化为腾挪转圜的性格底色。甸湖之地，本就是商贾云集的场所。贫寒的生活更是历练出锱铢必较的商业精明。商人对财富的追求，激发出和气生财的职业哲理，衍生出左右逢源、圆滑灵活的人际关系。在顾祝同日后的作为中，我们不难发现其政才大于军才、文功胜于武绩的现实情况，也能寻觅出顾祝同常以物质利益收买人心的踪迹。顾祝同为政精到，善于协调处理人际关系，不能不说与其家世有着直接联系。可以认为，顾祝同身上既有虎气又有狐气，善于领兵，更长于统筹政事。

猛虎下山，顾祝同的九十多年人生道路才刚刚开始。

童年伊始入私塾

在那个穷苦年代，一般家庭的孩子很难有一件像样的玩具。顾祝同所能做的游戏也不外乎官兵捉贼，或是手执木制大刀，两军对垒，相互厮杀。无论做什么游戏，他总是扮演孩子王的角色，指挥着孩子们如何玩得有趣开心。与同龄的孩子比较，他的个头并不算高，但他好像有一种与生俱来的号召力，他总能成为孩子们的轴心。每次游戏的结果，都是他这一边大获全胜。

顾祝同家门前有一池塘。每逢盛夏时节，池塘里盛开着荷花和菱角花，争妍斗奇。菱角盘将水面挤得严严实实，放眼望去，碧绿一片。一朵朵白色的、紫色的小花绽放在菱叶之间，将水面装扮一新，每当暴雨来临，雨点打在菱叶上会发出沙沙沙的声响，无数只青蛙在雨中欢快地从一个菱盘跳到另一个菱盘，大自然如诗如画。顾祝同练就一身好水性，潜水、踩水、仰水易如反掌。每当菱角成熟时，采摘菱角便成了他的乐趣。他约上村里的几个小伙伴，每人带一只木盆，来到池塘边，先将木盆抛出去，任它在水中漂游，接着一个个像鲤鱼一样跃入水中，一个猛子下去，水面泛起一阵浪花，好半天才露出水面，正好各自找到了自己的木盆。他们一边踩水，一边推着木盆，翻掀着菱角盘，摘下褐绿色的菱角放进木盆，几个小朋友嬉闹着翻掀着一个个菱角盘，不知不觉中，每个人的木盆里都堆满了菱角。顾家庄的菱角多为两角形，很像张开羽翼飞翔的大雁，两角弯弯，身体鼓鼓实实。幼小时呈嫩绿色，成熟时呈褐绿色，去掉外壳，菱角米又白又胖，鲜甜爽口。

顾祝同六岁那年，跟随祖母和父亲，由顾家庄先到涟水县城，转往镇江探望大姑丈、大姑母。当时顾祝同大姑丈的家住在镇江丹徒县大港镇。这是顾祝同的第一次离家远行。途中的一切对于年仅六岁的顾祝同来说，自然都是十分新鲜的。祖孙三人沿途步行到县城，再搭乘一辆鸡公车南行。车过淮安县钦工镇时，日头早已沉下去了，父亲找一家客栈，安顿好行李，准备在这里歇宿。顾祝同见天色尚早，便与镇上的几个孩子一同游玩。因为年幼，又是第一次出远门，人生地不熟，等天落黑时，他居然找不到住宿的客栈。惊慌、恐惧、焦急，吓得他躲在僻静处哭泣，直至月上树梢时，家人才将他找到，父亲心里虽然有气，但悬在半空中的巴掌终究不忍落在他的身上。次日早饭后，太阳刚露出大半边脸来，祖孙三人已赶到淮安县城，改乘大木船沿运河南下。一路上，顾祝同好奇地问这问那：“这河怎么这样长？好像永远也走不到尽头。河里的船像鸭子浮水似的，怎么那么多？”祖母把他揽在怀里，在他的额头亲了一口，笑着说：“这运河原本没有这么宽，这么长，皆因无道昏君隋炀帝要到扬州看琼花，强迫成千上万的劳工把沿途大大小小的沟河连接起来，拓宽加深，才有了今天的大运河。”

祖孙俩一路唠嗑，不知不觉，大木船已行至扬州口岸镇。烟波浩渺的长江一下子映入顾祝同的眼帘，他兴奋地跳上船头，用小手指着宽阔的江面对祖母说：“哇，这河好大好大啊！”祖母一生连县城都没去过，她和孙子一样，都被这波涛翻滚的江水惊呆了。大船比老家的房屋还要高大，像赶集似的并排而行，汽笛声声震耳欲聋，江水撞击着堤岸，发出细碎的响声，好不壮观！

路上六七天时间，终于来到顾祝同大姑丈徐靖生家。徐家世代书香，是当地的名门望族。徐靖生见小舅子和岳母不期而至，高兴自不待说，当晚备了一桌丰盛的宴席，把杯问盏，竭尽亲情之欢。饭毕，两个失意书生来到客厅长谈。从顾氏祠堂的私塾馆谈到历次的乡试，从地方乡绅的巧取豪夺谈到朝廷的吏治……一直至后半夜方才入睡。从这次的谈话中，徐靖生不时地流露出厌世出家的念头，这让顾祝同父亲顾芝田非常吃惊，不过顾芝田慢慢想来，他能理解姐夫此刻的心境，自己在屡试不第时又何尝没有想到过出家，甚至想到过自杀，可他丢不下孤苦无依的娘亲，听从了堂弟的劝说，走进了私塾馆。后来姐夫身上所发生的事远比他想象的要严重得多，或许是姐姐难产去世哀莫大于心死，或许是屡试不第的打击让他无法面对残酷的现实，他终还是入山修道，不知所终。

次日早饭后，顾芝田父子在徐靖生的陪伴下，游历了金山和焦山。金山寺是江南名刹，许仙和白娘子凄美的爱情传说就出自这里。寺内香火鼎盛，绵延不绝。走进大殿，铜铸金粉的佛像坐北朝南，在它的周围簇拥着高大威武的十八罗汉，香客络绎不绝。据说这座古刹极有灵气，每逢朝代更替时，必有一场大火烧上几天几夜，将古刹烧得面目全非，而历朝历代的新皇登基后又下旨将它修葺一新。顾祝同跟随父亲、姑父，俨然是个小大人，向弥勒佛敬香磕头、虔诚祷告。转出大殿，他们沿着旋转式的阶梯登上了塔顶，极目远眺，浩浩长江滚滚东逝，天空中飘移着一丝淡淡的云彩。从塔顶上下来，回到一处平台上歇脚，顾祝同驻足在康熙御书的“江天一览”石碑前，竟将碑上的字读出声来，令姑父大为惊奇。再往下走便是法海蛰居的洞穴。洞穴仅有一间房子那么大，一张石床，上面卧着法海的石刻雕像；石刻的法海像前烛光荧荧，香客们顶礼膜拜。在他们离开金山寺时，偶与一和尚打了个照面。老和尚见了顾祝同，两眼陡然放出光彩来，双手合十道：“小施主初临鄙寺，乃与镇江有缘，他年必主镇江事。”徐靖生和顾芝田只道是方丈随口说说而已，也未当真，便向焦山而去，想不到三十八年后果然应验。

开馆时间在即，顾芝田先行回到涟水老家。顾祝同随祖母留在大港镇。他和当地的孩子整日里疯耍，竟有些乐不思蜀。翻过新年，杨太夫人要领祝同回涟水，徐靖生向她提出留顾祝同在镇江读书，本以为岳母会满口答应，不承想由于祖母对顾祝同钟爱独深，她断然拒绝，理由是，祝同还小，留在镇江她放心不下。返回涟水时，正值乡间伤寒病流行，不知有多少人死于此病。因为旅途劳顿，杨太夫人回到家里也染上了伤寒，卧床不起。这可把顾芝田急坏了，整天忙着为她寻医看病。幸亏三叔顾永贞得其叔叔所藏医书点化，潜心研习，精通岐黄之术，为杨太夫人悉心治疗，又得祝同表叔祖房九龄开设的药铺提供药材，终将杨太夫人的伤寒病治愈。顾永贞平时为患者治病分文不取。在这次的伤寒病流行时，不知救活了多少平民百姓。杨太夫人的伤寒病能够有幸治愈，对顾祝同家而言，如获新生，因为自祖父去世后，祖母独撑门户，主持家政、教育儿孙全仗她一人支撑。

瘟疫过后，顾祝同跟随他的三叔祖顾永贞到甸湖镇上张大观先生首创之私人书馆接受启蒙教育。张大观在科举时代曾经历过乡试、州试以及院试、殿试层层考试历练，由七品升至三品，不仅学识渊博，而且为官清正。后因清朝上下到处接受捐官，他不屑与之为伍，拂袖辞归故里，应地方士绅及亲友的要求，在封闭落后的甸湖镇私宅书房创办书馆，为穷乡僻壤树立起文明之光。张大观书馆对入学子弟不收分文，路远者还免费提供食宿。

张大观私塾馆共有六间带走廊的房子，都是泥砖砌成的墙，石头基础，下半截是砖墙，上半截是泥墙，走廊由四个大木柱子顶到房檐，上面是黑瓦盖顶，东西两边各有青色的小瓦片缮成的条形穿凿，中间叠盖着厚厚的茅草，冬暖夏凉。在私塾馆前排大门两旁各有一个石狮，中间是朱漆大门。私塾馆中堂上挂着一幅孔子的画像，前置一案，案前供奉着孔子的牌位，摆着香炉。左边两间，一间是顾永贞的卧房，一间是书房，右边四间是授课蒙学的地方。私塾馆的房子前后是高大的树木，郁郁葱葱。顾永贞，号干臣，因参加科举考试，听信星象家的建议，以五行缺火，改名燮廷，别号理之。早年失学，直到十六七岁时才用功读书，因为天性好学，他的一生除在县城读了两年书外，其余大部分时间在甸湖等地设馆教书，边教边读，因教书见长，颇有成就。可惜命运不济，屡试不中，直至四十二岁那年才和儿子顾龙田双双考中了秀才，一时间被乡邻传为美谈。

在书馆，没有祖孙关系，顾祝同只是一个普普通通的学生。按照惯例，学童入学时都要举行一个小小的仪式，让同学们排好队，跪拜孔圣人，跪拜先生。可顾永贞一连喊了几遍，却没有一个人出列，他很恼火，跨前一步，一把将蔡桂森拉了出来，厉声喝道：“你是聋子还是个哑巴？没听我叫你们吗？”蔡桂森颤抖着声音说：“先生，我们都不明白你的意思，你让我们排成队跪拜孔圣人，跪拜先生，是一个一个地去拜，还是站成一排去拜？”“当然是一个一个地去拜！好你个调皮鬼，等下了学，我非捶扁了你不可。”“别，别，别，捶扁了，我还能读书吗？”惹得孩子们一阵哄笑，气得顾永贞胡子直翘。孩子们立刻自动排好了队，一个接一个地行拜师礼。顾祝同也学着别人的样子，恭恭敬敬地向孔圣人磕了三个响头，然后再转过身子来，向端坐在雕花椅子上的叔祖父恭恭敬敬地磕了三个响头。突然间他联想起过年时磕头的情景，每当他磕完头，每个大人都会莫名其妙地发给他一个红纸包，而今天磕完头后，先生对他连一点儿表示也没有，这令他很失望。

当仪式结束后，顾永贞抹了一下花白的胡须，又整了整衣冠，踱着方步走上讲台，用洪亮的声音说："从今天起，各位就是学生了。学生就应该有学生的样子，与顽劣的儿童不同，要站有站样，坐有坐样，切不可趴在桌子上。""对呀！爸爸在家时就经常教导我要立如松，坐如钟，走如风，卧如弓。"顾祝同自作聪明地对同学们说，又是一阵哄笑。顾永贞大吼一声："放肆！先生讲话的时候，你怎么可以随便插嘴？"顾祝同低下头去，不再言语。顾永贞瞪了他一眼说："从今往后，上课时学生不准讲话。""不准讲话怎么读书，你不是告诉我们要大声读书吗？"顾祝同又忍不住地冒出一句。这下子真的把先生给惹恼了，他抓起戒尺冲到顾祝同的面前，抓起他的左手便打，边打边说："你们大家都看好了，以后谁要再这样不守规矩，顾祝同就是你们的镜子。"

平静了一阵之后，顾永贞继续说："在课堂上首先要坐得正，立得直，集中注意力听讲，要泰山崩于前色不变，麋鹿蹦于岸心不动。再就是读书时声音要大，只有这样才容易记住。另外，对所学的知识还要举一反三，经常温习。"讲到这里，他似觉不妥，孩子们能听懂这些深奥的词语吗？他又做了详细的解释："温习，就是要在学习新知识时，不要忘记旧知识。举一反三，就是要通过学习新知识，反复体会，多问几个为什么，这样才能入耳、入脑、入心，加深理解，容易掌握。"他越说越让孩子们糊涂，还是听不懂，只好转换一个话题，他说："现在我们开始学习。大家看，这个字像什么?"说着，他将事先准备好的一张纸举在胸前让孩子们看，纸上写了一个"人"字。孩子们一下子活跃起来，他们像一群欢快的小鸟，叽叽喳喳地议论起来，但没有人能说出这是个什么字。顾永贞发现侄孙好像胸有成竹，便问："你说说，这像个什么字?"顾祝同想："这算什么呀，我能认出几十个字哩。"顾祝同不容置疑地说出了一个"人"字。顾永贞面露微笑："对！这就是'人'字。人，一撇一捺，就像一个人分开两条腿站着。写这个字时一定要注意起笔时要顶住上格，落笔时要抵住下格，就是人们平常所说的人要顶天立地。而且左边一撇，右边一捺，要互相撑着才能成'人'。"孩子们特别兴奋，纷纷拿出纸笔来学着写。顾祝同以前曾帮助父亲磨墨，今天显得十分老练。他研了墨，便摊开纸，拿起毛笔来，立刻想写出个"人"字来，可是，手中的笔同他较劲似的不听使唤，急得他头上直冒汗。顾永贞不声不响地走上前来，纠正他的握笔姿势，手把手地教他怎么握笔、怎么写，顾祝同的悟性的确不一般，不一会儿，他就将"人"字写了出来，虽然字迹歪歪扭扭，不怎么好看。

初次入学，顾祝同每天不是描红习字，就是朗读课文："一去二三里，烟村四五家。楼台六七座，八九十枝花。"文辞虽没有多大意义，但对儿童习字、识字、识数都有良好的效果。描红后讲书，先读《三字经》《百家姓》《千字文》，这些文字读来虽然不怎么好懂，但音韵铿锵，朗朗成诵，学生容易记得住。时间不长，顾祝同就能把《三字经》《百家姓》《千字文》熟练地背诵出来，令叔祖父很高兴。孩子生性好动，平时玩耍惯了，现在要他们正襟危坐在凳子上，显然不能适应。起初只是好奇，后来是畏惧，再后来就坐不住了，在写了几遍字后，有的开始伸懒腰、打哈欠、啃指甲、挠头发。顾永贞皱了皱眉头，用戒尺敲了一下桌子："都给我坐周正了，不要偷懒，赶快写字，拳不离手，曲不离口，只有下功夫练习，才能把字记住。”几个月以后，顾祝同不再觉得手中的笔沉重，写得非常轻巧熟练了。他的脑子本来就灵活，再加上惧怕先生，他不得不比其他孩子用功，所以进步很快。每当看到侄孙学习上取得的进步，顾永贞的心里就感到一丝慰藉。

在私塾馆里读书，顾祝同开始时还能中规中矩，安心读书，可时间一长，顽童本性就显现出来了，常常在课堂上交头接耳，或者借故离开课堂去捉蛐蛐。顾永贞知道后又爱又气，用教棒敲打他的头，他也满不在乎。原来，顾祝同为了对付三叔祖的惩戒，一个人在家里偷偷将干葫芦锯成两半，将另一半的瓤子掏掉，戴在头上，再套上帽子。所以，当先生用教棒惩戒他时，他一点儿也感觉不到疼痛。后来，他的这个秘密被同学金中华当场揭穿，就再也不敢了。顾永贞接着又教他“四书”“五经”。“四书”为儒家经典，是封建社会中读书成就功名的必读之书，所以，顾永贞特别重视，他连续几天都在介绍和强调学好“四书”的重要性。按他的话说，这些书是打开富贵之门的一把“金钥匙”。如果能中个状元，就能骑着高头大马，穿上皇帝赐给的锦衣，胸前戴着大红花，在京城里夸官三日。皇亲贵胄家的小姐站在绣楼上，手里抛出绣球，专门抛到状元的怀里，这样就可以娶漂亮的小姐为妻，自己也可以显亲扬名。在顾家子侄中，顾祝同从小就露出极高的天分。经过三叔祖的循循诱导，他顽劣的野性收敛了不少，兴趣逐渐转移到书本上。他对“四书”“五经”虽然读得半通不懂，却能过目成诵，还特别喜欢书上密密麻麻的蝇头小字。散课后，他有事无事就会掏出笔墨纸砚来，在白纸上写叔祖父教的字，一写就是大半天，连院外孩子的嬉闹对他也失去吸引力。叔祖父看在眼里，喜在心头，直夸他孺子可教也。

顾祝同随三叔祖顾永贞读书，自七岁起，至十三岁止，前后共六年，十四岁那年，也就是1905年春天，顾永贞得了瘟疾，不久，后背部又生疽，在现代医学上也许就是癌症的一种。顾家人一直以为顾永贞自己精通医术，加上他也一直自己医治，但终究不治，享年五十二岁，其子顾龙田才二十六岁。

孝心未尽失母爱

俗话说，夏至水门开。自从夏至过后，天好像被雷神爷用魔杖捅了窟窿似的，雨水下个没完没了，顾家庄被洪水围困，到处白浪滔天，许多人家房倒屋塌，淹没的庄稼也由黄变黑。饥饿逼迫人们去捞鱼摸虾捡螃蟹，甚至连树叶都抹光了，很多人得了浮肿病。顾祝同家当然比邻居好不到哪里去，母亲张凤英因过度劳累，落下一身的病根，郎中诊断她患了狭心症。病中的母亲虚火旺盛，嘴唇四周冒出密集的水泡，这让顾祝同好难过，他四处去寻瓜果蔬菜想为母亲去火，可就是寻不见，他为此而揪心。

就在这时，夏来轩跑来告诉他："河东陈财主家有一片瓜地因地势高没受灾，瓜长得又脆又鲜，何不过去摘它几根来?""这主意不错!"顾祝同被他说得心动，就一心想去河东摘瓜。可去河东有淤黄河阻隔，而淤黄河水急浪高，又如何过得去？但一想到母亲那肿胀的嘴唇，他也顾不得危险，约上朱成、薛普庆两个水性好的小伙伴，一起涉过淤黄河，爬进陈财主家的瓜地，趁护青不备，每个人装满一小布口袋黄瓜，又蹑手蹑脚地向河边移动。不知是谁被蔷薇划破了手皮，疼得哎呀地喊叫一声，惊动了护青人，杂沓的脚步声追随而来："小兔崽子，莫非你们是吃了豹子胆，竟敢偷陈老爷家的瓜，这回我非拧断你们的双腿不可!"陈财主是阜宁一霸，欺男霸妻，占人田产，横行乡里，凡有姿色的女人没有人能躲过他的蹂躏，早已恶名远扬。眼看护青人就要追上来了，顾祝同、朱成、薛普庆于慌乱之中纵身跳进了波涛翻滚的淤黄河。护青的追至河边只有干瞪眼的份儿。当顾祝同钻出水面时，抬头看见从上游漂来一根细黑的“木头”，他想把它拽上岸，拖回家里修缮房屋。这么一想，他便急速地向那棵“木头”游去，双手用力卡住它的后梢，不提防连人带瓜被那棵“木头”甩出了老远，扑通一声砸进水肚里。当他再次钻出水面抹去脸上的水珠定睛细看时，只吓得根根汗毛孔倒竖，天哪！这哪里是什么“木头”，分明是一条大蟒蛇，正吐着芯子，瞪着一双电筒般的眼睛，在水面上搜寻。顾祝同不由得吓出一身冷汗，他扔掉肩膀上挎着的布口袋，迅速爬上岸，躲进一人多深的红草地里，心跳得似开场的锣鼓。只见那条大蟒蛇像腾云驾雾一般，呼地蹿上了岸边的一棵柳树上，把茶杯粗的头颅挺在树丫间，身体盘绕在树身上，两只眼睛像探照灯似的在四下里寻找。在这性命攸关的时刻，顾祝同心里又急又怕，但他异常地镇静。他明白，此刻，他的任何一个失常的举动都会招致杀身之祸。眼下唯一的办法是寻找逃生的机会。这时，朱成、薛普庆上岸后早已跑得不见踪影，那是在蟒蛇没有蹿上岸之前，他们侥幸逃脱了，而当顾祝同上岸后再想跑已然来不及了，他只得静静地伏在草丛里，两眼紧盯着蟒蛇，大气也不敢出。或许是蟒蛇迟迟搜寻不到它要捕捉的目标后失去了耐心，或许是蟒蛇还要指挥它的“队伍”继续前行，它在树丫上待了二十几分钟后，又甩着尾巴蹿入淤黄河继续顺流而下。

顾祝同跌跌撞撞地跑回家，整个人跟木雕泥塑一般，无论祖母和母亲怎么询问，他都不搭腔。母亲张凤英只得将他抱上床，服侍他躺下，心想，或许他受到什么惊吓，等一觉醒来就能恢复正常。及至后半夜，顾祝同好像还没有还过魂来，突然高烧说胡话，母亲将灯火点亮，问他到底是怎么了。他只是用小手机械地指着屋顶上的大梁，口里不住地呼叫："蛇！蛇！蛇！"母亲见他这副疯疯癫癫的样子，心早已堵到了嗓子眼，一汪泪水跑出了眼眶。她细心地用脑门贴住儿子的额头，发现他好烫好烫，这才惊慌起来。丈夫外出未归，或许他被大水围困，根本无法回家。而外面漆黑一片，出脚就是齐膝深的水，这可如何是好？婆婆年岁大了，本家的几位小叔子被别人家请去修房子也没回家。求人不如求己，她心一横，以虚弱之身背着祝同趟水去寻郎中。通往郎中家的路七拐八弯，完全淹没在水中，根本看不见路影，她只得小心翼翼地凭着记忆用脚板探路，走走停停，停停走走，每走一步都如临深渊，好不容易赶到郎中家。郎中为顾祝同把了脉，对张凤英说："孩子只是受了过度惊吓，并无大碍，吃几服中药就会好起来。"张凤英稍觉宽心。她本想挨到天亮再走，可天色尚早，只得背起儿子拎着中药包又往回赶。月光洒在水面上发出粼粼波光，但周围的景物依然模糊不清。当路过十里坑时，不知是因为母亲看花了眼，还是真的看到了什么，她用颤抖的声音对儿子说："祝同你看，西边的那片乱坟岗怎么变成了隐隐约约的村庄，还有灯光从屋里漏出来呢。"顾祝同睁开眼睛，却什么也没有看见。母亲说那是因为他的火性高，所以看不到。

十里坑对于顾祝同来说并不陌生，在他八九岁时就经常来这里玩耍，他把小伙伴们分成两拨，一拨由自己率领，一拨由顾祝林带领，手握自制的木枪、大刀，把大大小小的坟包当着掩体，对阵厮杀。这里分明是埋葬死人的地方，怎么会是村庄呢？母亲加快了脚步，顾祝同能够感觉得到母亲的心里已敲起了锣鼓，身上透出丝丝热气，他真的后悔不该让抱病的母亲为自己操心。

自从那个忽明忽暗的夜晚，张凤英遭受过度的疲劳和惊吓，狭心症突然加重。而父亲又不在家，见母亲痛苦的样子，顾祝同急得六神无主，隔壁邻居也纷纷前来探望。顾祝同满心希望治好母亲的病，他向祖母讨了点儿钱，去给母亲延医问药。祖母看他年龄还小，一个人外出不放心，让他还是等他父亲回来再说，可顾祝同执拗地离家而去。月明星稀，清风徐来，一条小路在田野间延伸，顾祝同匆忙赶路，前面不远处发现有一高一矮两个人不紧不慢地沿着小路转悠。高个子边走边东张西望，还不时地低声私语。顾祝同觉得好奇，也悄悄地跟随在他们的后面。不一会儿，走在前面的高个子离开小路，走向路旁一块地势较高、长满野草的开阔地。他在高地上来回走动，然后向矮个子招呼一声："师弟，你过来。"等矮个子来到他的身边，他便滔滔不绝地说开来："你看这里北依高地，东临淤黄河，南靠月塔，聚天地之灵气，空旷怡人，堪称是一块风水宝地，身后葬在此处，子孙定当封侯拜将。"矮个子沉吟半晌，不以为然地说："师兄，我的看法恰恰与你相反，这里可是一块绝地啊！""不然，不然，师弟，你错了，我看了几十年的风水从没有看错过。"两个人争执不下时，双方打起赌来，高个子顺手折下一根枯树枝拿在手中对矮个子说："我把这棵枯枝插在脚下的地里，七天之后，如果枯枝返青发芽，说明这是块福地，你给我五十块银圆；如果依旧是枯枝，说明这是块绝地，我给你五十块银圆，你看如何?""中!"两个人立下赌约，将枯枝插进泥土，相携而去。待两位风水先生远去，顾祝同从不远处的草丛中走了出来，刚才两位风水先生的谈话，顾祝同听得一清二楚，他在插枯枝的地方留下个记号匆匆而去。

被疼痛搅了一夜的母亲或许因为服下顾祝同亲手煎熬的汤药，果然平静地入睡。七天之后，顾祝同想起了两位风水先生的赌约，便悄悄地出了家门，沿着那条熟悉的小路，来到了那块高地上，果然看到了高个子风水先生埋在泥土里的枯枝长出了嫩芽，禁不住大喜过望，他不声不响地拔起长满嫩芽的树枝，另折一颗枯枝重新插进泥土，躲进远处的草丛中。不一会儿，两位风水先生踏着夜露如约而来，走在前面的矮个子俯下身子看了看枯枝说："师兄，你输了!"高个子赶忙凑了过来仔细瞧了一番，果不其然，无奈地摇了摇头，从身上取出五十块银圆递给矮个子，转身离去，矮个子也随师兄而去，很快消失在顾祝同的视野中。

顾芝田访友回家的当天，母亲就催促他带张凤英去瞧医生。顾芝田听岳丈说，向南六十里的徐集街上有位年轻的中医孙宝余，医道高深，有妙手回春之术，对各种疑难杂症莫不药到病除。孙宝余是晚清秀才，本来他可以中举人、点探花，怎奈造化弄人，每次进入考场时不是高烧发热，就是腹泻，不得不中途退出考场，与举人失之交臂。他牢记不为良相，即为良医的古训，把全部的精力用来研习医书，又得名师指点，不出几年就在方圆百里声名鹊起。人们都说孙秀才是个怪杰，怪就怪在他为穷人治病分文不取，还奉送草药，而对有钱人却完全不同，该收的钱分文不少。孙秀才为张凤英把过脉后，无奈地摇了摇头，对顾芝田说："请先生借一步说话。"顾芝田随他来到一僻静处，秀才悄悄告诉他："夫人患的是狭心症，这种病相当厉害，有时，病人饭含在嘴里就没了，要是早点儿来治，我或许有办法将她治愈，可现在夫人已是病入膏肓，能否治愈全看她自身的造化了。"秀才的话使顾芝田心情沉重，他悔恨自己平日对妻子体贴不够，以致她把病情隐瞒了这么久，他全然没有察觉。

顾芝田带着夫人，拎着大包小包的草药回到了家。机灵的顾祝同早已从父亲郁郁寡欢的表情上明白了一切，母亲的病情一定不轻，要不，父亲的心里不会这样痛苦。如果这个家一旦离开了亲爱的母亲，无异北天折柱，他不敢往下想。站在窗户脚下，他听见了父亲对母亲的埋怨，埋怨母亲不该把病情对他隐瞒得这样深，这是对他和孩子严重的不负责任。顾祝同理解父亲的埋怨没有半点儿恶意，但他还是想冲进去为母亲分辩几句。但是顾祝同没有这么做，他知道父亲的埋怨中包含着对母亲深深的爱意与体贴。他深知父亲的脾气，爱之愈深，责之愈严。母亲终于一病不起，大妹祝松和小妹祝贞帮助年迈的祖母料理家务，照看母亲。父亲不放心，总是抽出时间陪伴在母亲的身边，每当顾祝同看到父母在一起有说有笑时，他总感到有一股幸福的暖流在他的心里荡漾着，因为他有一个温暖而又完整的家，可他也预感到这种幸福留给他的时间不会长久。母亲的药吃完了，但病情丝毫不见回转，反而愈加严重了，这让全家人揪心不已。孙秀才再次被顾芝田请到家中为妻子把脉，又换了药方子，嘱咐顾家人尽快去县城抓药。顾祝同对父亲说，他对县城的路径熟，以前跟龙田叔去过一次，他可以去为母亲抓药。父亲依允了他，要他快去快回。

顾祝同揣上两块银圆，一路上脚步如飞，终在正午时赶到了县城，找到了“松寿堂”药铺，不消一袋烟工夫就将药抓好了。买药只用去一块银圆，还剩下一块，他在心里琢磨着，想用这剩下的一块银圆去买些书带回家。书店里的书籍多得让他目不暇接，他翻翻这本，又看看那本，挑来拣去，最后相中了《康熙字典》《文心雕龙》《唐诗三百首》《宋词精选》《说文解字》等书籍，可囊中只有一块银圆，究竟买哪本书合适呢？他犹豫不决，拿不定主意。此刻，也只有在此刻，他才真正体会到父亲常说的一文钱难倒英雄汉的深刻含义，书店的掌柜似乎洞穿了少年的心思，拍了拍他的肩膀，微笑着说：“小朋友，口袋里的钱没带足吧，没带足也不要紧，你看中哪本书尽管开口，钱不够下次来买书补上就是。”顾祝同望着掌柜那慈祥的笑脸，显得一脸的疑惑，心想：“我跟您非亲非故，凭啥相信我呢？”掌柜似乎猜透了他的心思，依然微笑着对他说：“不碍事，因为我会看相，看你诚实的样子，我就知道你不会赖账。”尽管书店掌柜信得过他，可顾祝同不愿平白无故地接受别人的赊账，他还是丢下一块银圆，买了《文心雕龙》和《宋词精选》，然后匆匆离去。

日头掉下去了，顾芝田心里急得直打鼓，一遍又一遍地跑到村口去张望，就是不见儿子的身影，他在心里不住地责备自己：孩子才十三岁呀，县城离家六七十里，怎么就稀里糊涂地让他一个人去哩，万一孩子有个闪失，我可怎么向他娘交代，孩子果真出事，怕是再好的药也救不了她的命了。天已黑定，顾芝田想到这里，连忙从家里提上一盏马灯，径直地向西南方向去迎儿子。走在路上，有几个陌生的村民同他擦肩而过，他们边走边说："唉，眼下算什么世道，你看刚才那几个凶神恶煞的大汉，挡在路上硬是要我们丢下买路钱，要不是咱们会那么两下子，今晚的小命可就要赔进去了。""可不是嘛，要不是我眼疾手快，我的吃饭家伙早就被搬走了。"顾芝田越听心越紧，不由得加快了脚步，又走了七八里路，前面出现一个黑影，吓得他毛骨悚然。他鼓起勇气问："谁?""我!"一个稚嫩的声音在回答。他右手颤抖地提起马灯一照，忽然叫出声来："是祝同吗？你怎么到现在才回来，可把老子给急死了。""父亲，我本来是可以赶在太阳落山前到家的，因买了药之后又去了书店，买了两本书，所以就耽搁了。""唉，我说你这个娃啊，咋就不懂事哩，你妈都病成这样，你还有心思逛书店?"

炎热的夏天终于过去了，经历了那场洪水，庄稼绝收，人们又开始给地里送肥，耕翻土地，准备秋播。每年这个时候，是张凤英最忙碌最辛苦的时候，要不是这病，她早把土地垡得精细。可现在她不能，她也顾不了这许多了。在弥留之际，她吃力地握住丈夫的手，喃喃地说："我就要离开你和孩子了，自从我来到顾家门上，我和你处得像姐弟一般，从未拌过嘴，红过脸，我有一位知冷知热的好丈夫，我知足了，唯一丢不下的就是这几个孩子。祝同肯用心念书，只希望在我死后，家中纵有千难万难，也要让他把书念下去，将来他能出人头地，我睡在黄土垄中也瞑目无憾了。”妻子说到这里，顾芝田早已如鲠在喉，泪水不知什么时候爬了出来，扑嗒在妻子的脸上，哽咽得连一句话也说不出来，只是不住地点头。她想唤儿子祝同来床前，可这会儿祝同正和杨太夫人在离家二十多里的亲戚家探视亲戚……

1904 年 9 月 29 日，顾祝同十三岁那年，年仅三十六岁的张凤英带着对儿女们的不尽牵挂，离开了人世。从此，儿想亲娘在梦中。顾祝同建议父亲顾芝田将张凤英埋葬在那块枯枝发芽的高地上。

学业未成遇指婚

在离开母亲的日子里，顾祝同仿佛一下子长大成人了，他把读书抓得更紧，他要以学业有成告慰母亲的在天之灵。

1905 年春，身患癌症的顾永贞去世，开办八年的张大观书院也随之停办。顾永贞的儿子顾龙田原先已被南京宁属师范学校录取，父亲突然病故使他放弃了去南京深造的机会，在料理完父亲的丧事后，他同张大观商妥，将书馆迁至甸湖镇西北龙背村，商借薛家粮仓为课堂，更名养正小学。辍学半年的顾祝同在十五岁那年进入养正小学继续学业。龙背村距离顾祝同家有六七华里，乍看上去就像自西北向东南游动的一条巨龙，而顾祝同家住在龙头上，养正小学在龙背上，再向东南的甸湖镇便是龙尾。顾家庄地势高亢，村庄后面丛林茂密，村庄前是占地几十亩的池塘，盛开着一片荷花。顾祝同进入养正小学不久，父亲又娶海州刘氏为填房。刘氏端庄秀丽，性格开朗，对张凤英留下的四个儿女视同已出，处处小心呵护。凭着精明和能干，她把家务打理得井井有条，沉寂一段时期的顾家又展现出了新的生机。

先是清朝光绪二十六年，清廷废除科举制度，改书院为学堂，省设大学，府设中学，县设小学。涟水县也创办了一所高等小学，凡秀才、举人都可以入学，三年毕业，其资历相当于原来的廪生。顾祝同的堂叔顾龙田以秀才身份进入县立高小就读。假期回家，从学校带回一本梁任公先生的《饮冰室文集》，顾祝同如获至宝，就像一个长期生活在闭塞山沟里的孩子一下子走进熙熙攘攘的大都市，一切都觉得是那样的新鲜。少年顾祝同不分白天黑夜地埋首在这本书籍里，仔细咀嚼品味这本闪耀着新思想火花的文字，使他对清朝政府的无能产生了不满情绪，也为他后来投身革命奠定了思想基础。

大约是在顾祝同进入养正小学读书的第二年，父母为他张罗起一桩婚事。这天晚上，顾祝同和往常一样坐在煤油灯下看书。目睹儿子那认真的劲儿，顾芝田打心眼儿里高兴，他觉得顾家的希望就在顾祝同的身上，若是他能学业有成，日子再苦心也是甜的。他对妻子说："祝同这孩子比较懂事，他身上有一股遇事不服输的坚毅品质，若是他将来真的如相面先生所言，能够出将入相，便是我顾家莫大的荣幸。"刘氏温和地说："看你张口闭口就是读书，儿子都十七八岁了，也该为他的亲事做打算了。"顾芝田握住妻子的手，感激地说："难得你有这份爱心，祝同虽然不是你亲生，但你处处对他关心体贴，真是难为你了。啊，对了，你不提起，我倒把这事给忘了，祝同的亲事，我心中有数。当年我的同窗好友曾戏言过，若是我们生了同龄的孩子，同性就结金兰，异性则成夫妻。"刘氏有些沉不住气了，急着问："你是说河东阜宁的杨桂亮吧，他生过女儿吗？他的女儿是不是和祝同同龄？"顾芝田说："已经多年不来往了，谁知道呢？""那你还不赶快去打听呀！"

顾芝田来到了淤黄河东老朋友杨桂亮家，受到了隆重的礼遇。他和杨桂亮有过密切的交往，那时，他还年轻，尚没有婚配，而杨桂亮已娶妻生子。有一次，杨桂亮的妻子在锄地时突然患了时热症，有性命之虞，接到消息，急得杨桂亮差点儿掉下泪来，顾芝田能够理解朋友此刻的焦虑心情。他从家中牵来一头毛驴，将杨桂亮送过淤黄河。几天后，杨桂亮回到了学馆，从他那写满兴奋的脸上，顾芝田看得出来，嫂夫人一定安然无恙。杨桂亮还给顾芝田带来了他妻子亲手做的饭菜。顾芝田直夸嫂夫人手艺不错，一定是位贤德的妻子。杨桂亮不无自豪地说："那当然，你嫂子可能干了，她把家务打理得有条不紊，的确是一位难得的贤妻。"顾芝田羡慕地说："将来我要是有这样一位妻子就好了。""老弟，我相信未来的弟妹不会比咱那口子差，因为你们这里的姑娘个个都是好样的。你嫂子当初嫁给我时也算是小家碧玉，可是第二天早上她就下了厨房煎豆腐，给我父母做好饭，沏好茶，全家上下十几口人无不夸赞她是位好媳妇。而且她教子有方，两个儿子待人接物很有礼貌，书也读得不错，都是她一手调教出来的。"

杨桂亮对妻子子女赞不绝口，羡煞了顾芝田，他开了一句玩笑说："既然你儿子那么好，干脆送一个给我做干儿子吧！""不可，不可，儿女是父母的心头肉，怎可当着礼物随意送人？既然老弟想要个儿子，何不早结连理，自己生一个？"顾芝田忧虑地说："如果我自己生的儿子没有你的儿子聪明懂事怎么办？还是让嫂夫人多生几个，给我一个得了。要不这样也行，等我生了儿子后抱到你们家，请嫂夫人帮助调教如何？"杨桂亮连连摇头说："这事怎可戏言，承蒙小弟看得起，我看不如这样，以后我们可以做亲家嘛！""如何做亲家？"顾芝田觉得他的话很有趣。杨桂亮说："如果以后我们生了同龄的孩子，同性就结金兰，异性则成夫妻。"顾芝田听后哈哈大笑，他搂着杨桂亮的肩膀，似乎很认真地说："那就一言为定喽！"

岁月不饶人，一晃多年过去了。这些年发生了很多事情，尤其是屡试不第，顾芝田痛苦至极，好不容易从阴影中走了出来，蓦然间，他的大儿子已长大成人了，这让他唏嘘不已，感慨万千。当他再次见到杨桂亮时，他发现对方已两鬓染霜，俨然变成了一个小老头。从对方惊悸的眼神中，顾芝田猛然觉得自己也老了许多。杨桂亮紧紧握住顾芝田的双手，显得异常激动。一别多年，两个老朋友再次相聚，能不兴奋吗？杨桂亮吩咐妻子准备一桌酒席，他要和顾芝田痛痛快快地喝一壶。顾芝田也没有显得生分，两个人喝了几杯后，便换个花样，举起一只筷子玩绕口令："虫啃棍，棍撵鸡，鸡吃虫。"谁输谁罚酒，当然是顾芝田输多赢少，不经意间竟喝得酩酊大醉，直至日头掉下去了，屋子里掌起了灯火，他的脑子里还迷迷糊糊的。

顾芝田向杨桂亮讲述了他这些年所走过的坎坷道路，几多希冀与等待，几多失落与沮丧，令杨桂亮荡气回肠，扼腕叹息。杨桂亮宽慰他说："事情都已经过去了，过去就让它永远地过去吧，就别再去想它。好在你的大儿子顾祝同读书用心，这就是你活人的资本，也是你未来的希望，希望是人的精神支柱，哪一个人不是为希望而生，为希望而活？"顾芝田说："既然你提起我的大儿子，那我就不妨直说了。小弟来此有一事相求，不知仁兄肯否赏给我薄面？""我们是同窗挚友，你有事但说无妨，只要不是让我去踢天弄井，我都会竭力去办！""杨兄可曾记得当年我俩的戏言吗？"杨桂亮双手一摊，为难地说："当初我们那么年轻，开过的玩笑多得肩挑担抬，数也数不清，我不知道你指的是哪件事。""我的大儿子已经十七八岁了，尚未婚配，他为人敦厚，老实本分，虽然现在仍在读书，但我相信这孩子将来会有出息的，难道我这样说，你的心里还不明白吗?”杨桂亮面带笑容地说:“我就说哩,你仁兄无事不登门,登门必有事相求,怪不得我今天一大早起床后,就见屋后树上的喜鹊喳喳欢语,我想一定有贵客临门。好,今天你既然来了,我杨桂亮绝不食言,理当答应这门亲事。”顾芝田向屋里望了望,他的这个不经意的动作,被杨桂亮看在眼里,明白了他的意思,便笑着说:“你是担心我没有女儿嫁给贤侄吧?请放心!我的妻子在生了两个儿子之后,又接连生了三个女儿,她们虽然称不上是天生丽质,但长得也不算丑,而且,我的女儿个个性情温顺,明晓事理,任你挑选一个,应该说许配给你的令郎也不至于让他感到掉架子。”顾芝田连连摆手说:“不敢,不敢,有杨兄抬爱,将女儿许配给犬子,已使我感激不尽,还谈什么挑选。如果我俩能结成儿女亲家,老顾家绝不会让令爱遭受半点儿委屈。”就这样,杨桂亮把二女儿杨朝云许配给顾祝同,顾、杨两家开始联姻了。

杨朝云今年十六岁,高挑身材,白皙细嫩,一张瓜子脸上长着一对黑葡萄似的眼睛,不仅长相清丽,又温顺善良,她比顾祝同小一岁,曾读过一年私塾,勉强识文断字。顾芝田为儿子定下亲事,就与杨桂亮约定后年秋天把两个孩子的婚事办了,也好了却他的一桩心愿。可杨桂亮出乎意料地说:“不忙,不忙,婚姻大事岂是儿戏,等过些日子,我找个人给两个孩子合合婚,看看他们的生辰八字合不合。我可不急着嫁女儿。”顾芝田用一副疑惧的眼神望着老朋友:“怎么,你反悔了,你变卦了,不想和我结成儿女亲家?”“仁兄,你错领我的意思,我这也是对两个孩子负责嘛,怎么,急着要抱孙子啦?”顾芝田拍了拍老朋友的肩膀说:“你应该理解我的心情,还是让孩子们尽快有个归宿吧!后年办喜事怎么样?”“后年恐怕不行。”“为什么?”“因为两个孩子还小啊,我看至少要再等两年给他们完婚。”“好吧,我们亲家好商量!”

回到家中，顾芝田屁股还没落凳子，刘氏就急切地问："怎么样？事情有眉目吗？""哎，我这一路上走得又渴又饿，你也得让我坐下来喝口水，喘口气，再弄点儿吃的东西来，回头再告诉你也不迟嘛。"妻子听丈夫这么一说，赶忙到厨房去烧水做饭，她一边往灶膛里添柴草，一边想，也不知道他去杨家，杨家人应没应承下祝同的婚事。不过，从丈夫笑盈盈的脸上可以看出事情一定有着落，心里暗自高兴。

顾祝同看见父亲回来，他的脸唰地红到了耳根，他不能像母亲那样直接去问父亲，再多的疑问只能留在心里，他关心的倒不是她是否勤劳、孝顺，而是她长得漂亮吗？性格温柔吗？他想象着自己心爱的姑娘应该是美丽而又大方，温柔而又善良，肤似凝脂，美若桃花，犹如仙女下凡。他在心中默默地祷告上苍赐给他一位称心如意的姑娘，他将和她恩爱厮守，相敬如宾。

"祝同，你过来一下。"父亲的一声叫唤打乱了他的思绪。顾祝同站在父亲面前时显得局促不安。顾芝田看了儿子一眼，慢吞吞地说："前几天我去了阜宁，见到你杨伯伯，而且还办成了一件大事，你想知道吗？""哎呀，你有话就直说嘛，在孩子面前还卖什么关子？"刘氏着急道。"好，好，好，听你的，不然就要把你憋出病来。"顾芝田坐直了身子对儿子说，"你今年十七岁了，俗话说，男大当婚，女大当嫁。我和你妈心里都为这事着急。前几天我特地去办这件事。我和你杨伯伯早年交好，曾说过结为亲家的戏言，现在，这戏言变成真的了，你杨伯伯把他的二女儿杨朝云许配给你，选择适当时间给你们完婚。"

对于父亲给他定下的亲事，顾祝同早有心理准备，他也渴望和一个爱他的姑娘在一起生活，可是他的心里很矛盾，一旦和杨朝云结了婚，再有孩子，她能放自己外出读书吗？假如她闹着不让出去，那自己这一生不就毁了？又何谈好男儿志在四方。顾祝同说：“父亲和母亲为孩儿的事情操心，让我十分感激。按理说我本不该再有其他想法，只是……”

“只是什么?”顾芝田本以为为儿子定下这门亲事，他会满心欢喜，想不到儿子却另有想法，他闹不明白儿子的心里究竟是怎么想的。磕掉烟灰，他对儿子说：“你有什么想法就直截了当地说出来吧!”

顾祝同看了父亲一眼，看到他那威严不可侵犯的面孔，又低下头来小声说：“父亲去了河东一趟，为儿子定下的这门亲事当然不会错，儿子的心里也十分乐意，只是儿子还在读书，担心过早地结婚会影响学业，那就违背了父亲的教诲，这倒让儿子左右为难，我看还是等等再说。”

“非也！非也！男子汉大丈夫以事业为重，没有错，然娶妻生子、传宗接代也十分重要。事业发达、人丁兴旺才是对祖宗最大的孝敬。再说，父母只是给你定下这门亲事，又没让你立马完婚。你杨伯伯也有这个意思，他说自己的女儿年龄还小，等过几年，你努力考取个功名，杨姑娘也长大成人了，到时你们再成亲也行嘛。”顾祝同理解父亲的良苦用心，他请父母放心，即便是成家以后，也会继续用心读书，让顾家发达起来。

第二章　求学从军报国志

波折的求学路

寒冷的冬天很快过去了，积雪开始融化，到处是滴滴答答的雪水声。父亲对顾祝同说："你在顾家私塾和养正小学读书已有数年，以你现在的学问，当地的老师不可能再有新的知识传授给你，我已托一位朋友联系，准备送你去县城读书，那里先生的学问和教学条件都是本地学校无法相比的，你去那边读书，一定会进步更快。"顾祝同执拗地说："不！那样会被人家笑话的，我要凭自己的本领去考。""好！吾儿有骨气，都依你。"

顾祝同在养正小学只读了两年，便与张大卓等人转至涟水县城新设的实验小学就读。之前，在张大观书馆以及养正小学，顾祝同就养成了良好的学习习惯，各科基础尤其是语文基础非常扎实，比起学校里的其他同学，应该算是出类拔萃，所以，顾祝同入学不久就深得老师们的喜爱。朱云舫堂长是一位拔贡，对学校的教学和管理十分认真。这里的教师都是从各地遴选来的优秀人才，他们在教学上都有自己的一技之长，教学十分严谨认真，学习的风气也好。

相比较而言，叔祖父的教法就显得有些刻板，他只要学生死记硬背，并没有培养学生的理解能力和学习兴趣，以致学生写起八股文来觉得头痛。而这里教学灵活，老师在讲学时旁征博引，传授了许多课文以外的知识，让学生觉得耳目一新，学习的兴趣也特别浓厚。

在语文老师的循循善诱之下，顾祝同的作文水平提高很快。起初，他对这些新的学习方法还不太适应，不过，他的这一弱点很快便被老师发现，耐心地开导他："学习别人的文章是为了借鉴他人的写作技巧，逐渐培养自己的文章风格。如果一味地死记硬背，不求甚解，肯定不会有大的提高。文无定论，妙法自修，只要你多听、多看、多想、多练，就不愁文章写不好。古人云'读书破万卷，下笔如有神'就是这个道理。"先生的话，打开了顾祝同的心扉，他觉得老师说得很有道理。从此以后，顾祝同在老师的教导下，作文和数学水平提高很快，在全校崭露头角，语文老师常常把他写的作文当范文，让其他班级同学传阅，并加以剖析。

再过几天就要期中考试了。入学这么多天来，顾祝同为了证明乡下的孩子读书并不比城里人差，不知吃了多少苦，熬了多少夜，而对学校以外的情况一无所知，对这个县城依然比较陌生。经过一段时间的刻苦努力，他的各科成绩名列全校第一，临考之前他想放松一下自己。这是一个星期天的上午，顾祝同和几名要好的同学结伴走出校园，游览县城的名胜古迹。游玩过大成殿、状元桥和飞来井后，他们开始登妙通塔。

关于妙通塔，他在八岁那年就听祖母讲过。妙通塔是为纪念卧佛娄道者而建。娄道者，姓娄名守坚，宋初涟水人。生于宋太祖建隆元年，圆寂于宋真宗乾兴元年。其家住在红窑镇卧佛矶附近，父母为渔民，以湖为生。守坚生得圆颅广额，平顶大目，且生性放荡不羁，嬉笑无节，故幼时即被乡人称为"弥勒佛"。十多岁时，被父母送入县城承天寺剃度为僧，在厨房打杂。夏天围烘炉火，冬天沐浴冰雪，人皆以为癫僧。传说宋真宗大中祥符三年五月初一，皇太子赵受益降生后，日夜啼哭不休，御医束手无策，便张榜在全国求医。娄道者应诏至汴京，治好太子夜啼症。并言太子为赤脚大仙下凡，将掌朝四十一年。宋真宗赐其佛号“证因大师”，让他回涟水住持承天寺。天禧五年冬，涟水军新任知军不信佛事，证因大师对徒弟说，缘尽矣，当盘。遂于真宗乾兴元年正月十一日午时侧卧仙逝。同年二月，宋仁宗赵受益接替皇位改元天圣后，诏令改承天寺为“能仁教寺”，赐证因大师谥号“蹈宝华如来”，并敕令在能仁教寺建塔纪念。天圣八年塔成，钦赐匾额曰“妙通”。宋仁宗改承天寺为能仁教寺后，即将其整修一新。建有大雄宝殿、卧佛寝殿、韦驮殿、藏经楼、观音阁等，气象雄阔，金碧辉煌。妙通宝塔，七级八面，巍然耸立寺中，直指蓝天。塔身通体皆由砖石砌成，内中并无寸木支柱。底层留有北门可入内，循青石阶可登至第四层，再搭梯上第五层。从第五层到第七层，必须出第五层的门，从塔外近一米宽小径绕塔盘旋而上。第六层有门可进塔内。第七层上面是塔顶，顶端是直径二米左右的圆平面，平面上置一个直径近一米的大石墩，可容两三人打歇。顾祝同和几位同学沿着七级八面的妙通塔拾级而上，试登绝顶，驰怀纵目，果然南看黄河，澄净如练，九折不回到东海；东望大海，波澜壮阔，万卷浊浪排空起；北眺苍梧，群峰叠翠，花果山藏水帘洞；西观运河，帆樯林立，沉沉一线穿南北。俯首四野，田禾如茵，随风涌碧波，农庄棋布，红墙绿荫中，更有那小溪、桃花、夕阳、牧童、村姑、商旅，装点成一派恬静和谐、自然优美的田园风光。

在县城高小，有一位体操教员朱绿萍，他身材结实，由南京三十三标营应聘高小，富有军人气质。这对爱好体育运动的顾祝同来说，简直就是福音。朱先生教顾祝同打篮球、跳高、跳远、翻杠，教他扔手榴弹技巧，使顾祝同的体育成绩提高很快。时隔不久，南京陆军小学朱宗愈、蒋师武两位同学利用假期来高小拜访朱云舫堂长，他们身着军装，在给学生上军事课时，行动敏捷，英姿勃发。令顾祝同十分羡慕，此刻，他的心里突然萌生出从军报国的念头。

宣统元年，涟水高等小学接到县署转奉两江总督的命令，招考江苏陆军小学第五期学生，规定各县保送学生去南京应考。顾祝同由堂长朱云舫推荐参加考试，校方将他的年龄、体格、成绩、身家及三代功名等各项资料备齐，让顾祝同准备应试。放寒假时，顾祝同把这个消息告知父亲，原以为父亲会积极支持他去南京应试，不料却遭到父亲疾言厉色的训斥，说他眼里根本没有他这个父亲，这么大的事情，也不跟家里商量就自作主张。

父亲一生痛恨当兵的，当兵的给他的印象实在太坏了，他说当兵的进村不是奸淫妇女，就是烧杀抢掠。如今想到自己的儿子也要去吃当兵的饭，这与他对儿子的期望大相径庭，可儿大不由爷呀，十九岁的祝同站在面前个头比他还高，他再也不能像小时候对他那样动用家法，强迫他按照自己的意愿行事，只有跟他讲道理："儿啊，自古好人不当兵，好铁不打钉，你咋就想去当喝人血的兵痞呢？我看你是被人蒙骗了。你想过没有，一旦你去陆小读书，你让我这张老脸往哪儿搁，见人还能抬得起头吗？""父亲，你搞错了，我不是去当什么兵痞子，我是正儿八经地去读书呀。"顾祝同据理力争。"你去念陆军小学，毕业后不去当兵做什么？你别喝了几天墨水，就来蒙骗老子，老子心里可一点儿不糊涂！""唉，父亲，我怎么跟你说才能说得清呢？我即便是从学校毕业后出来当兵，也不会如你所说的进村抢掠，祸害百姓。"顾祝同急于向父亲说清楚，可又很难说清楚。父亲说："今儿个你就是说破天了，老子也不信你，当兵的都是一路货色，咱再穷再没本事也不能去当兵，庄户人图个本分，即便你寻不到正经差事，哪怕就是种地也比当兵的强。”

不管父亲如何反对，顾祝同主意已决。翻过新年，他和获准保送的张健同学一起前往南京应试，他俩都是县立高小的尖子生。这是他第一次只身离家远行，因为是参加陆小考试，他的心里特别兴奋。一到南京，顾祝同就住进了花牌楼大吉祥旅社，把学过的知识再在脑子里过滤一遍。考试共分两场，每场都考国文与数学，再经过口试后正式录取。数学因他在高小修过加减乘除四则运算，答题比较容易。国文第一场题为“以不教民战，是为弃之”，顾祝同和张健均被录取；第二场题为“执干戈以卫社稷”，顾祝同顺利通过，张健被淘汰。口试时，主考官为候补道学堂提调顾琪，见顾祝同也姓顾，似乎对他格外关爱。发榜时，顾祝同被录取。

年前为去南京应试借的钱未还上，现在又面临入学费用的难题。父亲是不赞成他念陆小的，会为自己筹集费用吗？父亲以为，没有钱，顾祝同就动不了身。没有钱上学，他就和父亲软磨硬泡，把自己关在屋子里不吃也不喝，以绝食抗争。起初，父亲不以为意，认为他总有想开的时候，等想开了，自然会起来吃饭。可一连两天过去，顾祝同居然滴水未进，祖母用拐杖指着顾芝田的鼻子说：“芝田啊，你让我怎么说你好呢？祝同自小没了娘，是个苦命的孩子，你若把他逼出个三长两短，我可饶不了你。”顾芝田最惧怕母亲，他放下手中的书本，慢腾腾地走进屋，软语安慰儿子说：“祝同呀！你快起来吃饭，我这就出去给你想法子。”可怜一向把面子看得比自己的生命还重要的教书先生，为了满足儿子的这点儿要求，不得不四处借钱。一连跑了几家，人家不是摇头，就是在他面前哭穷，他生性木讷，反而把人家哄他的话信以为真，就连人家夫妻俩对眼色合伙蒙混他也浑然不觉。从日出到日落，他只借了两块银圆，这与顾祝同上学的路费相去甚远。回到家中，他捧着旱烟锅，坐在儿子的对面唉声叹气，一袋接着一袋地抽闷烟，含泪对顾祝同说："儿啊，古语说得好，富在深山有远亲，穷在街头无人问，都怪父亲没本事，跑了一天冤枉路，只借来这点儿钱。"听着父亲的诉说，顾祝同感叹世态炎凉，但回过头来想想，这也怨不得人家，借是人情，不借是本分。现在，顾祝同不但不怨恨父亲，反倒替他难过。

自从母亲去世后，父亲靠教书、种地供养着全家八口人的衣食住行，家境一日不如一日，谁敢把钱借给这个明知没有偿还能力的家庭，除非他是个白痴。冷静之后，顾祝同把家里所有的亲友又捋了一遍。以前听祖母说，徐集乡季安村的严表叔家有良田千顷，骡马成群，富得流油，何不去碰碰运气呢？当他说出了这个想法后，顾芝田却犯了难："唉，笆门对笆门，板门对板门，哪有富人向穷人？咱家有这门亲戚不假，虽说先前来往密切，可自从你祖母过寿时闹了一点儿口角，就再不通信息了。怕是去了也是白搭，反而自讨没趣。""真亲恼不了百日，都过去这些年了，谁还把那档子事记在心里？"顾祝同说。见父亲不吭声，顾祝同又说："如果您舍不开脸，就让我去试试吧，不管怎么说，这也是条门路。"父亲依允了他。

严表叔家坐落在淤黄河畔，离顾家庄有七十多里路。当晚，顾芝田让刘氏煎了几块韭菜夹子，让祝同带在路上打打尖。第二天鸡叫头遍，顾祝同就沿着淤黄河大堤向西南走去。饿了吃韭夹，渴了饮河水。衣服干了湿，湿了干，脚底磨起了血泡，但这点儿苦与实现那个从军报国的梦想比算不了什么。天擦黑时，远远近近的村庄上灯火闪烁，宛若点点繁星向这个坚毅的青年致敬。顾祝同总算赶到了严表叔家。这是坐落在淤黄河堤下的一座四合院，掩映在茂密的丛林之中。清一色的青砖瓦房，东南角是三间炮楼，还有密密麻麻的枪眼，那是用来对付土匪的。进门三相，从外表上看，严表叔家不愧为当地首屈一指的富户，他家还开设木场、油坊、染坊和猪场。四房姨太太个个水灵清秀。顾祝同心想："这回算是找对主儿了，莫要说借他点儿路费，就是再多些，对于严表叔而言也是小菜一碟。"还是在顾祝同十来岁时，严表叔去过顾家庄，那时候顾祝同的头上还扎着一根长寿辫子，顽皮得很，现如今已长大成人。不是顾祝同自报家门，严表叔根本不会把他同当年的那个顽童联系在一起。管家在严表叔的安排下，很快置办了一桌丰盛的酒席：大烧排骨、清蒸鲫鱼、红烧长鱼、一盘烤仔鸡、红烧牛肉、羊肉火锅……这在偏僻的乡村算得上奢侈的了。顾祝同长这么大，何曾见过这样的美味佳肴，只看得他眼花缭乱。桌上摆着一坛三十年的高沟陈，揭开盖子，一股醇香破坛而出，在室内缭绕。

严表叔唤来大儿子和四房姨太太打横作陪，顾祝同起身分别施礼。由于家教极严，顾祝同平时从不沾酒，只是父亲的朋友来访时，在父亲的安排下，偶尔出来陪几盅。今天有求于表叔，就不能在长辈面前失礼。不知是急于想得到他想要的结果，还是特别开心的缘故，顾祝同居然杯杯见底，一圈没喝完，已醉意蒙眬，竟当场说明了他的来意。一听说这小子是来借钱，四房姨太太都面面相觑，不约而同地伸出三寸金莲在丈夫脚上踩了一下，严表叔心中会意，向她们递了个眼色，刚才还热热闹闹的场面突然冷了下来。严表叔是当地有名的吝啬鬼，虽然家私万贯，却把一文钱看得比磨盘还大，更有一点，他还是个"妻管严"。在这个家中，他除了可以对原配夫人颐指气使大声吆喝之外，在四位姨太太面前温顺得像一只老绵羊。一听说侄儿来借钱，心中不悦，不过，他还是装出一副和颜悦色的面孔对顾祝同说："大侄子，按说，你大老远地赶来借钱，我这个当叔叔的不该拒绝，何况又是正经用。可眼下我确有难处，你来得不是时候，别看我家大业大，也有说不出口的难处，最近进的一批货还欠着人家一屁股债哩，这些人像索命鬼似的三天两头来讨要，弄得我食不甘味，四处躲债。”

表叔的话让顾祝同寒透了心，他的希望在瞬间就落空了。他恨自己太天真幼稚了，还是父亲说得对，世上最难测的是人心，如今人家肩膀和咱不一样高，就怕你去热脸贴着人家冷屁股，现在果然被父亲言中了。借不到钱自己怎么去上学呢？这一夜，他睡不踏实，总是噩梦不断。头脑昏沉沉的，身上没有力气，顾祝同索性穿好衣服坐等天明，好不容易挨到东方发白，他独自一人向淤黄河大堤走去，想清醒一下脑子。才转上堤岸，透过朦胧的晨雾，就远远瞧见一位身着黑色夹袄的老者，正在全神贯注地打太极拳。他驻足堤岸，饶有兴致地观看。老者满头银丝，精神饱满，看样子已有八十多岁。打完了太极拳，老人蓦然回首，看见身后不知什么时候站着一位英俊的后生，眼神中充满忧郁。仔细端详，这后生方面大耳，眉宇间透出一股英气。他闯荡许多年，还是头一回见到这等好相貌，心里透出惊喜。他用干毛巾擦净了汗水，便同这位后生攀谈起来。

年轻后生举止文雅，谈吐不俗，让老者无限欢喜。交谈中，老人得知年轻人为筹措上学的费用犯愁，他不假思索地说：“孩子，你就放心地在这里玩上几天，钱的问题我来帮你解决。”顾祝同满腹狐疑：“我和你素不相识，凭啥要帮助我呢？”老人似乎看出了他的心思，捋了一把胡须说：“论辈分，我也是你的远房表叔嘛，亲不亲，打断骨头连着筋，你还跟我客套吗？”老人领着顾祝同回到自己的家，这里同样是砖木结构的四合院，要说与亲表叔家有什么不同，那就是院子小了一点儿，少了三间炮楼，但是，顾祝同来到这里却觉得特别温馨。进得书房，老人同他亲切交谈，发现这个青年人持重老成、志向不凡，对他更加疼爱。正说着，家人已将早饭摆好，老人说，请贤侄到餐厅用膳。进得饭厅，顾祝同见到桌子上放着一盘咸鸭蛋、一盘油煎豆腐，还有一盘炒干丝和一盘蒸饺子，吃的是玉米稀饭，十分可口，吃相竟有些不雅。老实说，他的肚子早就提意见喽，昨天晚上，他本来吃得特别香，当表叔拒绝了他的要求后，就倒了胃口，居然饿着肚子离席而去。他的脑海里如四海翻腾，为什么自己的亲表叔家里富得流油，却连一个子儿也不肯借，而眼前这位同他八竿子也打不着的表叔却义薄云天，他为自己遇到了好心人相助而暗自庆幸。饭后，老人执意要留他多住几日，可开学的时间在即，顾祝同归心似剑。他向老人说明了情况，老人也就不再强留，只是因为没能好好地和他在一起吃顿饭而感到惋惜。他吩咐管家取来四十块银圆交到顾祝同的手上，依依不舍地说："贤侄，既然你去意已决，表叔就不留你了，只希望你记住表叔的话，在学校好好读书，练出真本事，将来报效国家。"顾祝同的眼眶里蓄满了泪水，深施一礼说："祝同今生决不辜负您的教诲，他年若能如愿以偿，定当报答您老人家的出手相助。""哎，小伙子，话可不能这样说，这样就显得生分了，你有困难，我帮助你是应该的，怎么能作壁上观呢？你就安心去读书吧，我不图你回报，一旦你将来发达了，我这张老脸上也有光彩嘛！你说是不是？"顾祝同感激得连一句话也说不出来，只是默默点头。

天气乍暖还寒，顾祝同如愿以偿地踏上了南下求学之路。或许因为穷日子过惯了，路上，他省吃俭用，也不雇脚力，就凭两条腿步行。第二天才雇了一辆车赶路，终于在太阳落山之前赶到了学校。

坐落在水西门外小营的南京陆军小学，隶属于中央陆军部兵备处。当时，中央在各省开办陆军小学，就基本学术科训练三年，毕业后升入陆军预备学堂，两年毕业后再送入国立保定军官学堂，毕业后充任部队下级军官。南京陆军小学模仿德国和日本的军制，堂长许葆英是日本士官学校第一期毕业生，监督为黄瑞蔺，提调顾琪，这是学校里三位主事人。自光绪三十一年建校，每年招生一期，每期一百二十人，分编为三个排，每排四十人。在校课程除简单军事学外，有国文、本国史地、代数、物理、化学、修身、图画及外国语文。外国语文有英语、法语、德语、日语四种，顾祝同选读法文。学校师资力量相当雄厚。担任顾祝同国文老师的骆继海，书法功底很厚，花牌楼一带商店招牌大都出自于他的手笔。历史老师李邦寿，地理老师缪荃荪，修身老师张荣。顾祝同的各科成绩都在八十分以上，这得益于他小时候打下的基础，所以学起来并不感到难，只是图画一门让他最感困惑，即使画一顶军帽抑或一把刺刀，他也画得不好，以至于总成绩要靠国文、历史等较为艰难的课程分数来弥补。学校课程，每日以学科时间较多，上午三小时，下午两小时，术科只一小时半。第一学期学的是徒手操，第二学期才有操枪课程，这些课程都由队上官长负责。当时在校生共有三期，分编为第三、第四、第五共三个队，每期一个队，顾祝同被编为第五队。平时学校管理十分严格，宿舍每排房住十八人，房间中央摆放着床铺，相对各九张，一边有橱柜放置衣服。每天早晨排长检查，如床上被盖折叠不整齐，橱柜里衣服放置不整齐，都将受到处罚或者被禁足。假日八时出校门，下午六时返校。出校时服装必须整齐，冬天穿黑色服装，夏天穿黄色的服装，皮鞋、铜扣都必须全部擦亮。由于学生年轻健壮，精神饱满，在街上都是步行，不肯坐人力车，就是坐车时也必须挺起胸膛，目不斜视，因此，每次经过小营制台衙门到大行宫时，沿途市民都驻足称慕。在校同学相处得情同手足，同乡观念也很重。初入校时，先期同乡常约顾祝同出校游玩，彼此友谊深厚。每逢假日，顾祝同便与涟水同学蒋师武、陆桂芳两人相约到花牌楼饭馆，只花两毛钱，吃锅贴饺子，同出同归，其乐无穷。

这以后，顾祝同与来自苏北第四期同学韩德勤结为挚友。韩德勤，字楚箴，泗阳县洋河镇人，兄弟三人，他排行老大。父亲为清末秀才，先以立馆教书为业，后弃文从商。每到星期天，顾祝同与韩德勤常常相约到莫愁湖等处游玩，对十代金粉、六朝古都的南京城很感兴趣。站在惊涛拍岸的长江边上，顾祝同说："滔滔江水，蜿蜒东来，流到芜湖突然掉头向北，过马鞍山，紧紧贴住南京，绕燕子矶、紫金山直奔大海。江流环绕，群山屏障，南京自古为兵家必争之地。"韩德勤说："是啊，历代帝王都争相在这里建都，想依靠长江之险达到江山永固。从三国时的东吴定都于南京，短短三百年间，更换了六个朝代——吴、东晋、宋、齐、梁、陈，加上五代的南唐和太平天国共七个朝代都是短命的。固若金汤的南京城一次次被攻破，末代皇帝被俘的被俘，被杀的被杀，没有人能逃脱悲惨的结局。"顾祝同说："正因为如此，明成祖朱棣忌讳这个地方，篡夺政权后不久，就将政治军事中心北移，定都于幽燕。"南京山川秀丽，地势险要。一条秦淮河由东南而西北，千回百转，从城中穿过，装点江山如画。看到远处穿梭如织的帆影，他们又勾起对长江对历史的联想，话题不经意地扯到了范仲淹的《岳阳楼记》上，两个人不约而同地背诵起来，直至薄暮时分，才返回了校园。

转眼就到了年底，顾祝同和韩德勤结伴回家过年。天空中飘起了纷纷扬扬的雪花，走到清江浦时，眼看就要分手了，韩德勤对顾祝同说："大哥，我看你不如随我一起到泗阳玩几天，好在离过年还有些时日。"顾祝同本想婉谢，但看到韩德勤那双充满期待的目光，又不好拒绝，只得答应跟他去泗阳。韩德勤的父亲凭着经营有方，在泗阳城里开设纱厂、木材场与粮油行，乡下尚有几千亩良田。运河边上一幢青砖青瓦的小楼，掩映在苍松翠柏丛中，显得十分幽静和雅致。客厅和书房里铺着大理石，高贵的楠木太师椅以及椅背上镶嵌的雨花石和书橱里飘溢出来的书香格外令人陶醉。客厅的墙壁上悬挂着唐伯虎画的虎以及王羲之、颜真卿手书条幅，更无声地证明主人的高雅与高贵。韩德勤将顾祝同引荐给父亲，这位饱读诗书又精通玄学的儒商，在见到顾祝同的第一眼时，就被他出奇的相貌惊呆了。但见他生得天庭饱满、地阁方圆、二目如电。他在商海里摸爬滚打多年，阅人无数，何曾见到过这等好相貌，凭他的推断，此人将来必非池中之物。他笑呵呵地对韩德勤说："我儿真是好眼力，交上这么一位诚实忠厚的朋友，这个孩子将来必贵不可言。你看……"韩老爷边说边指着顾祝同面相讲说开来。说得顾祝同满脸通红，他谦逊地对韩老爷说："韩伯伯，祝同哪敢往富贵上想，今生但求衣能遮体，食能果腹，余愿足矣！"韩老爷捋着飘逸的美髯，乐呵呵地说："贤侄不必过谦，老夫从不打诳语，如若不信，我敢打赌，十年后定当应验。"

晚上，韩老爷置办了一桌丰盛的酒席款待顾祝同，这倒让顾祝同受宠若惊，显得特别拘谨。韩老爷让韩德勤取来一大坛洋河老陈酒，一开坛，那股子浓浓的醇香味顿时弥漫着整个屋子，与他前次在表叔家喝的高沟酒堪称酒中双璧，让人一闻到它的香味就心旷神怡。蓦然间，这个对酒还谈不上有研究的年轻人在潜意识里惊奇地发现，酒是交流情感的一种载体、一种意境、一种方式、一种积淀、一种底蕴。难怪中国的历代文人墨客都跟酒有着难以割舍的情感，他们的诗歌咏吟就像是一部酒文化，把酒这东西诠释得淋漓尽致。

纷纷扬扬的雪花不紧不慢地在空中飘洒着，树枝上、屋顶上、原野上落满了雪花，给苏北大地装点得美轮美奂。本来韩老爷要安排韩德勤领顾祝同到城里以及乡下的庄园去走走看看，可大雪堵住了门出不去呀，顾祝同只得和韩德勤在书房看书，可就是看不进。他心中惦记着祖母和正值弱冠之年的弟妹们，可韩老爷执意挽留，他又不好推辞。挨到第三天，顾祝同向韩老爷辞行，韩老爷也不好强留，立刻吩咐家人牵来两匹棕红马送他回家。

积雪开始融化，路两边的树木上传来滴滴答答的声响，附近村庄的房檐下都是一排排晶莹剔透的冰凌，这显然是昨天夜间才冻结的。两匹快马在泥泞的乡村道路上狂奔，路过村庄、田野、河流，隐约可以看见一群天真烂漫的孩子，围在一起堆雪人、打雪仗，他们将堆起的雪人，用玉米胡须贴在它的嘴上，把用高粱秆做成的眼镜戴在它的脸上，再将旧衣旧裤套在它的身上，头上戴着草帽，身背自制的小木枪，滑稽可笑。河面上，成群结伴的孩子们在滑冰，溜溜地打着转儿，横生趣味。顾祝同想起了自己的童年也和这些孩子一样，在无忧无虑的游戏中度过快乐的时光，只不过他在这个充满梦幻般的年龄里就失去了母爱，留给他不尽的思念和痛苦。

天落下黑影，大地上飘起了一层雾霭，这预示着明天晴朗的天气。顾祝同回到了家，刘氏见儿子回来了，系上围裙下厨房做饭，祖母拉着他的手问长问短，从外面玩耍的小弟祝齐和小妹祝贞见到大哥回来了，就伸出一双小手跟他要糖果，顾祝同抱起幼小的弟弟说：“那你在家有没有听话？听话就给，不听话就不给。”“嗯！我哪里就不听话了？不信你问祖母。”说着，将小手指向祖母，要她给他做证。祖母笑得合不拢口，连声说：“听话，听话，我们家的孩子个个都是乖孩子。”顾祝同逗了弟妹们一会儿，随即分发糖果。祝贞嫌少，还追着哥哥要。父亲从屋里走出来，断喝道：“贞贞，你闹什么呢？你哥刚回来，也不让他进屋歇着。”祝贞噘着小嘴，做了个鬼脸跑开了。顾祝同来到父亲的书房，向他讲述了在学校的学习和生活情况。父亲疑惑地问：“你从学校回来，路上有没有托人捎什么东西回来？”顾祝同疑惑地望着父亲，说自己并没有托人带东西回家。父亲感觉这事太蹊跷了，便领着儿子到西屋的仓库里瞧，只见大堆小包的食品摊在地上，靠墙边堆放着羊壳、猪屁股，还有猪蹄、下水、牛肉；再往外边看，是一口袋螃蟹、甲鱼、鲫鱼，不仅个头大，而且肉质鲜嫩；墙壁上挂着封鸡、熏鹅、烤鸭，还有大米白面，应有尽有，就是大户人家过年也没有这样阔绰。应该说，顾祝同在入学的短短一个学期里，交的朋友的确不少，可他们与自己的家乡远隔千百里，根本不可能给他捎来这么多的东西。他在脑海里竭力地搜寻着，猛然就想起了韩老爷来，对，一定是他。他把韩老爷家管家唤到父亲的书房里询问，管家道出了实情："顾老爷，不瞒您说，这些东西确实是我家老爷昨天派人送来的。我家老爷听少爷说，你们家虽然是书香门第，但这些年添了许多人口，老爷您心肠好，又不愿提高学生的学费，又缺乏外援，所以，日子过得很紧巴。这些情况，我家老爷全知道了，他是一个开明的乡绅，别说少爷和你家公子是同窗好友，就是平常人家遇到难处，他也不会袖手旁观。这不，今年地里歉收，他从乡下转了一圈回来，一下子就免了四十多家佃户的租子，收成略好的也减半收租，哪家不念他的好，都烧香拜佛感谢他。"管家的陈述，让顾芝田解开了这个谜团，对这位未曾谋面的韩老爷心存感激，只是平白无故地收人家的礼物，心里委实过意不去。

辛亥年秋天，武昌起义，各省纷纷响应，陆军小学宣告解散。当时在校同学有第三、第四、第五期共三百多名学生，第三期在年底应届毕业，对军事学已有初步基础。早期毕业的少数同学前往武汉，直接参加革命；第四、第五期同学年纪较轻，学识经验都还不够，大都返回自己家乡。顾祝同与韩德勤离开学校没有回家，9月初，他俩乘火车直接到镇江，寻找参加革命的机会。但人们一听说他们是陆小第五期的，都嫌太嫩，不愿接收。顾祝同和韩德勤只得在镇江的一位同学家里住了三天，旋又赶往淮阴。当时，清军蒋雁行的第十三混成协发生兵变，抢了清江浦。顾祝同到达淮阴后，住进了同学方鹏举家。马树礼的岳父朱伯符时任江北公学堂长，顾祝同与朱伯符在谈话时，意外地获悉他的学长张大卓、徐再虞也在淮阴。顾祝同和韩德勤一起前去拜访这位革命先驱，见面之后，两个人互述各自离别后的情况。张大卓自涟水实验小学毕业后，考取了淮阴江北公学，毕业后应涟水县衙之聘，担任几个月的文案工作，因南京开办民国大学，便前往报考，进入政治系就读，在学校参加了国民党，从事推翻清政府的各项工作。其间，他曾赴重庆晋见黄兴、张继、孙中山等领导人士，回上海后，在陈英士先生指导下，由上海至镇江以及苏北各地从事革命活动。顾祝同从张大卓那里了解到，同乡臧再新奉镇江都督林述庆之命，任北伐军先遣支队司令，率多名干部由镇江前往淮安，成立支队司令部，张、徐二人都在支队司令部里受差遣。

经张大卓和徐再虞引荐，顾祝同和韩德勤到支队司令部听差。江北都督蒋雁行手下掌握第十三混成协约两个团的步兵、工兵及辎重等特种部队，实力相当雄厚。顾祝同奉命与韩恢等人负责北洋官兵的策反工作，韩恢任炸弹队队长，顾祝同与韩德勤为队员。韩恢是韩德勤的叔父，老同盟会会员，参加过黄花岗起义。顾祝同与韩德勤等人以白毛巾包洋铁罐，伪装成炸弹，随队出发，图谋炸死蒋雁行。当炸弹队闯进江北都督衙门时，蒋雁行见韩恢和顾祝同等人个个手持炸弹，早吓得屁滚尿流，只身逃离都督府，所部官兵全部投奔革命军。臧再新利用蒋部官兵扩充部队，分编为一个旅两个团，自兼第一团团长，以张大刚任第二团团长，顾祝同因策反蒋部官兵有功被任命为排长，这是他第一次参加革命行动。

民国成立，孙中山在南京就任临时大总统，镇江都督林述庆进驻临淮关，先遣支队进驻徐州，准备北伐。顾祝同所在的部队奉令改编为第十八旅，隶属于陆军第九师，顾祝同任三十六团排长，部队驻扎在徐州云龙山下一户姓张的地主住宅内。临时政府成立后，在南京设立了一所临时军官学校，派人到处收容陆军小学的学生。韩德勤先回到南京读书，顾祝同向部队请辞未准，只得继续训练部队。虽然他的能力受到上司的赏识，但他认为这样下去干不出名堂，他深知自己在陆军小学所学的知识比较肤浅，待在部队里很难有大的发展，他迫切希望能回到学校读书，系统地掌握军事理论知识。民国元年七月，陆军小学正式复课。顾祝同再辞排长职务，上司理解他的心情，总算放行。复课后的陆小，由于部分同学已在外就业，原有的每期同学一百二十人，而第四、第五期返校学生总共不到八十人，校方决定将两期合并为一期，第四期同学韩德勤和顾祝同同编为一期。学校崇尚学生使用单名，韩德勤改名为韩韬，顾祝同也更名为顾辑，直至后来进入武昌预校时，才奉陆军部的命令恢复原名。

1913 年夏天，陆小毕业的顾祝同，按规定应升入南京陆军第四中学学习，但光复后的第四中学已经停办。不久，二次革命爆发，李烈钧于 7 月 12 日在江西湖口宣布独立，孙中山通电各省一致讨伐袁世凯。黄兴在南京成立南京讨袁军总司令部，总部设在两江总督府内，热切投身革命的顾祝同和韩恢任卫戍总部参谋。但各方讨袁行动如同流星一般，很快便销声匿迹。自从黄兴去职后，南京讨袁军总部群龙无首，大家推举国民党报人何海鸣主持，钱通任卫戍总司令。令顾祝同大感意外的是，驻防南京附近的北洋军阀冯国璋的女婿、陆军第八师师长陈之骥，当初因国民党声势浩大假意归顺，自从革命军讨袁失利后，陈之骥便露出自己的真面目，命令部队到处逮捕革命党人。一时间，南京城笼罩在一片黑暗之中。为免遭毒手，顾祝同和韩恢在督署内趁夜黑向各处摸索，寻径逃生，但叛军戒备森严，他和韩恢计议，转到西花厅后边的一片草丛中隐蔽起来。他们忍受着酷热与饥饿，一直挨到后半夜，等月光暗下去才趁隙逃出总部。

19 日，袁世凯任命张勋为江北镇守使，以主力南下，革命党人与张勋所部在天堡城作战失败，钱通离开南京。张勋所部在北极阁上架起大炮，向内桥方向发起猛烈射击，炮弹击中尚滞留在南京城内的顾祝同、何振铎、许越先等人所住的民房院墙，顿时浓烟滚滚，三个人迅即转移到安全地带。顾祝同向大家建议，设法取得红十字会的旗帜，伪装救济难民，逃出南京城。大家依计，果然躲过了敌人的盘查。一出南京，顾祝同就乘火车赶往镇江，两天后又转赴扬州。当时，他的陆小同学司马彬在淮扬镇守使马玉仁手下当参谋，顾祝同与司马彬会面时见到过马玉仁。他原以为返回家乡会与外界隔绝，打算在交通便利的扬州谋一份工作，随时可以打探消息，及至同司马彬交谈后才得知长江南北无不为北洋军阀控制，存身不易，他只得悻悻地返回涟水老家。

这几天，顾芝田的右眼皮一直跳个不停，按照迷信说法，这是灾难降临的征兆，他免不得为在外读书的儿子挂念。按说祝同是个处世稳重的孩子，在外不会惹是生非，这一点，他深信不疑。可眼下时局动荡，谁又敢为他打包票呢？顾祝同果然回到了父亲的身边，他既高兴又疑惧，虽然他对时局的变化略有耳闻，但对儿子在这个时候回家从心理上说还是不能接受。他并不担心儿子在外面学坏，就是担心他跟着乱党瞎起哄，自毁前程。当晚，他把儿子叫到了自己的书房，轻声慢语地问："祝同，你现在已经成人了，对是非有着自己的判断标准，我不应该再过问你的事，可我总觉得你好像对我还隐瞒着什么，你要相信父亲。”顾祝同禁不住父亲的再三追问，便一五一十地把自己参加炸弹队以及任讨袁总部参谋的事告诉给父亲，临了还告诉父亲，他在学校里已加入了国民党。听说儿子加入了国民党，顾芝田立马警觉起来：“啥，你在说什么？你再给我说一遍。”父亲惊愣得半天不说话，只是把头深埋在胸前，或许他把国民党和乱党联系在一起了，这个字眼深深地刺痛了他的心。顾祝同看得出自己刚才说出的话已在父亲的心里炸起了响雷，但这是无可更改的事实，他不能隐瞒父亲。

半晌，父亲才慢慢地抬起头来，长叹一声说：“完了，全完了，我这么多年沐雨栉风花在你身上的心血全部付之东流。其实，多少时日以来，我对你担心的也正是这一点，怕你少不更事，走错了路，现在果然印证了我的判断。我本指望你能好好读书，将来求个发达，谁知我心如天高，命如纸薄，你会弄成这样的下场，真是上天造孽家门不幸啊！我说祝同你怎就这般糊涂，这老袁有上百万的兵马，好坏人家也是个朝廷主事的，是说推翻就能推翻的吗？你放着好好的功名不去争取，却跟着革命党人瞎起哄？能有什么好结果？自古以来和朝廷作对的哪一个有好下场？胳膊扭不过大腿啊，你上了革命党人的花名册，以后还有好日子过吗？没有了，不但没有，怕有更大的灾难在等着你，朝廷能饶过你吗？能不加罪于你，就算祖宗有灵了。我看从今往后，你哪儿也别去了，就给我老老实实地待在家里，咱不求你飞黄腾达，只要你平平安安，等年景好了，咱就给你把婚事给办了。老婆孩子热炕头，看家守业有什么不好，咱们家的先人不就是这样一茬接一茬地走过来的吗？”父亲的话犹如一根针扎在顾祝同的心里，本来革命失败了，他的心里就堵着一团棉絮，再加上父亲的误解和责备，更让他心里难过。但是他还是极力地劝说父亲，求得他对革命的同情和支持。

就在父子俩谈话的当儿，祖母不声不响地拄着拐杖走了进来，望着膀阔腰圆的孙子，心里格外地欢喜，但是她刚才站在门外听到什么乱党、革命之类的词，心里就害怕起来。她虽然听不懂这些词的意思，但从芝田教训祝同的口气上，她能听出了个大概意思，这绝非是什么好词，她要过来劝说孙子几句，因为孙子平时最听她的话。祖母站在书房的门口，也不落座，就那么站着：“我的心肝宝贝啊，你就听祖母的一句劝吧，祖母已是黄土埋脖的人，没几天活头了，说不定哪一天，眼一闭，腿一蹬就走了。可我这心里头就是放不下你呀，我的好孙子，你那苦命的娘没福分死得早，祖母吞糠咽菜把你拉扯大，图个啥呢？不就是图你能活出个人样来，给我老顾家争一份脸面。我说你就听你老子一句劝吧，好好学着做人，不要和那些乱党混在一起，一天学一句也把你教坏了，啊！要听话呀，我的好孙子。”顾祝同的心里好委屈，但他又觉得自己一时半会儿和祖母说不清。

婚姻关不住报国心

自从北洋军队收复南京后，袁世凯通电全国逮捕革命党人，这段时间顾祝同东躲西藏，没有一天不为革命的前途担忧。转眼已进入初冬，碎玉般的雪花敲打着门窗。为阻挡儿子的报国路，顾芝田派人给杨桂亮送去要求给两个孩子完婚的书信，得到应允。这年农历十一月十六日，顾家庄上呈现出一派喜庆的景象，十里八乡的村民纷纷跑来等着看顾家的新娘子。在这方圆几十里地，顾家虽算不上豪门大户，却以诗书礼仪闻名乡里，书香人家办喜事一定与众不同。一大早，顾家大院就被挤得水泄不通。只见顾家大门前张灯结彩，人人穿着节日的盛装，到处洋溢着喜气。新郎官顾祝同的脸上更是堆满了笑容，从今天起，由父母做主，他将和一位河东来的陌生姑娘结为夫妻。

顾芝田里里外外忙碌着，脸上写满了笑意，一会儿招呼客人，一会儿去问厨子喜筵准备得怎样了。当乡邻们给他贺喜时，他总是微笑着说："里面请！里面请！承蒙抬爱，光临寒舍，等会儿多喝几杯喜酒！"人们打趣地说："顾大哥，我们喝谁的喜酒呀?""这还用问吗，当然是你大侄子的了，还能有谁的呀?""顾大伯，明年的今天能不能喝上你孙子的喜酒？你得敦促儿子抓紧点儿，早生贵子呀！""喂，顾老弟，你亲自为儿子保的媒，一定见到杨家女儿了，她的模样俊俏吗?"不管客人开着什么样出格的玩笑，顾芝田都赔着笑脸。这是涟水的风俗，叫作闹发闹发，闹得越红火越发达。有的小户人家办喜事，来的人少了嫌冷清，还花钱雇人来闹哩。淳朴的民俗民风在这里得到充分表现，尽管乡邻们语言粗俗，有的甚至是恶作剧，但从骨子里来说是对主人的真诚祝福。

在喜棚的另一边，当地的乡绅和顾氏门族的长辈们正围坐在一起喝茶聊天。顾龙田是晚清的秀才，在这四新集，数他喝过的墨水最多。还有那位秀才出身的中医孙宝余也来了，他既精通医术，又擅长诗词歌赋，学问和顾龙田不相上下，都是载誉乡里的文人雅士。两个人话语投机，或吟诗抒怀，或谈古论今，或抨击时弊，招引得在场的人都把耳朵竖起来听。

众人正唠着，迎亲的花轿伴随着乐器和鞭炮声来到门前。轿子落地，轻绾云鬓的新娘在喜妈的搀扶下，跨过设在洞房前的火盆后进入新房。顾祝同用插在高粱头上的秤杆挑去杨朝云头上的红盖头，顿时被这一张美丽的面孔打动了。只见她月牙似的眉毛下，一双水灵灵的大眼睛秋波流转，银盆似的大脸上镶嵌着一对深深的酒窝。新娘羞怯地低着头走进洞房，然后又和顾祝同牵着手走出了洞房，在喜妈的安排下开始拜堂。一个男人拖着长长的腔调，用他特有的粗门大嗓高声叫道："一拜天地！"顾祝同和杨朝云恭恭敬敬地拜了天地；"再拜高堂！"一对新人向端坐在太师椅子上的父母拜了拜，父母赏给他们两个红纸包；"夫妻对拜！送入洞房！"顾祝同手中挽着红丝带，就像手中挽着他的终身幸福似的，带着他的新娘向洞房缓缓地走去，他俩才在床沿上落座，一群小伙子在喜妈的引领下涌入洞房，开始闹新房……

1914 年 8 月，顾祝同接到陆军部通知，原陆军小学毕业生一律分发武昌陆军第二预备学校。他把这个喜讯告诉给朝云，本想和她一起分享，可再过一个月，杨朝云就要分娩了，她无法忍受劳燕分飞的痛苦，多想丈夫能留在身边照顾。顾芝田本想用新婚燕尔来收住顾祝同的心，不让他到外面去闹什么世事，但很快他就发现他的这个想法不切实际，顾祝同还是毅然离开这个温馨的家。

武昌预校反帝制

武昌预校的前身原是陆军第三中学。因在清末时，全国设有四个陆军中学，即清和一中、成都二中、武昌三中、南京四中。武昌预校校址在武昌南湖，离城约四华里。校长是留学德国归来的解朝东。预校按外文分班编组，共两个连；日文和法文各一个班，合编为一个连，每班五十多人。韩德勤分在德文班，钱大钧分在日文班，顾祝同与赵启騄分在法文班。每天上课六小时，上午三小时，外文一小时，下午是术科或讲授军事课程。术科只在操场上做制式教练，并无野外操练。预校一般课程相当于高中或大学预科。数学有大代数、平面几何、解析几何、平面三角及弧三角。任课老师都是预校师资训练班毕业，教师大多由陆小优秀学生选送，受训两年后执教。教授顾祝同的物理老师赵春圃是北方人，兵器教官为山西人李广林……

预校的管理没有陆小严格，伙食也不如陆小，饭厅离住处很远，四人合吃一桌菜，饭菜极其简单，大多数人因饭菜不好出现营养不良，由此而牢骚满腹，往往以手巾包裹豆瓣酱带到饭厅做佐食。昆山同学徐祖垂因营养不良患肺痨病死，这件事在同学们之间引起一场轩然大波。顾祝同与韩德勤、赵启騄、朱华等同学为增加营养，经常利用假日去武昌南门买鸡、鸡蛋、猪蹄等食品，用荷叶包好带回学校，再用面盆烧煮，几个人中午围坐在宿舍的床上美美地吃上一顿。预校中有一部分同学带过兵，打过仗，身体强壮，有实战经验。顾祝同虽然有过云龙山带兵打仗的经历，但与这些历经过战阵的军人相比算不得什么，他要在学习成绩上赶上或超过这些老资格的同学，除付出更多的努力外，没有捷径可走。当然，学习的刻苦和勤奋并不意味着他死啃书本，他把书本知识在实习训练时灵活运用，这样，顾祝同不但在平面几何、解析几何以及法语等课程方面保持优等水平，而且在初级战术和刺杀等军事课程上也遥遥领先。这让有实战经验的同学对他刮目相看，课余时，这些“老资格”同学常常邀请顾祝同到长江边上的美食店小吃，向他讨教学习的秘诀。

顾祝同谦虚地说：“没有什么窍门，只不过是多用一点儿功罢了。”

1916年，袁世凯称帝，全国掀起讨袁声浪，街头到处是愤怒声讨的人群和口号，军校的学生当然也不甘落后，顾祝同和叶挺等同学结队走上街头，张贴标语，向民众演讲。他多次站在台阶上高喊“天下兴亡，匹夫有责”，号召民众团结起来，痛击袁世凯的称帝复辟、接受丧权辱国的“二十一条”卖国条约的罪恶行径。他把自己的演讲付诸行动，与同学们利用军校学生的特殊身份，来到湖北军务帮办王占元管辖的炮兵营地，策动官兵起事，用真枪真炮参加反袁斗争。在这场斗争中，顾祝同越来越清醒地意识到学习军事知识的价值，空喊口号不能拯救国家于危难之中，必须靠枪杆子说话。这时，孙中山派田桐在汉口租界设置秘密机构，联络湖北各地革命党人，策划响应云南起义。顾祝同的同乡东台人曾鲁及其妹夫安徽人葛昆山都在鄂军第二师工作，预校同学朱宝秋和曾鲁是同乡，经朱宝秋引荐，顾祝同在假日经常与同学结伴前往曾鲁处密议讨袁。

第二年二三月间，各省纷纷独立讨袁，预校同学大多数人都反对帝制，顾祝同把大家聚集在一起，密谋起事，并以枪响为号。不料他们的计划被鄂省都督兼第二师师长王占元先期侦悉，派兵埋伏在操场周围的堤埂上，严密监视。晚上9时许，校外忽然传来枪声，顾祝同以为是曾鲁发来的起事信号，立马组织学生向操场上草草集结，直至他站在操场中央才发现情况不对，周围已被王占元的部队包围，同学们都置身于机枪火网的控制之下。面对突如其来的变故，朱宝秋向顾祝同建议，干脆冲出校门，前往城里，却被顾祝同制止，他知道，此刻，任何一个唐突的举动都会导致无谓的流血和牺牲，事已至此，他只好作罢。第三天，预校内仍然戒备森严，王占元隐身在校内墙角边对同学们训话：“这次大家受惊了，本都督特来看看你们。”说到这里，他打住话头，向操场上观察了一会儿，似乎担心有人向他打黑枪，在确定安全后，才接着说：“人家都说革命党会利用地形，我姓王的也会利用地形，袁大总统给我电报说，一切要以国家为前提。前提就是马的前蹄，马没有前蹄怎么能走呢?”同学们听了恨不得把他抓起来下油锅。因为起事计划失败，预校提前放假。参加起事同学的名单已被官方查获，带头起事的顾祝同等理所当然地被上了黑名单。大家的心情都十分紧张，顾祝同与韩德勤连夜返回苏北老家，直到袁世凯的皇帝梦破灭，他才返回预校读书。

保定军校谋革命

1917 年春，顾祝同升入保定陆军军官学校第六期步兵科。他同预校毕业的七八百名同学搭乘一列火车，沿平汉路前往保定。列车在江汉平原上急驰，车轮撞击着钢轨发出美妙的音乐，令顾祝同十分陶醉。车过信阳时，一列装米的货车在他们乘坐的列车前面抢先开行，从新安驿站过桥时，不知何故，桥身突然折断，货车大部坠入桥下，列车尾箱翘出半空，因为是货车，所幸没有人员伤亡。顾祝同心里后怕，如果他们乘坐的火车赶在货车前面开行，抢先通过这座桥，那么后果将不堪设想。一场虚惊过后，他和同学们只得弃车徒步过河，到对岸再换车前往保定。

保定军校的前身原是陆军速成学堂，而速成学堂的前身则是陆军武备学堂，蒋介石先期在这里毕业。按照逊清学制，凡陆小毕业学生都直接升入陆军中学，后因军事干部紧缺，先办各省武备学堂与速成学堂。光复后，各省武备学堂停办，陆军中学便改为陆军预备学校，陆军速成学堂改为保定陆军军官学校，凡各省陆小毕业生，除淘汰外，一律升入陆军预备学校，预校毕业后，一律升入保定军校，在保定入伍期间，可选送到日本士官学校就读。

保定军校的校址设在保定东关外，保定人称东关大学堂。顾祝同等同学初到保定按规定应分发各部队入伍半年，但北洋军队不欢迎学生，生怕他们的激进思想在部队中蔓延。陆军部决定就在校园内接受入伍训练。将第六期学生分为五个连，分驻在学校东侧营房内，由学生自己负责警卫和清洁卫生。实行新兵教育，每天上午讲授步兵操典、射击教范与野外勤务等，下午为术科，除每周三、六为野外教练外，其余为制式教练。

北方天气寒冷，初入伍时又值冬季，南方来的学生大多不适应恶劣的气候，特别是夜间值勤更难适应，好在每连都发有几件皮大衣，供学生值勤，勉强可以御寒。出操时风沙弥漫，风力大时更是飞沙走石，令人恐惧。操完归队，每个人的耳鼻内都塞满灰沙，衣服上也落满薄薄一层沙土，个个都灰头土脸。保定军校操场很大，军校学生与军阀部队同时出操。驻保定的部队是曹锟所部，曹锟是直隶督军兼陆军第三师师长，吴佩孚为旅长。顾祝同出操时见到过吴佩孚，他们的士兵个个神气十足。

保定军校的军官教育以四大教程为主：战术、兵器、筑城与地形。教官程长发、王兴文、李光琳等都是日本士官学校毕业，教学素养很深。学生分步、骑、炮、工、辎五科，顾祝同、韩德勤、余汉谋、黄琪翔、韩汉英、吴奇伟等同属步兵科；叶挺、上官云相、罗卓英等学的是工兵科。练马术时，马夫常在学生面前夸耀，哪匹马曾驮过哪位军长、师长、旅长，被同学们引为笑料。保定京戏仅次于北京，步兵科的武进同学费国祀、四川同学牛锡爵等大多爱听京戏，星期日下午出去看戏，直到点名前才回校。顾祝同不谙京剧，只会哼几句家乡的淮剧，因此，对它没有什么兴趣。每逢假日，他多与韩德勤等人逛街，或至饭馆小吃。北方馆子院落很深，由于天气寒冷，门上都悬挂着厚厚的门帘，每进一道门，都有人掀起门帘，在门前迎客，高呼客到，层层接应，让人感到特别亲切。上菜时，茶房必先敬小菜数碟，服务周到，客人也乐于给小费。

1919 年 8 月，二十八岁的顾祝同于保定陆军军官学校第六期毕业。毕业典礼在校本部大操场上举行，由校长杨祖德主持，致辞奖勉，并发给优等生奖品，顾祝同以各科成绩名列前茅获得奖品毛毯一条。

保定军校毕业的学生，依照规定，应由陆军部分发到各部队见习六个月。在分发前先由同学填报志愿书，再由学校呈报陆军部办理报到手续。因为同学费国祀的哥哥费国祥是长江上游总部暂编第四旅旅长，与总司令吴光新交情笃厚，而第四旅又是新成立的部队，所以费国祥托他的弟弟在保定军校应届毕业生中邀约二十人到第四旅服务，并由长江上游总部开列名单报陆军部分发。因此，同学中志愿分发该部服务的有十七八人。等陆军部分发令下，顾祝同与韩德勤、周浑元、卢旭、葛金熔、庄达、胡祖玉、张庆瀛、费国祀等人，同乘火车沿京汉路南下汉口，再转乘轮船到宜昌总部报到。

顾祝同分发在第十三混成旅第一团第一营担任见习教官，韩德勤分在第三营，与顾祝同都驻在宜昌与沙市间的江口。见习期间享受上士待遇，每月发给饷银十五元，除去五元伙食费，尚余十元，足够平常生活开销。旅部平时分派给军校毕业生的任务多为担任士兵讲习课程。每天早晨，顾祝同第一个来到操场，给士兵们讲授射击教范、开展队列训练，然后让士兵将空酒瓶挂在树梢上，他端起步枪示范，砰！砰！砰！一瞄一个准，将挂在七八米高树梢上的酒瓶全部击碎，士兵们一片喝彩。接下来，他手把手地教士兵怎样握枪、瞄准、射击。见习期满，顾祝同升任少尉，派到第四旅第七团第三营，韩德勤在第八团。营部在宜昌东山寺院。营长常全一是吴光新的马弁出身，团长绰号田大炮，火爆的性子，一点就着，常常对部下大呼小叫，但对军校出身的顾祝同显得格外礼貌。寺院在山上，每天凌晨起身，走十五分钟到操场上操练，十点钟后回营吃早饭，早饭后在讲堂上课，下午 2 时午餐。周浑元和顾祝同都分在第三营，两个人兴趣相投，课后常在一起谈古论今。没过多久，第九连连长升为副营后，顾祝同接任第九连连长，驻守龙泉铺。

1920 年秋，两湖巡检使王占元将吴光新诱捕，皖系部队战败，费国祥被迫离职，长江上游总部群龙无首。随后，费国祥秘密返回宜昌，策动第四旅旧部与十三旅合谋推翻王占元。8 月的一天深夜，一个老勤务兵来告诉顾祝同，说王占元因克扣军饷，引起部下哗变，有一个营的士兵正在围攻总督府，要顾祝同起事配合。顾祝同冷静观察，见各处并没有起事的迹象，自然不敢贸然行事。在长江上游总部工作不到两年的顾祝同，对北洋军阀本来就没有好感，加上费国祥的去职，促使他下决心辞去连长职务，经武昌转往湖南长沙。在顾祝同的影响下，其他同学也纷纷离开长江上游总部，分向湘、粤、川等省自谋出路。

当时，湘军总司令谭延闿在湖南成立清乡司令部，江苏同乡王德庆任司令，赵启騄任参谋长。顾祝同初到长沙，经赵启騄介绍任清乡司令部副官，继任卫队营营副。清乡司令部原本是个空架子，没有自己的基本部队，到处招兵买马拉队伍。听说浏阳一带民间散存武器很多，顾祝同和赵启騄奉令前去与地方人士接洽收编部队。

但在浏阳奔波了几个月没有成效，回到长沙后，顾祝同毅然辞去营副职务，寄居在南京陆小同学李明扬的梯团司令部。湖北自武昌兵变后，蒋作宾、孔庚等人先后到湖南开会，主张湖北自治。蒋作宾被推选为临时总监，组织自治军，以驻军湖北的夏斗寅部为先锋，谋攻武昌，驱逐王占元。湘军由赵恒惕兼任援鄂军总司令，出兵湖北，以卢邦燮为援鄂支队支队长。在长沙无事可做的顾祝同应邀参加了援鄂支队，担任校级队长，随军向武汉进攻。先由长沙乘火车到岳州，再下车走到羊楼司，在羊楼司与王占元部队展开激战。王占元战败后，顾祝同随援鄂军向汀泗桥推进。这时，北洋政府以王占元战败免去他的职务，派吴佩孚为两湖巡阅使，萧耀南为湖北督军，率部南下，一面收编王占元的旧部，一面向湖南进军。吴佩孚将精锐部队投入战场，湘军不敢迎战，一路后撤，吴军兵不血刃地占领了岳州。而此刻川军正发动进逼武汉的攻势，沈鸿英的桂军又被孙中山的讨桂军打败，通电即将入湘，吴军见腹背受敌，不敢分兵，只得与赵恒惕在岳州兵船上议和。

岳州一带经过一场声势浩大的湘鄂战事，士兵和老百姓尸横遍野。尸体经过高温腐化，恶臭刺鼻，几乎找不到一处干净的水源可以饮用。时值八月，瘟疫流行，顾祝同也不幸染上痢疾，由岳州返回长沙治病。病中的顾祝同心情沮丧，他回想起在报考南京陆军小学时与父亲的争执，父亲告诫他自古兵匪一家，烧杀抢掠无所不为。他没有听从父亲的劝说，毅然踏上从军报国之路，从南京、武汉直至保定，他对自己的信仰没有产生过动摇。他以为只要学会军事知识，就可以横扫华夏神州，拯救这个积贫积弱的国家，及至到了长江上游总部、湖南清乡司令部、湘军援鄂支队工作，所见的部队都有悖于革命初衷，到处奸淫烧杀，才证实父亲说的没有错。难道自己的选择错了？就在保定军校临毕业前，他回过一次顾家庄，他忽然萌生起留在家乡做事、照顾小女儿的念头，却遭到涟水县军董的一番羞辱：“我们这儿庙小，容不下你这个保定军校的大菩萨，那不是高射炮打蚊子，活活糟蹋了人才，你还是另寻高就吧！”顾祝同不跟他计较，自古以来，卑鄙与高尚、文明与粗鲁、阴险与坦荡总是在不同人的身上上演，于是，他才毅然决定南下到长江上游总部。

经过两个月的治疗，顾祝同的身体渐渐康复。当身体已允许他走动时，他独自在岳州城里转悠，当转至另一条街道时，他被一张文告深深地吸引了，从文告的内容中获悉，5 月 5 日，孙中山已在广州就任非常大总统，发表对内对外宣言，以地方自治、和平统一、开放门户、发展实业昭告中外，与民更始。顾祝同看后精神为之一振，即由岳州去长沙找赵启騄商量。赵启騄自辞去清乡司令部参谋长后，一直蛰居在长沙城里。顾祝同带来的这个消息，给了他莫大的惊喜，于是，他们决定南下广州投奔孙中山领导的革命军。

第三章　东征北伐学生官

初识风云入赣军

1921 年 11 月，孙中山在桂林组织大本营，以朱培德为滇军总司令，彭程万为赣军总司令，谷正伦为黔军总司令，李烈钧为参谋长，胡汉民为秘书长，粤军许崇智、李福林等部队也参加了革命军行列，积极准备北伐。赵恒惕首鼠两端，一边与吴佩孚议和，一边又派耿毅去桂林谒见孙中山，谋求与革命政府联络。顾祝同与赵启騄随耿毅由长沙启程，先到衡阳，再换乘小轿由衡阳经永州、全州，一路辗转，于次年 1 月才抵达桂林。之前，蒋介石由上海经广州抵达桂林，孙中山任命其为大本营参谋长兼粤军第二军参谋长。在桂林，顾祝同经保定同学曾则生和沈应时介绍，在第二军军部谒见了蒋介石，从此改变了他一生的命运。蒋介石的办公室为两居室的套间，里面是办公室，外面是会客室。条形长桌周围摆放着几张木椅，中央放着两盆鲜花。顾祝同坐在会客室里，不时地打量着悬挂在墙壁上的几幅字画，蒋介石的秘书将泡好的上等碧螺春茶端到顾祝同的面前，顾祝同颔首致谢。在接见之前，顾祝同的心里免不了有点儿紧张，他对蒋介石能否接纳自己还心存疑虑，但他的顾虑很快被接下来的谈话所打消。蒋介石在处理完军务后从里屋走了出来，看上去他的年龄要比顾祝同稍长一些。当曾则生介绍完顾祝同在保定军校的学习情况后，蒋介石和顾祝同开始了拉家常式的谈话。交谈中，顾祝同得知蒋介石 1906 年毕业于陆军速成学堂时十分高兴，马上说："速成学堂就是我们保定陆军军官学校的前身，你高我几届，我应叫你学兄。"蒋介石客气地说："哪里，哪里，称学兄不敢当，我们是同学。"呷了一口茶后，蒋介石继续说："目前，革命事业正在草创，军事人才匮乏，听则生和应时说，你是保定军校的高材生，人才难得，望兄不负平生所学，努力为革命服务。"顾祝同感激地说："我对革命早已心向往之，今天既为革命而来，就当殚精竭虑为革命奋斗，宁可战死沙场，决不背负信仰。"蒋介石深以为然。两个人的谈话一直持续了一个多小时。由于军部没有参谋缺，第二天，顾祝同奉派为上尉副官。不久，军部成立军士教导队，曾则生为军士教导队队长，顾祝同和叶剑英分任区队长。

孙中山不会想到，当北伐军踏上征程后，粤军总司令陈炯明却据粤自固，与北方军阀曹锟、吴佩孚暗中勾结破坏北伐大计。当北伐军取道湖南北伐时，陈炯明以广东省长把持财政的权力，不给北伐军发军饷，公然派刺客在广九铁路车站暗杀给北伐军筹款的粤军参谋长邓仲元，致使北伐军在桂林饷械不济，难以从湖南进军。孙中山只得下令各军南返，改道北伐。顾祝同随粤军第二军由水路南下梧州。陈炯明见大军南返，其亲信叶举部又远在兴宁，顿时慌了手脚，不得不伪装服从。孙中山召陈炯明到梧州相见，他却拒不露面，并请辞广东省长和粤军总司令职务，孙中山准其所请，仍保留其陆军部长职务，希望能悔过自新。可陈炯明拒不受命，将部队调回广州，自己跑到惠州老家。5 月 9 日，孙中山在韶关誓师，决定取道江西北伐，而蒋介石以其主张不能实现，先期去了上海。顾祝同奉派到赣军彭程万部担任联络参谋，随军行动。陈炯明反叛的风声却愈来愈紧，孙中山为形势所迫，由韶关返回广州，希望镇抚陈炯明所部。而北伐军此刻战事进展异常顺利，朱培德部攻克赣州，赣军先头部队进抵吉安附近，江西都督陈光远望风而逃。前方节节胜利，后方危机四伏，陈炯明在广西的部队陆续返回广东，进抵广州的叛军洪兆麟部围攻观音山总统府。

夜里，四千多叛军架起了小炮、机关枪，将总统府围得水泄不通，林直勉等人慌慌张张地跑到粤秀楼劝孙中山快走，孙中山仍在犹豫。情况紧急，林直勉命令卫士将他架走，此时，外面的枪声已响成一片。孙中山要宋庆龄同行，宋庆龄坚辞，说先生一身系国家安危责任重大，她怀有身孕，跟着他反成容易暴露之目标。中国可以没有宋庆龄，却不能没有先生！两个人说着，林直勉已找出了一件夏布白长衫、礼帽、墨镜递给孙中山，孙中山匆匆换好衣服，还想对宋庆龄嘱咐几句，已被人推着离开粤秀楼。他们从粤秀街穿行出来，经过莲花井、雨帽街到了惠爱路时，孙中山见总统府方向已是火光冲天，枪炮声震耳欲聋。正当他为宋庆龄的安全忧心时，从胡同里突然冲出一队举着火把的叛军，拦住了去路。林直勉随机应变走上前去，对一个叛军排长说，他母亲得了盲肠炎快不行了，不得不深更半夜来请这位李大夫去看病。那排长拿着火把在孙中山脸上照了照，倒也像个医生模样，摆摆手放行了。

再说总统府卫队长姚观顺率领的卫士大队，已与向粤秀楼攻击的叛军交火。叛军发起十多次冲锋，都被打退了，留下几百具尸体。陈炯明在广州市内可调动的兵力不下两万人，总统府卫队和警卫团兵力不足两千人，双方众寡悬殊。警卫团长陈可钰把最重要的防守任务交给了叶挺：“粤秀楼居住着宋庆龄，她怀着身孕，你肩上的担子不轻啊！”陈可钰交代到最后，特别加重了语气。叶挺拍着胸脯说：“请团长放心，只要二营有一个官兵在，前院的阵地就丢不了。”随后，叶挺把善打硬仗的第五连和第七连安排守护正门、后门和南北院墙，因为这里是敌人要不惜一切代价拼命夺取的突破口；让新兵人数多的第六连和第八连把守西院墙，这两个连的兵力又侧重安排在靠近南北围墙地段，构成随时补充五连和七连的态势；然后，他命配属二营作战的团机枪连将所有的轻重机枪全部压满子弹，潜伏在总统府四周，一旦敌人进来，就突然集中火力狠狠打击，以配合前院、后院和四面院墙守卫。整整一个夜晚，叶挺一个连一个连地检查火力配备情况。

孙中山离开粤秀楼大约一个小时，叛军开始向总统府打炮。炮弹张开羽翼，发出嫣红的火舌，将总统府墙壁和屋顶撞击得噼啪作响，跟随而来的子弹飞蝗般地扑向总统府。叛军发起了冲锋，呼喊着口号：“活捉孙逸仙，赏大洋二十万！”陈炯明下决心要将孙中山和夫人宋庆龄一网打尽。或许，陈炯明嫌这些还不够刺激，又让卫士们传达他的许诺：“攻下总统府，士兵可以在广州城抢劫三天，再放假三天。”士兵们见上司抛出这么高的筹码，一个个变得像红了眼的恶犬，发疯似的向总统府猛打猛冲。叶挺见状，心中升起满腔的怒火，他站在总统府门前的台阶上，将大手用力地一挥，高声喊道：“打！狠狠地打！”一面下达命令，一面向叛军射击。五连的步枪、机枪一起怒吼，层层叠叠的火网将冲上来的叛军淹没，再淹没，覆盖，再覆盖，不到一个时辰，就连续打退了叛军的三次进攻，在总统府正面围墙外面，叛军的尸体堆积如山。

叛军的第四次进攻开始了。这一次叛军采取的是声东击西战术。总统府东西两面围墙枪声大作，第五连和第七连官兵以为叛军改变了主攻方向，提出抽出部分兵力支援第六连和第八连。叶挺思索了片刻，立即判断出这是敌人在耍花招，引他们上当。他马上命令第五连和第七连做好打恶仗的准备。叶挺的话音刚刚落地，叛军集中十几个连的兵力向正面发起了猛冲。“保卫总统府，打！”叶挺一边高呼，一边与五连、七连官兵一起阻击敌人。叛军的第一轮冲锋刚刚被打退，后续部队接着又发起新一轮冲击，双方激战了六个多小时，叛军尸体累累，叶挺的二营官兵也伤亡过半，他的手臂负了轻伤。总统府却安然无恙。正在士兵们加固工事的当儿，不知为什么，叛军突然停止了进攻。几个小时后才得知，陈炯明已经弄清了孙中山登上了永丰舰的情况，总统府失去了进攻的价值。而此时标榜中立的广州卫戍司令魏邦平从中斡旋调解，叛军代表宣布警卫团可以撤出总统府。团长陈可钰决定，从二营抽出几十名骁勇官兵，配合总统卫队，保护宋庆龄离开粤秀楼。宋庆龄因受到极度惊吓，她和孙中山唯一的一个孩子流产了，但平安地登上了永丰舰。

孙中山脱险后，一面率海军各舰进攻广州，一面令前线各军回师戡乱。蒋介石在上海闻变，匆匆赶到广州永丰舰上随侍孙中山左右，直到 8 月 10 日才随孙中山由香港返回上海。粤军第二军奉令回师靖难，与叛军在韶关附近展开激战，猛攻韶关未能得手，而赣州的失陷使北伐军进退维谷。滇军朱培德部退往湘粤边境，赣军彭程万部退往粤赣边境，而粤军第二军许崇智部退往闽赣边境。陈炯明企图联合闽督李厚基、赣督蔡成勋消灭许崇智。许崇智奉孙中山之命，通电声讨李厚基，命令黄大伟、李福林两部进兵福建，10 月 13 日攻克福州，李厚基逃到军舰上被海军监视，福建全省为北伐军控制。

在叛军围攻总统府期间，顾祝同随赣军退入粤赣边境。粤军推进闽赣边境时，顾祝同又无法与粤军第二军取得联络，只得随赣军行动。他的保定同学王寿南任赣军参谋处长，朱华也在赣军服务。

等到达粤赣边境后，顾祝同与粤军第二军的联络更加困难，但他认为留在赣军终非长久之计，便与同学朱华商量间道去广州，打探粤军行踪。在广州他打探到粤军第四师关国雄部驻在梧州，而关部参谋长冯铁裴也是顾祝同的保定同学，这无疑带给他一份惊喜，及至到达梧州时才获知粤军第二军已攻克福州。于是，顾祝同和朱华直接由梧州前往香港，再由香港乘坐轮船前往福州归建。几经周折，顾祝同总算回到了阔别多日的粤军第二军军部，参谋部的同事当晚置办了一桌丰盛的酒席，为顾祝同和朱华洗尘。

粤军第二军攻克福州后，孙中山派汪精卫、廖仲恺和蒋介石三人由上海同往福州，协助许崇智工作。并电令入闽各军改编为东路讨贼军，任命许崇智为总司令兼粤军第二军军长，蒋介石为参谋长，黄大伟为第一军军长，李福林为第三军军长，在福建整补部队，以期恢复战斗力。顾祝同到福州的第二天便去谒见蒋介石，两个人促膝长谈，大有如隔三秋之感。经蒋介石报请许崇智批准，派顾祝同以中校副官代理总部副官长。蒋介石在协助许崇智整编东路讨贼军各部队之后，即率东路军假道闽南，直取潮汕，以图恢复广州。滇桂联军首先攻克广州，陈炯明败走惠州，孙中山应各路将领电请，回广州士敏土厂成立大元帅府，任命许崇智为粤军总司令，蒋介石为大本营参谋长。粤军总部由福州经闽南向粤东前进，至梅县时遭遇陈炯明所属林虎部进击，粤军失利，由梅县绕道河源、翁源、柏塘，抵达博罗，蒋介石亲往迎接。

在博罗期间，蒋介石和许崇智之间由来已久的矛盾逐渐表面化，两个人大吵一架后，蒋介石毅然辞去大本营参谋长职务返回上海。广东局势又陷入混乱。为缓和两个人之间日益尖锐的矛盾，孙中山决定派蒋介石去苏俄考察，而粤境战局的重心则转向全力对付陈炯明。陈炯明自香港返回潮汕后，以惠州为根据地，采取守势。孙中山调集重兵三攻惠州城，曾一度将惠州城炸开十余丈缺口，终因惠州地形险要，未能得手。而陈炯明又不时骚扰博罗、增城、河源等地，继而攻陷石龙，广州为之震动。形势紧迫，孙中山急调湘赣军回粤增援，经过十余天的大战，终将陈炯明的主力击破，迫其退往惠州。顾祝同因蒋介石不在军中，各方情势混乱，在粤军总部难有发展，遂辞去副官长职务，与王寿南一起请调为总部上校参议。

任教黄埔的年轻教官

广州东郊的黄埔长洲岛是一个四面环水的孤岛，来往省城需以轮船摆渡，交通不便。自从1924年春始，前往小岛的渡轮上，时常出现一群又一群操着不同口音的年轻人，由于他们的到来，使得岛上原本荒芜的广东陆军小学和比邻的逊清时代海军学堂基地顿时热闹非凡。这些朝气蓬勃的年轻人在教官们的带领下，在废弃多年的校园里垒石砌砖，亲手建起他们自己的学校。校门上六个正楷大字“陆军军官学校”，向世人宣告着民国历史上一所绝无仅有的新型军官学校就此诞生。这就是中国历史上闻名遐迩的黄埔军校。自辛亥革命以来，无论是“排满”“倒袁”，还是“护法”都没有取得成功，特别是陈炯明的叛变，更让孙中山痛心疾首。经过深刻反思，他终于得出一个结论，那就是利用军阀反对军阀根本行不通。权衡利害，他重新确立了大革命新纲领，制定了联俄、联共、扶助农工的三大政策。他清醒地看到，大元帅府虽然设在广州，而自己的势力范围几乎不出广州一步，广州之外，敌人无处不在。陈炯明、洪兆麟的三万多驻军盘踞东江一带；粤南为邓本殷、申保藩等部占领，部队也有三万之众。站在大元帅府旗帜下虽有粤、湘、闽、豫、滇、桂多种部队，但过于庞杂，没有受过专业的训练，其中有一部分人首鼠两端，所以他决定开办黄埔陆军军官学校，培养国民政府自己的部队。

长洲岛位于广州东郊黄埔的珠江之中。1870 年，清政府便在岛上的东侧建立了炮台，以掩护从海上通往广州的要冲。顾祝同因在粤军中难有发展，经蒋介石推荐，协助何应钦参加军校筹建工作。军校筹备处设在广州的南堤。顾祝同跟随何应钦首次踏上这座小岛，看到了清末所建成的江防炮台，陈旧不堪的使用火药的古炮尚没有退役，已历四代守卫这座炮台的士兵依然在执勤。无法说清是白手创业者的兴奋，还是预料困难重重的忧郁充溢在胸中，但给顾祝同印象特别深刻的是长洲岛上的炮台，与珠江南岸的沙路炮台、珠江北端的鱼珠炮台和蟹山炮台形成三足鼎立之势，真不愧为长洲要塞。在这里办军校，既可以避开盘踞在广州城里军阀的干扰，又能使学生安心学习和训练，真是一个理想的好地方，顾祝同与何应钦勘察后，就着手采购建筑材料，一切都在有条不紊地进行之中。军校的学生除在广州直接招生外，另由招生委员会在上海秘密招收有志青年两百人，送往广州，经复试后入学；下级干部由广州、云南、韶关讲武堂毕业生中选拔。入学试验委员会成立后，先对下级干部进行考试。当时军校对考生的学历要求仅为旧制中学毕业或同等学力，考试则是按旧制中学修的程度出题，并加口试，以观察考生对三民主义了解的程度，推断其志趣、常识、能力及将来有无发展之希望。考生录用后举办短期培训，让他们了解军校教育的宗旨和内容。3 月 30 日，对广州报名的一千二百名学生举行国文、算术、三角、几何、代数考试。5 月 3 日，孙中山任命蒋介石为黄埔陆军军官学校校长，仍兼粤军总部参谋长。10 日发表李济深为教练部主任，王柏龄为教授部主任，戴传贤为政治部主任，何应钦为总教官。12 日，再发表林振雄为管理部主任，周骏彦为军需部主任，宋荣昌为军医部主任，邓演达为总队长，张家瑞为秘书，钱大钧、陈继承、沈应时、顾祝同、陆福廷、严重、刘峙、王俊为教官。13 日，再发表汪兆铭、胡汉民、邵元冲为政治教官。至此，军校的组织人事大致完成。从各省秘密招生录取的第一批入校学生编为三个队，再令备取生一百二十人入校，编为第四队，总计四百九十九人。进校的学生都是从数千名应试者中选拔出来的佼佼者，保证了军校学生的政治军事素质。

6 月 16 日，珠江上面彩旗猎猎，热闹非凡，方圆不过十平方公里的黄埔长洲岛上沸腾起来，中国国民党黄埔陆军军官学校开学典礼正在这里举行，孙中山亲自主持。蒋介石、廖仲恺率领何应钦、戴季陶、周恩来等一班军校负责人和军乐队，在校门口恭迎孙中山等人。军校大门上悬挂有校训“亲爱精诚”四个大字，门两侧写着“升官发财请往他处，贪生畏死勿入斯门”。参加开学典礼的除孙中山和夫人宋庆龄之外，还有国民党中央执行委员胡汉民、汪精卫、林森、张继等人。外交总长伍朝枢、大本营军政部长程潜、粤军总司令许崇智、湘军总司令谭延闿、滇军总司令杨希闵、两路讨贼军总司令刘震寰、广州市党部委员孙科、广州市公安局长吴铁城和苏联顾问也参加了典礼。这个辉煌的场面，给年轻的顾祝同留下了终生难忘的印象。身穿白色中山装的孙中山和宋庆龄披着晨曦从江汉号炮舰下船登岛，早已等候于此的师生们高呼欢迎口号，孙中山向学员们频频招手。俄顷，孙中山、蒋介石、廖仲恺等登上了主席台。主席台上放着一张长方桌，铺着白布，党旗、国旗交叉竖在正面，两边有对联：养天地正气，法古今完人。孙中山以黄埔军校总理名义宣布请国旗、党旗、校旗就位。在军乐声中，三旗在旗手和护卫簇拥下擎到台口矗立。孙中山带头向三旗鞠躬。蒋介石宣布唱校歌，长洲岛上随即响起慷慨激昂的黄埔校歌：“莘莘学子，亲爱精诚，三民主义，是我们革命先声……”歌毕，蒋介石宣布由胡汉民宣读国民党总理孙中山训词。最后是阅兵式，学生们抖擞着精神在教官的带领下正步走过主席台，持枪向孙中山敬礼。孙中山热泪盈眶地把帽子始终举在空中。

军校初创，经费拮据，设备简陋，武器缺乏，革命环境恶劣，所以，学生担任战时勤务很多，以致许多地方都不能依照预定教育计划及进度实施。幸亏黄埔精神教育和政治训练成效显著，再有校长蒋介石带头表率，每天清晨学生在操场集合运动时，就经常能看到他亲自监督，这使得全校师生都能亲爱精诚，团结一致，在最短的时间内养成“以校作家”的习惯，相互之间，亲如父子兄弟。这样孕育的革命精神，奠定了黄埔建军成功的基础。

军校学科教育在入伍时期授以步兵操典、阵中勤务、射击教范、陆军礼节、军队符号及军语等课程；入伍完成后，授以战术、兵器、军制、交通、筑城、地形及卫生学等课程。顾祝同在军校担任战术教官，平时除主要在课堂上讲授军事知识外，还时常提示个人心得，让学生各自做笔记，以备参考，务使学生能深刻了解，进而实际应用，尤其是战术作业与沙盘教育，为日常教学中所特别倚重。平时，顾祝同对学生的训练、讲课等要求极其严格，就是生活方面也毫不马虎。比如早晨起床，学生必须在较短的时间内将军毯叠得方方正正，放在床中间，然后将笔、本子、墨水等学习用具整整齐齐地放在毯子边上。晚上睡觉时也要按要求将衣服脱下放在一定位置，以便夜间突遇紧急情况时，不用点灯就能很快将衣服穿好，不耽误集合时间。这些看起来都是细小的事情，但是要一下子做好也不太容易。顾祝同就是从这些细枝末节开始，培养学生的军事素质。

1924 年 10 月，广州商团头目陈廉伯自恃有港英当局做后台，聚众发难。这年 8 月，商团在英帝极端分子协助下，私下购买大批枪械弹药企图运回广州，以做日后发动叛乱之用。当时孙中山正在韶关督师北伐，闻报即电令蒋介石将这批军火截获，并扣留在黄埔岛上。陈廉伯见事情败露，恼羞成怒，一面威逼广州商人罢市，一面加紧勾结英帝极端分子，声言要与广东革命政府公开摊牌，不惜以武力解决问题。英帝极端分子也乘机兴风作浪，公然对广东革命政府发出战争叫嚣，广州局势顿显紧张，而忠于广东革命政权的军队已随孙中山出师北伐，其他驻广州的军队有的隔岸观火，态度暧昧，有的则与陈廉伯暗中勾结，伺机起事。鉴于这种情况，广东革命政府不得不让步，在商团通电表示服从政府的前提下，发还部分枪械。但商团的反动气焰并未因此而稍减。10月10日下午，中共广东区委发动工会、农会、青年团及广东工团军的五六千人召开“双十警告节”大会，周恩来在会上讲话，警告商团，会后举行示威游行，高呼“打倒商团，杀陈廉伯，拥护革命政府”等口号。游行队伍在西壕口遭到商团阻拦，双方发生争执，商团武装居然以排枪向游行队伍射击，当场打死打伤民众百余人，次日，商团继续搜捕群众并封锁了部分市区，同时胁迫广州商人罢市。面对严峻的形势，孙中山在廖仲恺、蒋介石等人的建议下毅然决定回师广州，铲除商团之患。蒋介石指挥黄埔学生武装和部分广州卫戍部队向商团发动攻击，刚刚赶回广州的北伐部队也迅速投入了战斗，商团经过一个上午的抵抗后纷纷溃败，革命军占领了位于广州西关的商团总部。黄埔学生军在平定商团叛乱中经受了锻炼，表现相当出色。

在平定商团叛乱之后，顾祝同奉命兼代军校管理部主任。管理部的主要任务除教育、军需外，一切人事、事务，如接待外宾、典礼会场安排等，都归管理部负责。军校筹编宪兵队，顾祝同奉命草拟宪兵队组织典则。

蒋介石从广州商团发生叛乱中，深感要达成建军救国的目的，必先从建立校军开始，便于9月3日令何应钦筹组教导团。其组织与训练模仿苏俄新制，团设三营，营设三连，连设三排，分设特务、机枪、辎重、侦察各连及通信队和卫生队。士兵多由陈果夫、王懋功、陆福廷等人在上海、安徽一带秘密招募而来。经过严格的选拔，大都为意志十分坚定的青年。团内军官由军校教官中选任；团、营、连三级都设党代表，选拔具有丰富政治经验的教官学生充任。所有选入的各级干部，都先后进行短期培训，再按照编制，分派到各级部队工作。11月20日，教导第一团成立，何应钦任团长，沈应时、陈继承、王俊分任第一营、第二营、第三营营长。12月2日，军校组建教导第二团，蒋介石派王柏龄任团长，顾祝同、林鼎祺、金佛庄奉令兼任第一营、第二营、第三营营长。这时，军校第一期学生提前毕业，全部分发到第一、第二教导团见习。教导团队官长着重严明赏罚，尽忠职守，爱惜士兵，振作精神，以身作则；对士兵则着重了解党义，娴熟技能，遵守纪律，忍耐劳苦，爱护人民，以期在较短的时间内将学生军培养成为主义牺牲奋斗的革命武装力量。

但这支军队的建设却面临着财政、物质方面的拮据和军阀官僚政客们的破坏，困难的确很多。孙中山虽然指定广东省财政厅每月拨付军校经费三万元，但由于财政厅政令不出署门，每月仅拨付六千元。苏联人曾答应给军校十万元，实际上也仅支付了两万五千元。正如军需部副主任俞飞鹏所说："盖校方财政自创办以来，即无日不感受拮据，平时挪移贷借之事，恒所不免，一旦战事发生，大军出发，既乏固定之饷源，更鲜可恃之接济。"

这年秋天，北方政局发生重大变化，孙传芳入浙，卢永祥下野，直奉战争结束，冯玉祥倒戈，吴佩孚失败，曹锟辞职，段祺瑞入主北京任临时执政，与冯玉祥电邀孙中山北上商议国是。孙中山于11月3日莅临军校向全体师生辞别，船经黄埔，蒋介石率全体师生在校门外欢迎。孙中山巡视军校一周，参观了演习，日暮时分驶离黄埔，经上海转往北京，沿途受到各地民众夹道欢迎。

学生军东征传捷报

广州局势并没有因为商团的叛乱被平息而彻底稳定。陈炯明自观音山之变后，占据东江南路一带，孙中山多次申讨，仍未能消灭。1925 年 1 月，陈炯明乘孙中山北上之机，一面暗中勾结北方军阀，一面联络闽、赣、湘各省，收编东江土匪民军，自称救粤军总司令，麾下聚集七个军三个独立师，号称十万之众，分三路入侵广州，以叶举、洪兆麟部集结惠州、平山，侵犯石滩；以林虎部之一部调往三南，扰乱革命军后方；一部在河源集结，相机进犯，叛军已推进至虎门，窥视着广州，大战一触即发。

1 月 30 日，广州国民政府军事会议通过滇、粤、桂联军肃清东江之敌方案，任命杨希闽为联军总司令，以其所属滇军为左翼，由河源、老隆直趋兴宁、五华，直捣匪军林虎巢穴；以许崇智的粤军为右翼，由海陆丰直趋潮汕，攻取匪军洪兆麟部防地；而刘震寰所属桂军为中路攻击惠州并策应左右两翼，其余还有朱培德的建国第一军以及赣、鄂、湘等军，总计十余万人。这一方案公布后，各军动员的不少，观望的也有。黄埔军校的全体师生则坚决要求参加作战，获得了校长蒋介石的批准，命令校军加入右翼。当时在广州，对国民党在黄埔军校建立校军作为国民党的基本武力已经得到大家的公认。因此，滇桂军对这些新训的国民党军队，难免有些歧视，由于校军刚刚成立，还不值得他们重视，所以联军东征作战计划中，并没有将校军列入战斗序列，只不过是因全体师生的坚决请求，才获准随粤军行动而已。校长蒋介石于 1 月 31 日，集合教导第一、二团，炮兵营，学生队与入伍生队官兵和学生，在大操场举行誓师礼，准备出发。

2 月 1 日，校军由黄埔乘船出发，经虎门至东莞登岸，继续向淡水前进，沿途并无战事。当时校军的战斗序列：参谋长为钱大钧。第一团团长何应钦，第一营营长沈应时，第二营营长刘峙，第三营营长王俊。第二团团长王柏龄，顾祝同为第一营营长，第二营营长林鼎祺，第三营营长金佛庄。2 月 5 日至 13 日，顾祝同所在的教导第二团由东莞出发，经石岭、温塘、良平乡、东坑、常平、石鼓、塘坜、碧湖，与第一团奉令于 14 日进攻淡水城东南。粤军第二师及第七旅进攻淡水城西北。

黄埔学生军身着薄蓝布做的军上衣，露着膝盖的短裤，头戴用防雨漆布做的带檐的帽子。有的人为了防止突如其来的倾盆大雨，或背着草帽、纸伞，或把支帐篷用的橡皮粗布卷成一筒扛在肩上，他们足蹬草鞋，缠着裹腿。士兵们一日两餐，吃的是大米饭和青菜汤。战斗中唯一让何应钦感到苦恼而又无法解决的是，没有正规军用地图。而他的手中使用的是没有比例尺、没有标出地形和道路的那种军用地图。图上只在大居民点之间画有直线，标明大致距离，并表示有无电报、电话联系。因而不得不一边行军一边向熟悉这一带地形的军官或者当地的向导打听，或者询问俘虏，才能确切地知道自己所到达的位置。蒋介石命令学生军在龙冈宿营，部队刚刚停止前进，协同进攻淡水的粤军第二师师长张达民部与从淡水、惠州前来迎战的敌人遭遇。张达民是一个做投机生意的军人，作战指挥能力一般，当他向部队下达完作战命令后，就优哉游哉地向斜坡背面的指挥所走去。他从轿子里取出煤油炉和食品，开始做饭。然后又登上高地，通过支在三角架上的望远镜观察战场，调整部署，如果他认为一切正常，就又回到指挥所继续准备他的食物和吃饭，显而易见，张达民存心要抢在蒋介石之前进入淡水，以便获得那里的收税权。夜幕下，点点繁星闪烁，像散落在一块黑布上的珍珠。张达民耍起了小聪明，企图利用夜幕的掩护，用一个连队的兵力偷袭淡水，结果遭到预有戒备的敌人机枪的猛烈扫射，连长和许多士兵当场阵亡，其余的士兵像兔子一样窜了回来。14 日下午，教导一团二营四连作为团前卫连进攻淡水城。在距离城西南几华里外的一片丘陵地带与敌小股部队交火，前卫排一个冲锋便把敌人赶下了山坡。随后马连长赶到，前卫排在敌人后边穷追不舍，一连翻过几个小山头，直到敌人窜入城里才停止追击。黄昏前教导一团、二团和粤军一部陆续赶到，旋即将龟缩在城里的敌人包围起来。

淡水城是惠州的外围据点，距惠州只有七十里，逆军守惠州就必派重兵驻淡水。这是一座典型的石堡古城，四周的城墙厚达一米以上，高四到六米，城墙上设有炮眼、炮塔，布置了三层火力配备，上面还有照明装置，夜间能够清晰地看到攻城部队的动作。攻城部队只要接近城墙一二百米处，上中下三层火力便会组成交叉火力网，城脚下的卧射工事还可依托为逆袭攻城者的集结地。守城部队是陈炯明手下翁辉腾部三千余众，擅打阵地战。敌企图据城固守，等驻惠州的援兵一到，即开城夹击东征军。远道而来的东征军利在速战，必须赶在敌援军到来之前攻克淡水，否则将腹背受敌。右翼军指挥部决定次日拂晓发动总攻，限期破城。命令下达后，教导一团、二团连夜进行战斗动员，并组织十支攻城奋勇队。各部队的战斗士气空前高涨，大家都争先恐后地报名参加奋勇队，最后从两个团抽调一百名精壮士兵和十名军官编成奋勇队。顾祝同担任教导第二团奋勇队的指挥官。

2 月 15 日，东征右翼军开始攻城，蒋介石亲自站在洞井高地的炮兵阵地上指挥督战。随着一颗红色信号弹的腾空升起，敌人的几处城墙工事顿时变成一片火海，枪炮声连成一片。十分钟后，奋勇队纷纷扛着云梯向城墙迅速接近。敌人依城固守，疯狂地向外射击，奋勇队时而卧倒，时而跃起奔跑，不一会儿就接近城根，刚刚冲下城壕，两名肩扛云梯的士兵就中弹栽倒。见此情况，隐伏在他们身后的奋勇队员忽地跃起，敏捷地抬起云梯，飞快地运到城脚下。谁知云梯刚搭上城头，就被敌人用铁叉推倒，这样反复了几次都无法将云梯靠上去。战斗进入胶着状态，奋勇队完全暴露在敌人的火力范围内，每迟滞一分钟都会增加伤亡。情急之中，顾祝同在身后大喊："快卧倒，打敌人的火力点！"听到喊声，奋勇队员立即卧倒，一起举枪向城上回击。一名瘦削脸庞的士兵枪法很准，几乎弹无虚发，城头上的敌人只要一露头，就被他逮个正着，敌人吓得只好躲在工事后边盲目射击。城墙下几名士兵趁势将云梯牢牢地架在城墙上，奋力向上攀登，奋勇队员们纷纷纵身跳到梯子旁缘梯而上，忽然，距离奋勇队右侧几十米外几个敌人的火力点一起向他们开火，登城的奋勇队员正不知所措，顾祝同一面调集火力压制敌人，一面厉声喝道："不要停下，快，快上！"敌人的几处火力点被压制下去了，奋勇队员相继登上城头，高声呼喊："党军到了！党军到了！"凶猛地向敌人扑去。敌我双方在城头上混战起来，后续部队源源不断地登上城头，与奋勇队一起将附近的敌人肃清，并向两翼扩大战果。几乎在城头厮杀的同时，教导一团、二团的部队一批批涌上城头，敌人连滚带爬地退入城内。粤军第七旅许济部也乘机从城门攻入。东征军右翼部队从东、南、西三面压迫敌人，与敌人展开激烈的巷战，仅用不到两个小时就解决战斗。

当天下午，惠州方面的敌援兵果然气势汹汹地扑向淡水，东征右翼军与援敌在城东北一带山地上展开激战。扼守城东北两处高地的教导一团三营连续打退了敌人的多次冲锋，不让敌人踏进阵地半步。临近黄昏，右翼军指挥部命令各部队向正面之敌出击。教导二团一营的士兵在前面不远处的河滩里与敌军发生了激战。顾祝同看到自己的士兵不断伤亡，而且炮弹和子弹密集地在他的身边和头顶飞过。他想，如果敌人让开他的前锋，拦住他的后续部队断杀，同时从四面包抄过来，那就更危险了。他骑上刚刚从敌人手中缴获的战马腾空而起，像闪电般越过河滩，跃上对岸，直向敌人最密集的地方冲去，后面紧跟着百余名士兵。教导二团一营在人数上占绝对优势的敌军中所向披靡，忽而向左，忽而向右，忽而突出重围，忽而又杀进核心。敌军虽然也拼死抵抗，并且几次想把顾祝同他们包围，但在一营士兵的勇猛冲击下纷纷倒下，闪开一条血路。他们的马匹常常在那些已经断了气的和流着血的以及在地上爬着逃命的逆军身上践踏而过。三营的士兵也正同敌军展开激战。这时，敌人的大炮和重武器都失去了作用。双方开始了肉搏，一名黑大个子士兵端着刺刀，遇着敌人就刺，不知有多少敌人被他的刺刀洞穿胸膛，有的还没来得及招架就一命呜呼。但逆军仗着人多势众，不一会儿就把一营的士兵分割成几股，并把他们紧紧地包围起来。

顾祝同和士兵们把敌人杀退一批，第二批跟着就蜂拥上来，将他们团团围住。但是，尽管围得很紧，叫喊得很起劲，却不敢向他们靠近。三营长金佛庄见顾祝同被多过四五倍的敌人围困在一座土丘下面，就冲过去解围。但当他冲到离顾祝同只有一箭之地时，才发现有一道几丈深的山沟横在面前，事先埋伏在对岸茂林中的叛军一跃而起，枪声大作，硝烟弥漫，片刻间有不少人负伤流血。金佛庄决定绕道驰援，当他正要迂回过去时，忽然看到顾祝同的人马冲出重围，一路杀来。原来，顾祝同把部队分成两拨，一面抵抗逆军围攻，一面寻找突围的机会。看到前来增援的三营长金佛庄被敌人挡住道路时，他拔出手枪大喊一声："弟兄们，随我来！"士兵们像出水蛟龙般地冲向敌人，敌军狼狈逃窜。枪声渐渐停歇下来。教导第一团第一营营长沈应时在攻城时足部受伤。第二团第七连连长孙良在逆军增援反击时胆怯后退，蒋介石雷霆震怒，按照新颁发的革命军连坐法将其处以死刑。第二团团长王伯龄在战斗中指挥失当，被撤销团长职务，改任校军参谋长，而以沈应时升任第二团团长，在沈应时足伤未愈前，团长一职由钱大钧代理。严明的赏罚使校军凛然服从，树立了革命军良好的战斗纪律，也创下了革命军胜利的先锋。

2月20日，严霜如雪，地冻如铁。东征右翼军继续向惠东方向前进，连下海陆丰、揭阳，敌洪兆麟残部望风披靡，右翼军占领洪兆麟的老巢潮汕。正当右翼军捷报频传时，整个战场形势出现了急剧变化。原来，担任左翼军和中路军的滇军和桂军根本无意与陈炯明的部队作战，一面按兵不动，消极避战，一面暗中与敌将林虎勾结，签订密约。不久，杨希闵的滇军便从河源、龙川撤兵；刘震寰的桂军也屯于惠州城下不动，佯作攻城之态，使林虎得以从容调集两万余精兵，由其老巢兴宁、五华等地急速南下，抄袭右翼军的后路，企图将学生军歼灭于揭阳、潮汕地区。

林虎是陈炯明麾下的一员悍将，所部兵力在陈军中居多，战斗力也最强。而校军自出师以来，经一个多月的突飞猛进，后方补给线已拉长了四百公里之遥，万一后路被敌军切断，右翼军将陷入进退维谷之地。右翼军指挥部决定以粤军第二师张达民部守潮汕，以学生总队守揭阳。蒋介石、周恩来亲率教导一团、二团与粤军第七旅许济部迎敌。双方在棉湖一带相遇，展开了一场空前惨烈的恶战。党军第七旅开抵普宁城，据谍报人员报告，敌人到达河婆，正分左右两路向右翼军奔袭，前锋部队距棉湖只有数华里。蒋介石即命教导一团、二团抢占棉湖、池尾地区，正面迎击敌军。另以粤军第七旅向棉湖以北敌左翼迂回攻击。而该旅因敌情变化和联络困难，在迂回运动中越走越远，竟未能与敌相遇。敌军于13日凌晨集中万余人向开至棉湖郊外河南乡的教导一团正面猛扑。扼守该阵地的一营反复冲杀，数度与敌人展开激烈的白刃战，始将敌击溃，双方死伤累累。敌见正面难以得手，又转用强大兵力向左翼三营阵地发起凶猛攻击，该营奉命迅速占领有利地形，与敌激战不休。

战线从南到北逐渐延伸到七八里长，阵地变换几十处之多。敌军潮水般地向教导一团阵地猛扑，陈诚的山炮连竭力轰击，企图用火力压制敌军进攻，但在关键时刻，六门大炮突然失灵，急得陈诚手足无措。炮声一停，林虎军进攻更加疯狂，逐渐占据有利地形，发起了波浪式的密集冲锋。在团指挥所里的苏俄顾问束手无策，蒋介石在指挥所里急速地踱来踱去，嘴里面不停地叨唠着："娘希匹，林虎这杂种，想置我于死地！想置我于死地！"转而厉声责问身边的陈诚，"你这个炮兵连长是怎么搞的，为什么事前不把炮架起来打打看？"随后偕同苏俄顾问跟着陈诚前往炮兵阵地。蒋介石在日本留学三年多，学的就是炮兵专业，他要去炮兵阵地看问题出在哪儿。说来也巧，陈诚将一门山炮稍加调整，装上炮弹，亲自拉火，竟轰的一声响了，炮弹落在向第一团指挥部蠕动的敌人中间，随即有几个敌军士兵被炸死。陈诚大喜过望，立即命令其他五门炮都架起来调试，结果都打响了。炮弹雨点般地飞向敌群，敌人纷纷缩了回去，但很快又组织起新一轮密集冲锋。何应钦从作为团预备队的二营抽调一个连的兵力赶去增援，敌人依仗兵力多的优势，乘一、三营接合部空虚，组织千余敌人钻隙突入教导一团团部驻地曾圹村，距团部只有百余米。二营长刘峙亲率步兵一连在炮火掩护下将敌人逐出曾圹村。临近中午，敌人再度增兵反攻，目标指向曾圹村。教导一团也将最后一个连的预备队用尽，而敌人的攻势依然不减，情况到了万分危急的关头。当敌人突入离团部仅有二三十米时，何应钦亲率特务连和团部全体勤杂人员投入战斗，以各种轻重武器向敌人猛扫，绝不后退半步。

此刻的教导二团正在教导一团的左翼向前运动，两团相距十多华里。当教导二团抵达鲤湖时，发现鲤湖以西已没有逆军踪迹，据二营营长刘尧宸通报，清晨7时许，教导一团方向传来激烈的枪炮声，而且一阵比一阵密集，从枪声中判断，这是一场规模相当大的战斗。钱大钧命令以主力攻击逆军侧背，支援第一团作战。下午3时，部队由鲤湖出发，第二营于生山、狮山之线展开，向逆军左侧背发动攻击；第三营向左延伸，直扑敌背；顾祝同率第一营为预备队，策应第二、第三营作战。第二营与敌人战斗打响了，三营长金佛庄判断敌有可能抢占左翼制高点压制二团，即派九连就近上山火速抢占阵地。第九连刚登上高地，果然发现大批敌人纷纷赶至，相距只有数十米，九连当即开火，将敌人打退，但后面的敌人愈来愈多，仗着人多势众蜂拥而上，双方在高地两侧展开激战，十几分钟后，金佛庄率后续部队赶到，立即投入战斗。山坡上密密麻麻地布满了敌人，正边打枪边高叫着向上冲。酣战之中，金佛庄往返于各阵地之间，指挥部队用排枪向敌人射击，冲在前面的敌人被打得死伤枕藉，可是后边的敌人在官兵的驱赶下仍源源不断地涌上来。第九连连长陈铁眼见敌人已冲上阵地前沿，挥枪大声叱呼，率先跃出工事与敌人肉搏。阵地上刀光闪闪，血光四溅，喊杀声、铁器撞击声混成一片。五分钟后，营党代表率两个排士兵从斜刺里切断敌人的进攻队形，配合第九连肃清阵地上的敌人。战至黄昏，金佛庄部已疲惫不堪，顾祝同部奉命向敌人突然发起凌厉的反击，突进林虎的老巢和顺。经过一阵急风暴雨般地冲杀，终于将敌人击溃。敌人丢掉武器伤员，拥挤着掉头逃命。这时第二营的正面攻击也已得手，并向棉湖之敌侧背发起攻击。敌人在教导二团奋力冲击下被迫后撤，教导一团左翼渐趋稳定。粤军第七旅许济部也闻讯赶到加入战斗，东征右翼军遂发起全面反攻。林虎的军队在东征军凌厉攻势的打击下，像山崩一样溃败下去。右翼军乘胜追击，沿途歼敌甚多，道路上、田野里到处是敌人的尸体、枪支和各种物资。棉湖之战，学生军以不足五千人的兵力战胜了林虎两万余人的劲旅，首开革命军以少胜多的先河。

棉湖之战后，林虎将所剩兵马收拢聚结据守兴宁，以图喘息后觅机复取既失之地。针对林虎“收缩五华，固守兴宁”的战略，蒋介石决定用迂回收击之法，向林虎的老巢五华、兴宁挺进。教导一团在前，二团居中，粤军七旅殿后，行至揭阳，部队奉命向北取小路，连夜强行军奔袭五华城，扑兴宁之背。3 月 17 日下午，教导一团不顾极度疲劳，强行军一百二十余里，于第二天黎明时抵五华城附近。敌人未料到东征军行动如此神速，竟毫无知觉。这时，敌军主力已开往兴宁。教导第一团乘敌不备，捉到逆军一名连长加以开导，令其为向导，乔装成林虎的运粮队打开五华南门，蜂拥而入，迅速将守军缴械，敌军守将王德庆仓皇逃往兴宁。教导一团袭破五华后，蒋介石命令教导二团于 19 日凌晨继续向兴宁前进。兴宁距离五华城只有三十多里路，在十五华里处有一座五里亭，是村民往来休息之所；城南有一座神光山，形势险要，可以俯瞰兴宁城。这时林虎正坐镇城内收集残部，以图固守。教导二团抵兴宁城时，粤军吴铁城旅刚从广州赶来，随即开始攻城。学生军突然兵临城下，林虎心头发紧，急令所属李易标部回师救援。钱大钧令二营转至南门打援；第三营进攻兴宁西门，第一营作为预备队，策应二、三两营作战。敌人抵抗十分顽强，学生军多次组织强攻均未得手。下午六时，敌援兵开到，向攻城的二营实施反包围，经过激烈战斗，才将敌援兵阻于城外。二营长刘尧宸在战斗中腿部中弹受伤，被抬下阵地。顾祝同奉令统率第一、二两营进攻南门，粤军吴铁城部也攻克神光山。学生军吸取白天的教训，改强攻为智取，利用城西南角的有利地形，乘夜色潜伏城下，一举偷袭成功。第三营连长桂永清利用西门城外的民房高楼，向城上守城士兵猛烈射击，使逆军无法立足，然后令所部爬上城楼，登城后即转向南门，清除逆军守兵，第二营四连也随即攻上城头。顾祝同即率部队从南门攻入城内，守敌顿时大乱，惊呼“学生军进城了!”然后各自逃命，城内敌大部被歼。林虎率少数亲信从北门仓皇出逃，窜往江西。蒋介石进驻兴宁城县公署。在兴宁激战时，粤军第二师张达民部由潮州、汕头沿赣江北进，连克黄冈、饶平、梅县、大埔、蕉岭等地，洪兆麟只身逃往上海，残部溃入闽境。3 月 22 日，国民党中央宣布孙中山 12 日在北京病逝的消息。原来，孙中山逝世的消息，早已到达广州，由于前方正值战况激烈，害怕影响军心士气，迟至兴宁攻下后，才正式宣布。消息传到军中，全军震悼！次日上午 11 时，学生军及当地社会团体五千余人在兴宁城北门外刁屋坝为孙中山举行追悼大会。蒋介石亲自主祭，在致悼词时声泪俱下，哀痛至极。2 日，教导二团会同粤军第一旅吴铁城旅攻克梅县，校部仍驻兴宁，直至 4 月 11 日，才由兴宁移驻梅县。至此，革命军第一次东征之战暂时告一段落。

革命军东征的初期，虽号称是滇、粤、桂联军，事实上，滇军杨希闵和桂军刘震寰却心存观望，不仅没有真正动员作战，而且还与陈炯明暗中勾结，直至学生军平定东江，改编为中国国民党党军第一旅时，杨、刘为形势所迫，密谋策划叛乱。为巩固革命基地，国民政府决心加以改革，令蒋介石为总指挥，率领以党军第一旅，辖教导第一、二团为第一纵队，担任右翼；粤军为第二纵队担任左翼，以警卫军一个师为预备队，回师靖乱，攻略广州。战斗自5月12日开始，靖乱军先后向龙眼洞、白云山、瘦狗岭等地进击，驻在黄埔本校的炮兵队，与第三期入伍生队，也奉令加入战斗，分路由黄埔向广九路及广州近郊的滇、桂军发动攻击，经十三日的激战，滇、桂军顷刻瓦解，纷纷缴械投降，杨希闵、刘震寰逃往沙面租界，由英国人护送至香港，广州遂告完全光复。

平定广州后，国民党中央决议，将党军和建国军改编为国民革命军，党军编为第一军，以蒋介石为军长；湘军为第二军，以谭延闿为军长；滇军为第三军，以朱培德为军长；粤军为第四军，以李济深为军长；福军为第五军，以李福林为军长。8月，国民革命军第一军正式编成，何应钦受任为第一师师长，顾祝同奉调为第二团参谋长，团长为沈应时，党代表为张静愚。

陈炯明自党军回师广州后，又蠢蠢欲动。9月1日由潮梅节节西犯，先占普宁、惠州，后掠海陆丰等县。国民党中央下令二次东征，仍以蒋介石为东征军总指挥，何应钦为第一纵队纵队长，下辖第一师、第二师第四团、第三师和警卫军独立第一师；李济深为第二纵队纵队长，程潜为第三纵纵队长。第一纵队以进攻惠州为主要任务。陈炯明所属洪兆麟、林虎部总兵力在三万人以上。驻守惠州城的是陈炯明麾下猛将杨坤如所部，有三千余人。惠州位于东江及西河交汇之处，三面环水，一面枕山，而惠州府城与惠阳城两城相连，互为倚背，自唐宋以来，这里虽是兵家必争之地，但没有破城的记载（孙中山几次派兵进攻惠州，亦未能成功）。战役之前，蒋介石、何应钦对惠州城防情况一无所知，就在三路大军围攻惠州城的命令下达后，蒋介石还给杨坤如发去电报，劝说其归附革命军。杨坤如以为蒋介石对攻克惠州要塞缺乏信心，只要固守城池，等待各路援兵到来，定可将革命军击溃。

国民党军队于9月29日集结完成，蒋介石于10月1日莅临第一师誓师训话，至10月9日，即进攻惠州城，蒋介石命令第四团刘尧宸部担任主攻任务。11日蒋介石又命令编组攻城先锋队，共分五队，六百五十人，教给他们登城战斗的方法。每队分成五个小队，每小队以五人为一组，各抬竹梯一具及轻武器、手榴弹等，以备爬城攻敌之用。

13日上午9时30分，开始攻城，按照苏联顾问的建议，两门野战炮集中攻击第二团将要攻占的北门，各攻城部队分别从北、西、西南三个方向同时向惠州城发起攻击。至下午4时许，先锋队终于将竹梯送至城墙下，但城上除了机枪、步枪、手榴弹的射击和狂轰滥炸外，还把石灰石、滚木、燃烧的火把、烧得滚烫的焦油一起泼向城下。在敌人密集的火网下，战士们纷纷倒下，攻击再一次受阻。黄昏以后，何应钦命令各先锋队撤下来休整，并从三师抽调一个营的兵力加强第二团的攻城力量。14日凌晨4时，部队再次发起攻击，仍未得手。眼看天快亮了，各攻城部队都滞留在河湾的避弹处。这时，在蒋介石的指挥部里，笼罩着一片沮丧情绪，有人甚至提出取消惠州战役。蒋介石的参谋长胡谦甚至讥讽道，历史上从来没有以肉击石的战役，但周恩来和苏联顾问力主进攻，否则将前功尽弃。临近中午，城墙上的守敌因阳光刺眼不便射击。先锋队在顾祝同的指挥下，秩序井然，以一个接一个的攻城先锋队组成链条式的进攻。在十二挺机枪的掩护下，第一支先锋队携带梯子向城墙逼近。何应钦亲自到北门指挥，并派第八团集中火力掩护。直到下午3时，在先锋队不间断的链条式的进攻下，数支先锋队终于登上了城墙，第四团首先登上惠州北门，其他攻城部队也先后相继冲入，惠州即被国民党军队攻克。

稍事休整后，东征军分三路继续东进。以第一纵队为右路，第二纵队为中路，第三纵队为左路。第一纵队向海丰进发，沿途无战事，至28日，第一师已进占河婆。这时，原由粤军莫雄所属部队改变的第三师，盲目挺进，与退守华阳的林虎主力一万余人遭遇，作战不利，伤亡极重。师长何应钦以第一团留守河婆，而率第二、三两团驰援华阳，在部队行军至横岗时，陈炯明部队主力向其发起进攻，陈炯明起初没能料想到国民党军队能应援得如此迅速，在与国民党军队遭遇后，即发生激战，在几路大军的夹击之下，陈炯明已完全丧失了抵抗能力，向安流方向败走。当时，恰好中路大军已经到达梅林中，左路军第三纵队也进抵安流附近，于是陈炯明部队主力陷入三面包围之中，激战终日，仅窜出三千余人，其余全被歼灭或俘虏。

11月5日，第一师进驻潮汕，至此，东江完全平定。顾祝同于11月6日奉命调为第一师第二团中校团副；12月23日，改调为第三师上校参谋长，师长为谭曙卿，副师长为沈应时。

二次东征结束后，黄埔军校自1926年1月12日，经军事委员会决议，改组为中央军事政治学校，以统一国民革命军军事及政治干部的教育，并将各军所属学校一律并入，仍以黄埔为校址，蒋介石为校长。蒋介石于1月19日辞去国民革命军第一军军长的职务，由何应钦继任。这时，第一军下辖王柏龄的第一师、刘峙的第二师、谭曙卿的第三师、冯轶裴的第十四师、钱大钧的第二十师以及张贞的直属补充团、蔡忠笏的炮兵团、朱毅的警卫团等部队，除第一、二两师及第二十师驻广州近郊外，其余均驻潮汕及东江一带。顾祝同奉命升任第三师少将副师长，进驻梅县一带整训。第三师部队是由原粤军第七旅许济部改编，战斗力较弱，在整训期间，蒋介石抽调了一大批军事和政工骨干充实这支队伍，并加强对部队官兵的政治教育和军事训练，使这支部队在北伐中成为无坚不摧的劲旅。

打倒军阀　统一全国

正当革命形势蓬勃向前发展时，国共两党却出现了裂痕，广州发生了“中山舰事件”，国民党右派借口海军局局长兼中山舰舰长、共产党员李之龙擅自将中山舰开入黄埔，企图劫持蒋介石搞暴动，公然将李之龙扣押，随后强迫国民革命军第一军中以周恩来为首的全体共产党员退出该军。这次事件实际上是国民党右派一手操纵策划的，目的是制造事端，借机排挤和打击共产党人。大约两个月后，右派势力又在国民党二届二中全会上抛出了“整理党务案”，进一步限制、排挤在军队和国民党中央工作的共产党员。此后国共合作局面虽然维持了一段时间，但两党间的矛盾和裂痕已日益加深了。

1925 年至 1926 年春，广东国民政府先后削平了广东省和广东革命政权内部的各个军阀势力，实现了两广真正意义上的统一，革命根据地也渐趋巩固。但继北京政变后，先后取代直系军阀曹锟、吴佩孚集团的皖系军阀段祺瑞和奉系军阀张作霖等反动势力，对外向帝国主义列强势力屈辱妥协，对内破坏国民会议，残酷破坏人民革命斗争。吴佩孚、张作霖部队还联合向冯玉祥国民军进攻，迫其退往西北。这样，中国大多数省份仍处于北洋军阀和其他军阀的势力控制之下。全国人民迫切希望广东革命政府迅速出师北伐，以结束自民国创建以来北洋军阀的黑暗统治和军阀割据局面，因此，兴师北伐，用革命战争推翻列强和封建军阀在中国的统治，在全国范围内完成国民革命，已成为广东国民政府面临的迫切任务。

为实现孙中山先生的北伐遗愿，6 月 4 日，第二届国民党中央执行委员会临时全体会议正式通过出师北伐议案，任命蒋介石为国民革命军总司令。7 月 6 日，国民政府正式发布北伐宣言。9 日，国民政府在广州东校场举行北伐誓师兼蒋介石就任国民革命军总司令的典礼。蒋介石在这个典礼上发表了一番慷慨激昂的训词："北方军阀与帝国主义者已重重包围我们，压迫我们，如果国民革命的势力不集中统一起来，我们再没有同生死共甘苦的决心，一定不能冲破此种包围，解除此种压迫，所以本总司令不敢推辞重大的责任，只有竭尽个人的力量担负起来，以生命交给党，交给国民政府，交给国民革命军各位将士，鞠躬尽瘁，死而后已，才对得起国家，对得起人民……我们每个革命军人、每个总理信徒，应当深念自己对人民对国家的职责，必须将打倒军阀打倒帝国主义的责任，担在自己的肩上；要想如此，只有大家精诚团结起来，才能集中我们的势力……所以大家必须有牺牲的精神，坚固团结，为中国争独立自由，非达到此种目的不止，唯有如此，才无愧为总理信徒、革命的军人。我们要完成总理的遗志，必须要求大家谨记这几句话：我们的总理，还照临在我们的头上，虽然我们已看不见总理，然而总理的精神是不死的；我们必须协同一致，必须为完成总理之志愿而奋斗！"随后，国民革命军在广州誓师。

参加北伐的国民革命军共八个军，约十万人。蒋介石为总司令，李济深为总参谋长，邓演达为总政治部主任。第一军军长何应钦，第二军军长谭延闿，第三军军长朱培德，第四军军长李济深，第五军军长李福林，第六军军长程潜，第七军军长李宗仁，第八军军长唐生智。共产党人李富春、朱克靖、廖隆吾、林伯渠等分任军党代表兼政治部主任。除第八军唐生智和第四军叶挺独立团先已在湖南同直系军阀吴佩孚军队作战，以及留守两广的第四军、第五军、第七军部分部队外，其余北伐军先后分西、中、东三路出师北伐。

北伐军所面临的主要敌人是：占据两湖、河南等省以及直隶南部的吴佩孚军队，兵力约二十万；盘踞江苏、浙江、福建、安徽、江西的五省联军孙传芳部，兵力亦二十万；以东北为基地并据有山东、热河、察哈尔和直隶大部的奉系张作霖军队，兵力在三十五万以上。而孙传芳刚取得五省联军总司令的头衔，正踌躇满志，还不至于对革命军有什么大的行动。至于张作霖的势力，远在黄河以北，对北伐军鞭长莫及，所以当时革命军提出的口号是“打倒吴佩孚，联络孙传芳，不理张作霖”。在湘省局势发生变化后，唐生智才加入革命军的行列。赶走赵恒惕，结果导致赵的旧部很为不满，引起了湘省内部的战事，唐生智陷于孤立，飞电向革命军乞援，这样，革命军就决心以入湘为北伐的起点。

在出征之前，总司令蒋介石就潮梅地区的防御做了如下部署：令第一军第三、第十四两师由军长何应钦指挥，驻守潮梅，以巩固东江，防阻周荫人由闽攻粤。军部设在汕头，第四十团随第十四师师部驻潮安，四十一团驻汕头，四十二团驻庵埠；顾祝同部第三师师部驻梅县，第七团涂思宗部驻兴宁，第八团徐庭瑶部驻梅县，第九团卫立煌部驻三河坝。

革命军入湘以后，进展迅速，7 月 11 日攻克长沙。总司令蒋介石于7 月 17 日由广州起行，8 月 11 日进驻长沙，即命各军于8 月 19 日开始总攻击。22 日攻克岳州，26 日北伐军六个团对湖北汀泗桥发起猛烈攻击，吴佩孚亲临督战，下令“退却者杀无赦”，双方互有胜负，汀泗桥几度易手，27 日叶挺独立团占领汀泗桥。之后双方又在贺胜桥展开激烈的白刃战，8 月 29 日北伐军第四、第七军取得贺胜桥大捷，8 月 31 日，大军集结武昌城下。9 月初，北伐军向武汉三镇发动攻势，分别占领汉阳、汉口。10 日，北伐军占领武昌，吴佩孚率残部逃往河南信阳，至此，吴佩孚部队基本被消灭。这时，革命军第十四军赖世璜部已攻克赣州，第六军程潜部正指向南昌，赣省战事已经迫在眉睫，总司令蒋介石亲自赶赴赣省督师。

北伐军接着从两湖地区挥师东进江西，追击孙传芳，9 月 19 日袭据南昌，为孙军击退，蒋介石增兵两万人，10 月 20 日第二次攻入南昌，又为孙军夺回。11 月 2 日开始第三次进攻，4 日克九江，7 日克南昌，孙军大溃，精锐尽丧。从 1926 年 7 月至 9 月，第一军主力第三师、第十四师一直奉命驻守广东梅县、潮州等地，一面就地整训，一面警戒福建方面之敌。9 月下旬，孙传芳因江西吃紧，命令其第四方面军兼福建督办周荫人，集结大批军队准备进攻广东，牵制北伐军后方。根据对敌情的判断，东路军总指挥何应钦为确保革命基地安全，鉴于潮梅兵力不足，曾屡次发电报给蒋介石，一方面要求增调第二十师加强防务，一方面提出攻势作战计划，准备适时转取攻势，以免处处设防，反而容易让敌人有可乘之机。但蒋介石则以赣局未定为由，仍让何应钦严守原防。直至 9 月中旬，蒋介石才命令何应钦率师攻闽。何应钦当即于 9 月 17 日发表讨周攻闽宣言，以独立师张贞部担任黄岗、饶平方面的警戒；而将顾祝同第三师置于松口，并担任大埔和蕉岭的警戒；另外以第十四师冯轶裴部及第五十八团驻守于高陂，待敌军侵入时予以痛击。

10 月初，革命军侦察得知周荫人已经到达永定，其高级指挥部及兵站都设在永定城内。何应钦判断敌人刘俊部必向西侵犯眉县之松口、三河一带，如果革命军在松口决战，由于地形限制，难以消灭敌人的主力，而且革命军若被牵制在松口方面，则汕头很可能有被其绕袭的危险。但敌军在永定仅有周荫人的卫队两团及孙云峰的一团，力量薄弱，如果出其不意，予以攻击，不难攻破。为此，何应钦巧妙布兵，仅留第三师第九团萧炳煌部防守松口、三河一线，待其到达松口时，即退守松口对岸的溪南，做河川防御，以阻止其渡河，并牵制敌人。第三师主力第七、八团，冯轶裴部第十四师独立团迅速向福建境内敌人必经之地永定出击。东路军的作战意图是：先切断周荫人部主力的退路，与驻松口、三河的卫立煌部前后夹击，将敌人聚歼于闽、粤两省交界地区，然后进攻闽、浙两省，牵制并歼灭孙传芳驻闽、浙一带的军队，以配合北伐军在湖北、江西战场的作战，最后与北伐军主力会师于上海、南京。

作战命令下达后，东路军分左右两路纵队，分由三河、潮州等地经大埔星夜向福建挺进，第三师主力在右路纵队。部队进入闽境后，很快迫近永定城。担任第三师前卫的第八团第一营在城东高地附近与敌接触，顿时枪声大作。从敌人的火力判断，城内似驻有敌人的大部队。营长命令各连迅速占领有利地形，做好战斗准备，并搜集敌情，同时派人向团长徐庭瑶报告情况。徐团长命令一营加强警戒，原地待命。同时据谍报人员报告，开入广东境内的一部分敌人正在松口一带与第三师第九团萧炳煌部激战。战场的情势出乎敌我双方的预料。周荫人做梦也不会想到，北伐军主力部队会突然出现在永定城下，一时惊慌失措，被迫仓促应战；负责攻城指挥的第三师副师长顾祝同也未料到，敌人会在永定城内驻有重兵，周荫人亲自在此坐镇指挥。如果不迅速攻克永定，歼灭面前这股敌人，东路军非但不能完成断敌退路的任务，还将使敌人乘虚深入广东，给北伐军后方根据地造成严重威胁。为此，顾祝同果断决定于次日拂晓实施攻城，限期破城，并将主攻任务交给了第八团。当晚，徐庭瑶团长亲自带领三位营长和团部作战参谋，借着细微的月光，悄悄地观察了永定城周围的地形。永定城是一个四面环山的小城，城东南方向的山势尤为险峻，而且距城较近。山脚下有条小河由南向北缓缓流过，过了河再有百十米便是城墙，其间参差坐落着一些民房。敌人已抢先在城东的几个制高点上构筑了防御工事，不时向一营阵地鸣放冷枪，白天的战斗也是在这里发生的。永定城南则是一片较平坦的开阔地，距山地较远，敌人在城南也修筑了工事，驻有重兵防守。城西北方向山势相对平缓些，是敌人的后方通道。

回到团部，大家都认为应攻占城东一带险要高地，再以火力俯击城内比较有利，敌人势必难以坚守。徐庭瑶觉得这个建议很好，当即进行战斗部署：第一营配属团部机枪连担任主攻，任务是攻取城东高地；第二营由城南佯攻，牵制敌人；第三营为团部预备队。翌日清晨，参战部队迅速进入战斗位置。当第一营刚到达指定位置时就被敌人隐约发觉，惊慌地向山下发射密集的子弹。由于天色未明，敌人搞不清攻击部队的准确位置，只是打枪壮胆。第一营在距离敌城东阵地不远的一个小高地上埋伏，第二营在城南的战斗已经打响。敌人的主力迅速向城南转移。第一营营长立即命令第一连发起正面攻击，另派第三连从右翼迂回上去，实施侧击。第二连与团属机枪连作为预备队布置在营部附近高地上，用火力掩护第一连进攻。隆隆的炮声，天摇地动，爆豆似的机枪声、步枪声震耳欲聋。放眼望去，永定城上空覆盖着一层乌云似的硝烟，不待烟雾由浓变淡，又一轮炮弹倾泻过去，城内又腾起无数根烟柱。永定城置身于北伐军的枪林弹雨中。

城东高地的争夺战一开始就十分激烈，敌人居高临下，不断以密集的火力压制进攻部队，拼死守卫永定城这个天然屏障，使一连的几次冲击都徒劳无功，还造成一些伤亡。担任迂回的第三连在中途也为敌人所发现，被卡在山腰上动弹不得，双方以火力对射，形成胶着状态。顾祝同见部队进攻受阻，立即命令攻击部队重新调整火力，重点压制敌人的几个主要火力点。于是第一营集中机枪连和迫击炮火力猛击敌人正面的两个火力点，并挑选十多名优秀射击手以冷枪消灭其他敌人零散火力点，等敌火力稍减后，即令第一连和右翼第三连加强协作，再次发动强攻。战斗正酣之际，顾祝同又命第三营营长李及兰率部增援。战斗激烈时，城西南又出现由峰市来援之敌一个团，依据敌情变化，顾祝同急令第七团团长涂思宗派出两个营在老虎寨附近截击，但敌人来势凶猛，一场恶战下来，双方都打得筋疲力尽。恰在此时，何应钦亲率总预备队赶到，立即投入战斗，炮兵和工兵也参加了战斗，直到下午5时，才将城西南之敌击溃。

在强大火力的掩护下，第三师第八团第一营和第三营以班排为单位，敏捷地向上攀登，与敌在山顶附近展开血战，双方都付出了一定的伤亡。正当两军混战之际，右翼第一营第三连迂回成功，百余名官兵像旋风似的插入敌主阵地，与敌人展开肉搏后，敌人丢弃遍地尸体和伤兵，乱哄哄地向后逃窜，机枪连迅速移至新控制的制高点上，向敌城墙猛烈射击，第一营主力也加紧向城墙逼近，另以一部沿城东南山坳跑步涉过小河，直扑东门。

敌人见城东屏障已失，头顶上弹飞如雨，军心动摇，再也无法抵挡东路军凌厉的攻势，城内守敌纷纷由北门逃窜，第三师第八团主力很快突入城内。正在南门与第二营对峙的敌人见城内失守，阵势大乱，在二营官兵的冲击下落荒而逃。师长谭曙卿、副师长顾祝同于正午时分率部进入永定城。入城后，才知道周荫人已携十余名亲信越城逃跑，其余司令部人员及城内官兵均被俘虏，武器弹药粮秣以及公文函电丢弃满地，周荫人办公桌上的请援电稿还余墨未干。

永定战役后，东路军总指挥何应钦令第十四师为左纵队，第三师为右纵队向松口前进。第三师除留第八团一个营担任永定城警戒外，其余主力部队向松口附近攻击前进，以闪电之势奔袭进犯该城之敌。第三师昼夜兼程赶至松口附近，拂晓时，第八团担任前卫的第三营在松口镇以北附近高地与敌交火，营长李及兰指挥部队一个猛冲，便将敌人赶回镇内。敌人不甘示弱，立刻派出大批兵力反扑过来。顾祝同见状，命令徐庭瑶派第二营投入战斗，双方在这片小高地上展开一场恶战。透过硝烟，顾祝同发现敌人正慢慢地向攻击部队两翼压迫，他急令沿梅江南岸据守的第九团卫立煌部自上游渡河，向松口之敌发起突袭，敌阵大乱，慌忙向隆文圩方向溃退。大约四十分钟后，松口镇从南方向突然又响起剧烈的枪炮声，而且愈来愈近，传令兵飞跑来向顾祝同报告，说第七团和十四师一部和敌人打起来了。顾祝同把大手一挥，命令徐庭瑶将团部预备队投入正面战斗。敌人因东、西、南三面受敌，被迫分兵作战，激战三个小时后，松口之敌终于全线崩溃，四散逃命。第三师主力展开追击，逃敌大部就歼。松口一役，周荫人部主力丧失殆尽，再也无力同北伐军抗衡。东路军彻底解除了敌人对广东根据地的威胁，为顺利进军闽浙创造了有利条件。松口之敌被击破后，何应钦判断敌只有松源一路可退，即电令由敌军投诚的曹万顺、杜起云两师以一部留置岩前，主力向中都前进，迎击从松源逃窜过来的敌第三军刘俊所部。激战两天，经曹、杜两部截击，敌仅剩二百余人逃至连城附近。刘俊被民军击毙，敌军将领李凤翔闻报大惊，乘夜黑率骑兵团和孙云峰残部由上杭向汀州遁去。

松口大捷后，蒋介石电令嘉奖何应钦，并任命他为国民革命军东路军总指挥，所有在闽各军统一归其节制。何应钦于 10 月 18 日在松口就职，一面令第十七军解决由松源败退之敌，一面指挥各部向饶平前进，追击张毅残部，进取漳州。24 日，张毅放弃漳州，向同安逃去。第十四师冯轶裴部及独立第四师张贞部于 11 月 8 日不战而克漳州。漳州攻克后，10 日顾祝同部随何应钦进驻漳州。何应钦料定福建之敌已成惊弓之鸟，迅即制订向福建前进计划。10 月 20 日，第三师进占同安，独立第四师于 21 日进占泉州。敌军第一军张毅部与第九混成旅孔昭同部纷纷逃往莆田。26 日，北伐军再克莆田、永泰，敌军望风披靡，不战而逃。敌南洋闽厦海军指挥官林知渊与海军陆战旅旅长林忠都在顾祝同的大军压境时，顺势归附北伐军，掉转枪口，共同夹击敌军。12 月初，张毅全军覆灭。12 月 9 日东路军进占福州。顾祝同于 12 月 18 日随何应钦总指挥进驻福州城，周荫人逃往浙江。闽省战事，到此遂暂告一段落。

何应钦总指挥以这次攻略闽南作战中闽省地方各路民军协助北伐军攻击敌军，功不可没，而此后战区日益扩大，部队名目繁多，不便管理，向蒋介石请准，将福建各路民军改编为新编第一军，调谭曙卿为暂一军军长，顾祝同升任第三师师长。

这时候，蒋介石所统率在湘、鄂、赣作战的部队已经先后占领武汉及南昌。1927 年 1 月初，蒋介石在南昌召开军事会议，决定长江下游的作战方略，将部队区分为东路军、中央军及西路军，分三路向南京进迫，中央军又分为江右、江左两军，由蒋介石亲自统率，沿江东下。何应钦仍为东路军总指挥，共辖六个纵队。顾祝同的第三师隶属于四纵队，由冯轶裴指挥，除顾祝同的第三师，还有第十四师及第二十师的五十八团王文翰部，共两个师一个团。东路军作战计划是将主力集中于浙西衢州、兰溪、严州一带；一部分集中于浙南之处州、温州附近，准备两路进兵，会攻杭州。

1927 年 1 月中旬，顾祝同率领第三师主力由福州启程，沿闽江上行经水口至延平，以风卷残云之势一路横扫，沿途逆军纷纷缴械投降。周荫人部旅长李春生见北伐大军势不可挡，乃率部投诚，被收编为第十七军第三师进驻建瓯，负责收容周荫人残部。李春生的归顺并非出自真心，实因势穷力蹙，而此人生性狡诈，又极其迷信，据说他归顺后，曾以革命军能否成功，连卜三卦，都说不能，因此蓄意谋叛。

正当顾祝同积极准备挥戈入浙时，却接到谍报人员的报告，说李春生正密谋叛变。这个情况很严重，一旦李春生投向孙传芳，不仅政治影响恶劣，而且在军事上也会给北伐军带来很大的威胁。当顾祝同刚接到这个坏消息时，他恨不得立刻集合部队，连夜出发，踏平建瓯，将李春生当场击毙。但他冷静下来一想，使用兵力去平叛是个下策，那样，只会逼迫李春生狗急跳墙，酿成一场流血事件，给革命造成重大损失。为避免流血，他放弃了刚才的打算。

顾祝同反背着双手走出师部，看到门前的草地上已有一支队伍在集合，后边还有部队在集合，七团团长陆廷培跑步来到他的面前说："报告师座，我们按照命令，部队已集合完毕，随时等你下达出发的命令！"顾祝同严肃地问："奉谁的命？"陆廷培说："奉参谋长韩德勤的命！"原来，就在谍报人员向顾祝同报告情况时，参谋长韩德勤估计部队要有大的行动，为免误戎机，所以他提前做了部署。顾祝同没有说话，大踏步地向前走去，看到一排排蓄势待发的士兵，他的情绪又沸腾起来，用兵力去扑灭叛军的念头又一次在脑海中闪现出来，他用愤怒的目光在人群中慢慢地扫视了一圈，人们以为他就要下达出征的命令，但他迟迟不作声。潘国聪等人早已等不及了："师座，事不宜迟，请赶快下命令吧！"顾祝同背起手来，脸色铁青，紧闭嘴唇，低着头，慢慢地走来走去。他的部下们都知道，从前每次遇到较难解决的大事，他如果不同意别人的意见，总是这样低着头走来走去，走过一阵之后准会拿出新鲜的主意，立刻行动起来，绝不迟延。当顾祝同转身时，不知怎的，他腰间的手枪从皮套里探出枪把。顾祝同自己没注意，继续在边走边考虑问题，可是这件偶然的小事居然让别人吃了一惊，认为这是他要亲自出征和手刃叛逆的先兆。潘国聪的建议被他拒绝了，但是这个建议却给了他一个启示，打算自己亲自前往，不费一枪一弹平息叛乱。这事自然要冒风险，没有多少把握，弄不好去了不但白搭，反而会有性命之虞。他在心中反复思考，有时想丢掉这个新主意，但这个新主意很有吸引力，他终于停住脚步："我已经有了平叛的良策，你们都回去吧。""师座，派什么人前去?"补充团团长张我东问。"我自己去。""部队呢?""自然有部队。"

天色未明，在延平通往建瓯的道路上尘土飞扬，几十名骑兵护卫在顾祝同的身后狂奔，眼看建瓯城已遥遥在望，在李春生身边一位北伐军营长张鹰，在半道上抓住顾祝同的马缰说："师座，他是铁了心要把建瓯城献给孙传芳，不能去啊，此去劝说凶多吉少。"顾祝同冷笑一声，将鞭子一扬，大声说："随我进城！我倒要看看他李春生能不能献城投敌!"鞭子打在枣红马的臀部，它猛地向前一纵，挣开张鹰牵着缰绳的手，越过他带来的士兵，向前飞奔。张鹰见劝不住顾祝同，也飞身上马，拔出手枪，向他的骑兵一挥手，高声叫道："弟兄们，都随我来！倘若今天李春生敢动顾师长一根指头，咱们跟他狗日的拼了，谁不舍命保护师长，就是他妈婊子养的，天诛地灭!"

顾祝同和他身后跟随的忠勇卫士远远地看到建瓯城门两侧站立着几百名荷枪实弹的士兵，每杆枪上都上着明晃晃的刺刀，乱哄哄地叫嚷着。副官和卫队长大惊，都迅速拔出手枪，刹那间，所有的枪都拔了出来。叛军们一部分登上城墙，一部分由李春生领着涌出城外，威胁顾祝同，不许他进城。这出城的几百名士兵拥挤在城门前密密麻麻，挡住了顾祝同前进的道路。在李春生的身后站着一位看上去只有二十五六岁的黑脸大汉，两道浓黑的扫帚眉，一双凶残的牛蛋眼，方口厚唇，张口露出一对虎牙。当这些士兵看清楚顾祝同一马当先，渐渐走近，身后并没带多少兵马，感到疑惑和惊骇，吵嚷声变成了窃窃私语。等顾祝同走到他们的跟前时，连窃窃私语声也停止了。人们很难预料会发生什么事情，紧紧地握着枪，注视着神色冷峻的顾祝同，屏息无声，只有临近的马蹄声和人群中发出的短促呼吸。

顾祝同跳下枣红马，跟随在他身后的人们都下了马。他把缰绳递给一名卫兵，卫队长和一群卫兵个个持枪在手，围拢在他的周围，顾祝同命令说："退后！没有我的命令不许动手！"卫兵们退到两旁，让顾祝同走在中间。在距离李春生四五步远时，顾祝同停了下来，用严厉的目光把李春生打量一下，问："你要干什么？"李春生心头嘣嘣乱跳，瞪着眼睛说："说千道万，我们是后娘生的，没人护，没有疼，自从投到北伐军之后，粮饷不济，过着半饥半饱的日子，还经常受你们的人欺负，这种窝囊罪我们早就受够了。""你让你的士兵把路让开，咱们进城再说。"李春生举着枪说："它不会答应你进城。"顾祝同问："难道你真的投降了孙传芳吗？"李春生回答说："我没有投降北军，可是我不让你进城。"顾祝同大声说："闪开路！既然你是北伐军的旅长，就不许你挟众鼓噪，阻止我进城！闪开！"张鹰和卫队长都以为顾祝同已经怒不可遏，一定会拔出手枪将李春生击毙。但是，顾祝同怒目注视着李春生的眼睛，挺着胸，背着手，大步前进。

李春生对着这么一个威严、倔强、正气凛然的北伐军师长感到茫然失措。在他看到顾祝同之前，他想不让顾祝同进城可能有两种结果：一个是顾祝同见他人多势众，只好灰溜溜地走掉；另一个是顾祝同动起手来，展开一场厮杀，他依仗人多势众将顾祝同生擒活捉，押解去北军，作为投向孙传芳的见面礼。但现在这两种预料的情形都没有出现，慌乱之中，他想不出好的对付办法。顾祝同缓缓前进，他举着枪缓缓后退，而他的背后，人拥着人，都不得不步步后退。最后边的人群开始乱起来，有的人叫嚷着不要后退，而有的人叫着不要伤害顾师长。一见顾祝同走在前面，李春生好像才反应过来似的向他的士兵大叫："弟兄们，挡住顾祝同进城，不许后退！"叛军们端着明晃晃的刺刀，密密地对着顾祝同的面孔。卫兵们都在顷刻间拔出手枪，张鹰所带的士兵也都端起步枪，抢上前去护卫顾祝同。眼看一场火并就要发生，顾祝同挥手对他的人说："后退！不许动手！"又向叛军大喝道："放下武器，不许动手！"双方刚刚接触的兵器瞬间又分开了。在鼓噪的人群背后又有许多声音在叫喊："不许伤害顾师长！"在李春生背后的远方传来愤怒的叫声："快给顾师长让开路，不许挡道！"顾祝同继续前进，逼着李春生和他的亲信党羽步步后退。走了几步，突然又有许多支枪举到他的胸前。顾祝同冷笑一声，用手向左右一挡，挡开了几支枪，其余的都缩了回去，同时让开了中间的道路。他沉着和威严的气势震慑了叛军。李春生心中慌乱，和他的亲信党羽不得不退到路旁。顾祝同所到之处，人们纷纷向两旁闪开，路两旁形成各种兵器和人筑成的墙壁。人们在极度紧张的气氛中怀着惊异和敬佩的心情肃静无声，注视着顾祝同从面前走过。顾祝同这一小队人马刚过去，后边的叛军潮水般地跟了过来，把李春生卷在中间，拥着他前进。他大骂左右和后边的人，但是再也不能随心所欲地威胁和指挥众人。

城里的一座大庙前有几座石碑，掩映在几棵翠柏之中。顾祝同进城以后，直到大庙前才停住脚步，站在石碑前横眉怒目，冷然无语，面对着拥来的叛军。叛军把顾祝同面前的空地站满，挤得水泄不通。李春生和他的亲信党羽还在一心想着如何给孙传芳送去"见面礼"。那些平日对北伐军心怀不满的人以及过惯了奸淫抢掠生活的叛军，深怕顾祝同来了受到惩罚，都想依仗人多势众来威胁顾祝同，使他屈从大家的意见，放任他们胡作非为。如今大家趁着顾祝同尚没有开口说话，先闹哄哄地吵嚷起来，有的人带着酒意谩骂侮辱，有的人凶恶地挥动手中的步枪。张鹰大声喝令众人肃静下来，却没有多少人服从他的命令，喧嚣声如故。这种鼓噪的情形如果不能在短时间内弹压下去，很可能演变为一场血腥的流血事件。卫队长和几十名卫兵迅速地在顾祝同的面前站成一排，张鹰也将他的人马紧围在顾祝同的两边和背后。顾祝同用威严的目光扫视了一下，全场顿时变得鸦雀无声。他极力控制着自己愤怒的情绪说："我这次来是奉何应钦长官的命令，来挽救你们这支部队。今天，我不说，大家也会看到，革命的洪流已锐不可当，孙传芳已成为笼中之鸟，飞不了多高，他是注定要失败的。你们既然弃暗投明，走上革命道路，就应该服从军纪，和我们并肩战斗，完成北伐统一大业。为什么放着阳关大道不走，却偏受别有用心人的蒙蔽，蓄意叛逆呢？弟兄们，那是自寻死路啊！大家说是不是这个理？我在接到命令之后，本可以不费口舌，直接带领部队前来歼灭你们，可是我不愿意这么做，也不能这么做。大家说为什么呢？因为我们都是同胞兄弟，不能骨肉相残。我相信，你们只是受了个别人一时的挑拨，不明真相，闹出意见来。其实，你们既然投奔到革命队伍里来，就是我们的好兄弟，革命不分先后，不管新人旧人，我们都一视同仁，不分远近亲疏，军饷、粮饷按时足额发放，根本就不像李春生所说的克扣军饷、粮饷，这是他蓄意谋叛编出的理由，否则，弟兄们怎么会跟他走呢？他是想要将弟兄们往火坑里推啊……"

众人的眼光都转向李春生。李春生的脸上红一阵、白一阵，左右不自在。顾祝同继续说："我今天要把话挑明说，第一，这些天来，你们当中有些人不受革命军纪律的约束，奸淫抢掠，祸害百姓，我本该将你们严肃军纪，可仔细想想，事情也不能一概而论，我们疏于教导，也有责任，所以对你们既往不咎，只要你们从现在起不再违反军纪就行。倘若再有人违反军纪，即便是天王老子，也要按军法从事！第二，从现在起，你们该值勤的值勤，该训练的训练，该休息的休息，无事不准乱动，更不准寻衅滋事，如果有谁再寻衅滋事，不管他职务多高，也不管主犯、从犯，一律军法从事!”人群一直屏息静听，到这时忽然激动起来，有的不自觉轻轻点头，有的互相碰一下，推一下，交换眼色，而到处是嘁嘁喳喳的说话声。顾祝同的讲话刚结束，一名卫兵跑来附耳告诉他李春生不见了。顾祝同的脸上露出了轻蔑的冷笑，并没有出现一丝一毫惊慌之色。附逆的士兵在经过顾祝同一番入情入理的教育后纷纷散去，各自执勤去了。顾祝同心里悬着的一块石头终于落了地。

东路军平定福建后已无后顾之忧，何应钦正准备挥师入浙，忽闻第一纵队在浙江收编的第十九、二十六两军与孙传芳交战失利。何应钦急令东路军前敌总指挥白崇禧，亲率第二、三两纵队由龙游、衢州向浙东攻击前进，又令第四纵队向江山、第五纵队向处州、第六纵队向温州兼程前进。顾祝同率第三师于2月初由建瓯出发，经浦城、仙霞岭21日抵达江山。这一路虽无战事，但因风雨载道，翻山越岭，行军实在不容易。这期间，白崇禧已击破浙东敌人，先于2月18日进占杭州，第五纵队到达金华，第六纵队到达宁波，何应钦总指挥于2月23日进驻杭州。

浙省平定后，东路军决定以第一、二、三纵队归前敌总指挥白崇禧指挥，沿沪杭铁路前进，攻略上海；第四、五、六纵队及第二军，经宜兴、溧阳向常州、丹阳前进，占领后以一部右旋向无锡、苏州，协同歼灭上海之敌，以主力左旋向南京前进，与江右军协同攻取南京。

3月上旬，东路军已推进至湖州、长兴、泗安、广德、安吉一线，顾祝同的第三师于3月7日抵达吉安。13日，逆军白宝山部在襄王领、分冈领一带布防，何总指挥限令第四纵队于15日占领溧阳。第三师于13日经门口塘到达戈场，14日实施总攻击，第三师在田舍附近与敌接触，不分胜负。15 日，第四纵队大破戴埠之敌，并驱逐溧阳南方逆军，夜里围攻溧阳，到 16 日占领溧阳城，敌人向常州、镇江方向逃去。18 日，何应钦亲自到溧阳督战，这时第四纵队已经进抵黄塘、金壇一线，向丹阳前进，至 20 日完全占领横林、常州、奔牛、丹阳等处，逆军残部来不及撤退，大部被歼灭。

这时，江右军已经攻占铜井镇，向南京前进，东路军前敌指挥部所属部队，也已经攻克松江，进逼上海，并以一部分兵力由吴江进攻苏州，何总指挥奉蒋介石的命令迅速进攻南京，于是命令第四纵队主力，右旋往镇江、龙潭，向南京前进。当时孙传芳残部已撤退到江北，聚集在南京、下关一带的部队多数属于直鲁军张宗昌部。张宗昌在蚌埠、徐州指挥，而由褚玉璞守卫南京。第三师于 3 月 22 日进抵镇江，23 日进至栖霞街、东流镇。这时，蒋介石乘楚同舰到采石矶江面督战，江右军所属第六军于傍晚 6 时，由中华门攻入南京，第三师奉命在栖霞街、东流镇一线待命，至 25 日，随何应钦进驻南京。北伐军占领南京，引起了帝国主义列强的极度恐慌，云集在下关附近江面上的英、日、美、法军舰，借口其侨民受到伤害，突然向南京下关和栖霞山地区实施野蛮炮击，打死打伤当地军民两千余人，击毁民房无数，制造了震惊中外的“下关惨案”。

1927 年 4 月 18 日，中央政治会议发表建都南京宣言，国民政府正式在南京成立，推选胡汉民为主席，并成立中央政治会议和军事委员会，蒋介石自任主席。这样，在中国长江流域形成了两个互相对立的国民党政权：一是在国民党左派影响下的武汉国民政府；一是由国民党右派掌权的南京国民政府。对蒋介石的分庭抗礼，武汉政府迅速做出反应，以汪精卫的名义下令撤去蒋介石的国民革命军总司令职务，以冯玉祥替换，唐生智副之，并组发兵东下讨逆。宁、汉剑拔弩张，南京政府不得不采取相应的防御措施，做好军事斗争准备。在宁、汉对峙之际，孙传芳残部和盘踞在山东的直鲁军主力乘机向北伐军大举反扑。直鲁军许琨部自淮河南下围攻合肥，另一路沿津浦路南下攻占浦口，用野炮隔江轰击南京，奉军精锐正由张学良率领，自京汉线南下至河南驻马店，威逼武汉。大敌当前，宁、汉双方暂时搁置纷争，分头继续北伐。

4 月 24 日，蒋介石在南京召开军事会议，策定三路渡江北伐计划。第一路军总指挥何应钦，主力集结于京沪沿线，待第二、第三路军进占津浦路时，乘机渡江攻击苏北的孙传芳残部；第二路军总指挥由蒋介石兼任，以主力由江宁镇、当徒一线渡江，向明光以南津浦铁路之敌攻击；第三路军总指挥李宗仁，主力结集皖北，向临淮关、蚌埠之敌攻击。因蒋介石不能离京，第二路军总指挥暂由白崇禧代理，分为三个纵队，第一纵队指挥贺耀祖，第二纵队杨杰，第三纵队陈调元。顾祝同部第三师、邓振铨部第一师隶属第二纵队战斗序列，归蒋介石直接指挥。

5 月中旬，顾祝同部所属第二纵队由南京西南的乌江镇渡江北上，向全椒前进。在第三纵队配合下，对全椒从东、南、西三面实施战略包围，遭到敌军杜凤举、许琨、张继善等部三万余人的竭力抵抗。第三师自驱逐官渡之敌后，顾祝同令第七团陈继承部据守北岸，接着由陈家钱渡河经李家庙向全椒攻击，战斗十分激烈，激战三昼夜，击毙敌第七军军长张继善，俘敌三千余人，缴获枪支两千余支、迫击炮二十余门。第三师第九团团长萧炳煌在这次战役中阵亡，顾祝同派人购买上等棺木为其安葬。克复全椒后，残敌向乌衣、滁县逃窜，顾祝同率部乘胜追击，在界首附近与敌发生激战，第三纵队也由全椒西侧乘胜会攻，至傍晚攻克滁县，第三师和第一师相继入城，乌衣、沙河集等多处要隘同时被攻克，明光以南之敌全部肃清。

5月20日，总司令蒋介石再下作战命令，以第一路军主力由运河，一部分经东台、盐城，向海州、台儿庄之间的敌人进攻。第二路军以主力支援第一路军攻取扬州、清江浦，以一部分兵力由津浦以东地区，向徐州、赣庄方面之敌攻击。东进部队在清江浦攻克后，再经宿迁协同北进的部分兵力，直向徐州前进。第三路军以主力沿津浦路西侧地区，向徐州及砀山以东之敌攻击。命令下达后，各部队迅速开始行动，蒋介石于5月29日亲自到蚌埠督战。6月4日，顾祝同的第三师进抵泗阳、兴安镇，协同第三纵队向郯城进攻。敌李宝章、段承泽、梁鸿恩等部，在退入鲁南前曾计议以郯城为门户凭险固守，占领桃林、大院寺、范村等地，构筑坚固工事，配置重兵，严阵以待。天黑时，北伐军第二、三纵队进入攻击位置，次日拂晓发起攻击。激战两昼夜，双方伤亡惨重。顾祝同见攻势受挫，立即调整部署，以两个营的兵力向敌发起攻击，激战一天，敌向后稍退，战局一时僵持不下。顾祝同冷静地分析了战场上的形势，果断命令第八团副团长潘国聪率师尖刀连，佩带轻武器，化装成敌人的一支打粮队打开城门，突进李宝章的师部。此时的李宝章正在师部叫来歌女取乐，侍卫慌张跑来报告说："师座不好了，敌人进城了。"李宝章的好梦被惊扰，气得一把抓住侍卫的衣领，眼睛瞪得像两个玻璃球，厉声喝问："我问你，顾祝同的部队是从天上掉下来的，还是从地下冒出来的?"当他证实这个不幸的消息后，才匆匆地走进作战室，摸起电话命令部队组织抵抗，可是一切都晚了，仓促应战的敌军被打得溃不成军，李宝章在卫士的簇拥下夺路而逃。军中失去主帅，秩序顿时大乱，残部向临沂、枣庄溃退。至此，郯城攻克。第一路军于6月5日，攻克淮安、涟水及阜宁，第三路军则因敌军在败退时，沿途劫掠，遭到民团的袭击，十分狼狈，张宗昌不得不放弃徐州，于是兵不血刃而下徐州。

当北伐军进抵陇海路时，武汉方面的北伐军也同时到达。先是唐生智、张发奎部与奉军激战于京汉路，后是冯玉祥的西北国民军出潼关，占洛阳，威胁敌军侧背。奉军不敢恋战，自郑州北撤。武汉军占领陇海路中段，进驻郑州、开封，与徐州北伐军遥相呼应，阎锡山也在山西附义革命。在北伐战争取得节节胜利时，原倾向革命的武汉国民政府也开始向右转。汪精卫、谭延闿、孙科等在郑州同冯玉祥会晤后，将已占领的河南地盘交给冯玉祥，唐生智、张发奎军全部撤回武汉，一面积极筹划在内部“清共”，一面准备进攻南京。在宁、汉即将兵戎相见的危急之际，冯玉祥这支生力军成为双方决定胜负的重要砝码，于是，蒋介石约冯玉祥来徐州会晤，希望他能站到自己一边。冯玉祥抵达徐州花园饭店的当晚，蒋介石便设宴招待，各高级将领出席作陪。席间谈笑风生，亲如一家。第二天，南京国民政府主席胡汉民亲率吴敬恒、李煜瀛、蔡元培、张人杰、李烈钧等来徐州，与冯玉祥商谈北伐和对付武汉政府事宜。冯玉祥对北伐举双手赞成，唯对武汉却力主调解，其理由是武汉方面已经“分共”，同室操戈于大局危害甚深。双方磋商的结果，由蒋介石和冯玉祥联名发出通电，声明为实现三民主义而奋斗。冯玉祥也致电武汉的汪精卫等人，劝他们抑制共产党的群众运动，达成宁汉合流，完成北伐统一大业。冯玉祥离开后，蒋介石在徐州召集高级将领开会，力主回师西上，解决武汉问题，这个主张遭到绝大多数人的反对，大家力主继续北进，如武汉真有异动，可抽调一部分兵力防御，不必使北伐功亏一篑。综合大家的意见，蒋介石决定以第一路军主力集结于南京附近，对上游的唐生智部加强警戒，而以第二、三两路军向鲁南进攻，以迅速解决张宗昌和孙传芳残部。6 月 19 日，命令下达后，各军立即开始行动。

顾祝同的第三师属第二路军战斗序列，担任向临沂攻击的任务。

在郯城以南地区，第二路军与孙传芳部队遭遇，展开一场相当惨烈的战斗。开始敌人很顽强，与第三师硬拼，顾祝同部在第一师配合下，由正面不断向敌人发起猛烈冲击，迫使敌人步步后退，双方激战竟日，至午后4时，贺耀祖等部从左翼向敌人包抄，使敌全线崩溃。23日拂晓，顾祝同令主力向李家庄之敌发起攻击，以极其勇猛的动作向敌人阵地突进，敌稍作抵抗，即被全部包围，来不及渡河的敌人被第八、第九两团悉数缴械，俘敌第一六八旅第一团团长陈炳绪等官佐四十三人、士兵千余人。驻守沂水以西傅家庄一带的敌军，目击东岸友军被歼灭，异常惊恐，稍作抵抗即向临沂溃退，第三师迅即占领李家庄、傅家庄之线，旋又进至沂水西岸，协同第一师向临沂攻击前进。下午1时与敌遭遇，第三师担任右翼，第一师担任左翼，激战至下午4时，敌不支，退入临沂城内，北伐军直扑临沂城下，对临沂城完成战略包围。

驻守临沂之敌为方永昌部，第三师担任城东南两面、第一师担任城西面的攻击任务。临沂城防相当坚固，敌人有重兵把守，攻城战役打得十分艰苦。敌据险固守，城内配有野炮四门，三八式山炮数门，迫击炮、机关枪各二三十门。第一天，顾祝同集中一个团的兵力从早至晚发动十余次攻击，未能得手，部队伤亡较大；第二天，顾祝同又调集两个团的兵力从东、南、西三面同时攻城，枪炮之声震耳欲聋，激战中，敌人突然出动白俄铁甲车，以炽烈炮火向攻击部队射击，一度给第三师造成相当大的伤亡。第三师迅即集中炮火猛轰敌铁甲车，迫使其狼狈退入城内。战至午后，敌人力渐不支，而第三师攻势愈加猛烈。正当临沂城唾手可下之际，顾祝同突然接到部队解围星夜后撤的命令。原来，武汉国民政府已命张发奎的第二方面军集中于江西九江，准备顺江而下，东征讨蒋，宁汉局势骤然紧张。南京方面被迫将徐海前线主力迅速回撤以抵御武汉方面的军队。顾祝同部自前线撤下来之后，旋经淮阴、扬州，一路开至上海，派一部担任浏河一带防守任务。

宁、汉交恶，在平汉路作战的第四、八两军，在共产党的劝说下，骤然回师东下，直指南京。国民党顿时感到上游的情势严峻，蒋介石认为共产党的危险甚于军阀，于是决心将进攻鲁南的北伐军逐次向南撤退。顾祝同的第三师奉令经扬州转进。在北伐军各军的转进中，张宗昌、孙传芳所部乘机反攻。至 7 月 27 日，徐州为敌所陷，8 月初，北伐军已撤退至淮河以南，敌军仍尾追不舍，蒋介石以北伐军北进以来损失重大，北方的强敌压境，上游的内患未解，李宗仁又怀有异志，而觉得国民党前途堪忧，于 8 月 28 日宣布离职，以促成宁汉的合作。并以何应钦、白崇禧、李宗仁分任第一、二、三路军总指挥，将各军主力撤回长江以南，扼险固守，待时机成熟时再图北进。

军委会决定，将参加北伐的三路大军一起南撤，以第一路军六个军担任南京城东郊乌龙山以东至淞沪一带防务，原计划以第三师和第二十二师为预备队，位于苏州一带，后因配置上海浏河的第二十六军第一师没能及时到达防御地点，而对岸敌军日益迫近，顾祝同部奉命开往上海，派出一部担任浏河防御任务；第二路军的四个军担任梁山以西长江上游的防务；第三路军四个军担任乌龙山以西、梁山以东的长江中段防务。至此，除合肥、六安一带留有第三十三军防守之外，长江北岸已没有南京政府军驻扎。所有部队都聚集在长江沿岸，配备警戒，以防敌军渡江进犯。

8 月下旬，敌军认为蒋介石离职是他们渡江攻击最好的时机，于是选择龙潭附近对岸为突破口，集中号称十一个师和六个混成旅的庞大兵力南下，以期一举攻克南京，摧毁国民政府中枢。敌军自津浦路和运河两岸疾进，先在六合、扬州、泰州一带征集船只，佯作渡江之势，继在浦口车站架起数千门大炮向南京下关发炮射击，用以示威。至24、25日，又再次由南京上游的乌江集、兔耳矶对岸，向江宁镇、大胜关一带佯渡，以欺骗北伐军。

8月25日夜里，敌军以主力突然由望江亭、划子口、大河口三处向乌龙江、栖霞山及龙潭一带实施强渡。时值北风浓雾，乌龙江东方高地首先被敌军攻占；26日，李宗仁所属第七军派部队前来增援，包围缴械，而其残部则退向石埠桥附近，与在该方面登陆的敌军会合，攻破了栖霞山阵地，并占据栖霞车站；同时，在龙潭附近登陆的敌军，也于26日拂晓前，袭击占据龙潭车站；其后两处的敌军虽被北伐军击退，但渡江之敌陆续增加，北伐军兵力未能立即集结，以致在27、28日，迭有胜负，龙潭、栖霞都一再失而复得，战况十分惨烈；29日，敌军一面向汤水、一面向下蜀推展，形势非常危急。

北伐军在蒋介石离职后，士气极为低落，而李宗仁又别有居心。在敌军渡江攻击、面临生死存亡之际，反促成北伐军团结精诚，共起杀敌。这时，第二路军总指挥白崇禧在上海，于是军委会决定由李宗仁驻守南京，而以第七军副军长夏威指挥该军主力由西向东，何总指挥率第一军在京部队，由南向北，而白崇禧指挥第一军主力，由东向西三面袭击敌军。

8月29日驻守沪杭路的第一师王浚部、第三师顾祝同部、第二十一师陈诚部陆续开到龙潭附近，会同第七军、第十九军和第一军第二、二十二、十四师等部，于30日拂晓，由东、西、南三路向敌人发动全线反攻。顾祝同部先头部队第八团潘国聪部划归第一纵队指挥官刘峙指挥，加入左翼方面作战。顾祝同为第二纵队指挥官，率主力集结仓头镇附近担任总预备队，适时应援各部。驰援途中，顾祝同召开了由营以上军官参加的军事会议，声明保卫首都南京的重要性，勉励全师官兵要以不怕流血牺牲的精神，同孙传芳血战到底！随后大军衔枚疾进。到达战场时，顾祝同获悉，敌军已占据龙潭以西的黄龙山，以南的青龙山、虎头山和东西大石山、雷台山等险要地带，进可攻，退可守。孙传芳手下的悍将李宝章、上官云相、梁鸿恩、崔锦桂、段承泽、郑俊彦等都在龙潭前线指挥，孙部官兵仅带数日干粮，船只在部队渡河后全部开往江北，已做破釜沉舟之决心，看来敌人对南京是志在必得。

30日拂晓，北伐军发起全线攻击，敌人也发起全线逆袭。龙潭周围数十里地段炮火遮天蔽日，枪弹如暴风骤雨，到处是火光熊熊、浓烟滚滚，到处是血水横流、焦臭刺鼻。顾祝同部奉命驰援大石山，同敌上官云相部展开激战。上官云相与顾祝同、叶挺都是保定军校的高材生，师承校长杨祖德门下，杨祖德曾不无炫耀地预言，他这几位高徒将来必是叱咤中国的风云人物。上官毕业后去了北洋军队，而顾祝同则投奔革命军，想不到昔日的保定同学，居然以这样特殊的方式见面。顾祝同令王敬久的第七团向大石山发起正面攻击，部队几次冲到半山腰，都被敌人强大的火力逼下山来，伤亡惨重，顾祝同迅即改变部署，派出一支精悍的小部队绕至敌军侧背发起逆袭。当这支小部队突进山腰时，上官云相事先已在山腰预设一支伏兵，机枪和手榴弹疯狂地向山腰倾泻，压得侧袭部队无法抬头。狭路相逢勇者胜，连长路大勇急令隐蔽在灌木丛林中的神枪手徐春贤将敌人的机枪手打掉，扫除前进障碍。徐春贤倚在一棵松树下，打掉了敌人的三挺机枪。路大勇没有留给敌人喘息的机会，冲锋号一响，隐蔽在丛林中的士兵像脱兔般冲向山顶，将敌人打得尸横山野，侧袭成功，顾祝同命王敬久率部从正面向敌冲杀，很快收复大石山等多处要点。战斗结束后，顾祝同除命少数部队防守外，亲率主力驰援雷台山友军，以泰山压顶之势击败雷台山敌军。两昼夜激战，敌军在北伐军多点反攻下渐渐出现混乱，退守山隘，但敌人仍占据大部分山头负隅顽抗，深得俯瞰之利，而北伐军仰攻困难，伤亡不断增加，尤其在青龙山和黄龙山争夺战中，第七军第一师几乎伤亡过半，直至次日下午 3 时，才占领这两座山头。

在顾祝同等部不间断的侧袭、逆袭下，孙传芳丢下一百余挺机枪和十余门山炮节节败退。正当北伐军部署向溃敌发起追击时，敌人却突然发起反攻，其势凶猛。顾祝同、卫立煌和夏威等部接到军委会不惜一切代价给敌人以迎头痛击的命令。由晨至午，连续击退敌人的五次冲锋，将敌压迫至长江岸边包围缴械。至此，血战七昼夜的龙潭战役落幕，孙传芳全军覆灭，其本人慌忙登上小汽艇逃命，渡江的六七万人马，除逃窜和伤亡溺毙者外，俘虏四万余人，缴获枪支三万余支、大炮近百门。俘虏分四路纵队押往南京明孝陵，排头抵达南京城郊时，排尾犹在龙潭车站，由于没有火车运输，又无给养，途中逃遁者甚多。

龙潭战役结束后，顾祝同一面整理部队，一面奉命渡江实施战略追击，以巩固京畿。追击军共分为五路，但事实上，南京政府又顾虑到上游武汉方面的威胁，所以追击部队只停留在滁州附近，与明光之敌保持对峙状态。接着，第三师又奉命开至常州附近整理，与第十四师、第二十一师合编为国民革命军第九军，顾祝同任第九军军长兼第三师师长，参谋长韩德勤兼副师长，隶属于第一路军何应钦指挥。第十四师师长为卫立煌，第二十一师师长原发表陈诚担任，后因该师干部激烈反对，顾祝同呈请何应钦，改派陈继承为师长，而以韩德勤为第九军参谋长。10 月 22 日，部队在滁县集结完毕后，11 月 1 日，何应钦又令第一军第二师归顾祝同指挥，担任向明光之敌攻击任务。7 日完成攻击准备之后，8 日开始攻击行动，顾祝同命第十四师担任正面，第二师担任右翼，第二十一师担任左翼，第三师为总预备队，当晚迫近明光。第二天激战终日未克。顾祝同随即调整部署，令第三师第九团加入左翼战斗，攻击敌人的侧背，9日上午，经第九团及第二十一师的猛烈攻击，第二师也从铁路正面猛攻，终克明光。敌人向五河、临淮关方面退却。

经短暂休整，11月11日，第九军奉命协同第十军向临淮关和凤阳发起进攻。天刚亮，当第九军开始运动的时候，出乎顾祝同意料的是，凤阳之敌反而向运动中的第九军发起反攻，第三师、第十四师奋力抗击三小时，敌阵脚始将出现大乱，第九军乘势出击，在上午10时占领凤阳府县两座城市。下午3时，敌军以铁甲车掩护，向第十军反扑，顾祝同虽向左翼派兵增援，但新编第十军经过惨烈战斗，损失惨重，在12日清晨，凤阳城陷入敌手。但临淮方面，顾祝同指挥第一军第二师乘凤阳苦战时，突袭临淮关，激战一昼夜，至11日午前11时，占领临淮关，敌向淮河北岸遁走。

11月12日，进驻明光的何应钦下令第二师固守临淮关，第一路军围敌于蚌埠以东，将其主力歼灭，令第九军（缺第二十一师）与第一军联系，向凤阳西侧攻击前进。14日，行军途中，第八团、第四十一团侦察获悉，凤阳守敌力量单薄，顾祝同遂令其闪电出击，迅速予以收复。15日，部队继续向蚌埠挺进，至16日清晨，第一、第九两军奋勇向铁道两侧之敌发起攻击，进逼蚌埠。顾祝同令部队发起数次冲锋，敌人凭借铁甲车优势火力的掩护，使战事进展甚微。他果断决定，率部改沿龙子河西侧转进，向敌军突然发起攻击以避开敌人的优势火力。而此时的第四十军、新编第十军也同时向蚌埠突进。至午后2时，各军齐头并进，与蚌埠守敌展开激烈的街市战，经两小时拼杀，蚌埠完全克复，敌将郑俊彦率残部向淮河北岸遁去。

何应钦于18日由明光进驻蚌埠。

蚌埠会战后，第九军随后以一个师驱逐固镇附近之敌并占领固镇，对敌警戒，主力位于蚌埠附近，顾祝同也驻在蚌埠。孙传芳退驻宿州，其主力已残破不堪。当时因张宗昌大军驻守徐州，孙传芳势力只局限于淮河两岸，如果蚌埠一旦失守，则粮饷来源都将发生严重问题，所以孙传芳饬令部队拼死一战，这也正是这次蚌埠之战成为继龙潭战役之后最为惨烈的一次战役的原因。

在蚌埠会战的同时，冯玉祥的西北军正在兰村一带与直鲁军激战，双方相持不下。11月24日，西北军发动全线攻势，大破直鲁军，直抵徐州城下。孙传芳害怕退路被切断，在宿州大肆抢劫一番后，仓皇撤退，向北与张宗昌会合。这时，何应钦正因党内纷争，在上海出席四中全会，得知孙传芳逃跑的消息后立即返回蚌埠，下令与西北军会攻徐州。顾祝同部奉令于12月7日开始行动，9日部队挺进到所圩子时，才获知西北军自12月2日就进攻徐州失败被迫退出，徐州自7日已经听不到炮声。这时，北洋军队在击退西北军之后，采取先发制人战术，对北伐军发动猛烈攻势，以孙传芳所部三个师外加一个混成旅为左翼，以张宗昌所部四个师外加一个旅及炮兵团为右翼，沿铁路两侧向宿州、任桥一带攻击前进。第九军明知西北军已遭挫败，但仍决心与西北军联络，力图围歼北洋军。

12月11日，顾祝同率第九军继续向徐州推进，第二天，先头部队与敌开始接触。当晚从电话中窃听得知，敌军已准备完毕，将于13日拂晓自铁路两侧向第九军发动攻势。接到情报，顾祝同将部队稍向后集中，以加强实力；第二天拂晓，敌果然来犯，一阵猛烈的炮击之后，敌潮水般地向第九军阵地猛扑，到处枪声激烈，血肉横飞。激战一整天，敌未能突破第九军阵地。14日，何应钦急令第一军自右翼出击，侧攻铁道线之敌，以支援第九军作战。顾祝同命第十四师与第二十一师分途向当面之敌发起进攻，大破敌军，其他各军进展也相当顺利。经彻夜攻击，第十四师在第一军第二师右翼的协助下，终于在15日下午5时迫近徐州城。

16日，北伐军各路大军向敌发起全线攻击。第九军于拂晓时向徐州城北高地之敌进逼，何应钦为促进敌阵地动摇，要求火速猛攻此高地的敌人。第九军左翼部队于上午9时，冒着敌人的密集火力，不计牺牲，奋勇冲锋。其余部队也同时发起猛烈攻击。在第九军的强势攻击下，敌人慌忙溃退，顾祝同指挥大军跟踪追击，于日暮时分攻克徐州，缴获辎重车辆堆积如山，俘敌官兵一万五千余人。事实上，敌人在徐州城内，只不过是略事抵抗而已。何应钦于是命第四十军和第三十三军各派一个师，与西北军鹿仲麟部夹击萧县之敌，并予以占领。西北军第五、第六军到达徐州时，津浦路以东各军也克复海州，至此，陇海路东段完全为北伐军所控制，敌军全部逃往山东境内。

蒋介石自1927年11月由日本回国后，各方纷纷电促其复职，何应钦也联络各军事将领电请蒋介石复职，主持北伐大计。在各方电请之下，蒋介石于1928年1月4日由上海回到南京。第二天就宣布复职，8日，国民政府委任蒋介石为北伐军总司令，改组总司令部。2月9日，蒋介石亲临徐州，召集各军官长训话，何应钦由北京电请蒋介石将第一路军总指挥部撤销，请蒋介石就近直接指挥，以便能够准确领会意旨，专心后方事务。蒋介石乃将第一路军改编为第一集团军，自兼总司令，并将原第一路军所辖各军划分为三个军团，第一军团总指挥刘峙，辖第一、第九、第十军，第一军军长由刘峙兼任，第十军军长为杨胜治，顾祝同任第九军军长；第二军团总指挥陈调元，第三军团总指挥贺耀祖，何应钦任北伐大本营参谋长留守南京。2 月 19 日，蒋介石呈请国民政府委任冯玉祥、阎锡山为第二、第三集团军总司令，并令两集团军切取连击，积极准备，继续北伐。

1928 年 4 月 1 日，蒋介石再次来到徐州，4 日召开各军参谋长会议，由参谋长杨杰面授作战命令，指令各军务必于 4 月 7 日开始行动，9 日实施攻击。第一军团预定以曲阜、兖州为攻击目标，顾祝同奉命带第九军主力以台儿庄方向为攻击目标，得手后再向峄县前进，然后与第一军协同歼灭临城之敌，再沿铁路北进，进攻邹县，相机直下兖州。战役发起后，第九军于 4 月 10 日，以第十四师、第三及第二十一师三个师的兵力一举攻克台儿庄，敌向峄县溃退。13 日，顾祝同再以第十四及第三两个师的兵力攻击临城，张宗昌以第十、第十一两个军出迎，亲自督战。第九军奋不顾身，终于在 15 日将敌人击溃，占领临城。战斗中，第九军伤亡严重，第三师第八团团长潘国聪阵亡，敌向界河溃退。跟踪追击的第九军与第四军以及第一军之第二十二师对敌实施包围，并以第九军主力担任右翼攻击任务，到达界河后直取兖州。自 4 月 17 日晨，第九军与两万余敌遭遇，面对敌众我寡，全军将士毫无惧色，奋力攻击，敌军伤亡两千余人，一名师长被当场击毙。

开战前，张宗昌在界河附近聘请德国顾问，在东至龙山、西至大马山之线，花费五十万银圆巨资构筑据点式半永久性工事三处，满以为借此钢铁工事据守，可保全军无虞，岂料，第九军突然而至，张宗昌来不及据守即纷纷逃往邹县。19 日又遭第九军第三师截击，溃不成军，当晚，第九军逼近曲阜，军部进驻邹县。4 月 20 日攻陷曲阜，敌向泰安方向撤退。鲁南战役告一段落。

鲁南战役结束后，北伐军人不卸甲，马不卸鞍，继续以消灭直鲁军、完成北伐为目标，向济南攻击前进。第九军奉命于4月24日开始行动，经长途奔袭，击溃泰安等多处守敌，30日已经迫近济南城。这期间，除第十四师在27日进至王庄及西庙子一带曾与敌军激战外，其余均无重大战斗。

5月1日，张宗昌、孙传芳因泰安等处敌军都被第九军击溃，已无力抵抗。同时，第二集团军占领胶济线，切断敌后方联络。张宗昌见济南无法据守，乘车逃往德州，其残余部队曾与第二集团军作战，妄图阻滞北伐军前进。第九军第十四师进入济南城，刘峙与顾祝同也先后进驻济南督署。第二天，蒋介石由泰安赶到济南视察，召集军长以上军官开会，令各军暂驻原地待命。张宗昌在逃走之前，密派参谋长金寿良到青岛向日军求援，要求日军驱逐北伐军，并扰乱北伐军后方。日军派遣第六师团福田所部五千余人进兵山东。福田于5月1日到达济南，派兵驻扎普利门外、胶东车站、西门商埠等地，到处设卡，并设置障碍物。蒋介石到达后，一边让外交部派员交涉，一边召见日本领事，要求其撤除防御工事。日军撤除了哨卡，但扩大了警戒区域。

5月3日，日军又开始借故挑事，击毙了北伐军往来的士兵，并以机枪突然对第四十军军部扫射，晚上，甚至枪杀了北伐军外交特派员蔡公时。蒋介石为避免影响北伐大计，严令各部队不得还击，并决定绕道北伐，将大军撤出城外，城内仅留三千人。7日，日军趁北伐军停止抵抗之机，更提出无理条件，要求北伐军全部撤出济南及胶济路两侧二十华里外。蒋介石多次派员交涉，日军毫不理会。

5月8日，日军向北伐军发动进攻，用大炮飞机轰击济南城，炸毁济南电台，连同邮电局里的职工一起轰击。在邮电局里避难的居民也遭日军毒打。中国军民，无论在马路上行走，还是在商店里买东西，甚至在澡堂里洗澡，理发店理发，只要碰上日本兵就会立即遭到杀害，致城内军民伤亡三千余人，惨状空前。10日晚，蒋介石忍痛下令全军退出济南。日军于第二天陆续入城，还在督署前举行入城式。这就是震惊中外的济南惨案。

蒋介石决定北伐军撤出济南后，为巩固后防，免受日军牵制，命令第一军团总指挥刘峙统率第一、第九、第三十三军编成五个支队，控制泰安、莱芜一带，对日军警戒。同时命令其他各军迅速渡河向徐州方面继续攻击前进，以完成北伐大业。顾祝同奉命率第九军进驻文祖庙附近，监视胶东残敌，并以主力据守济南东南地区，以镇守济南，并注意反动分子活动，同时对胶济路及济南日军加强警戒，如遇日军正面压迫时，即向后移动，并密切保持连击。这种情形一直持续到北伐军攻下德州，推进至平津一带，日军见直鲁军再无利用价值，才退出济南。

北伐军既已决定绕道北伐，第一集团军除第一军团外，自13日即完全占领德州，接着于6月2日攻占沧州，6日继续占领马厂。张作霖于6月3日离开北京，向榆关退走；第三集团军占领保定，6日进驻北京，7日晚，敌军徐源泉、郑俊彦部在天津向北伐军投诚，平津平定。

张学良于6月11日退出关外，因张作霖在皇姑屯被日军炸死，张学良已有投诚的意思，孙传芳所部早已溃不成军，只有张宗昌退至滦河后，仍负隅顽抗。蒋介石于9月命令白崇禧为前敌总指挥，分两路向张宗昌残部实施攻击，自9月13日开始行动，至21日，张学良所部与奉军发生激战，张宗昌见大势已去，乔装潜逃，其残部请求停战，至此，关内完全肃清。

1929 年 1 月，张学良在关外易帜，于是全国遂告统一，北伐大业，乃告完成。自平津初定，蒋介石认为平津一带无须久驻大军，乃命令第一集团军由津浦路退驻沧州、马厂一带，其后继续向泰安及其以南地区转进；顾祝同的第九军因未参加平津作战，奉命分驻徐州、蚌埠及江宁地区，故先期南下，军部驻守在蚌埠。

结识才女　缘断朝云

在上海期间，顾祝同有幸结识复旦大学的一位教授。晤面长谈之后，两个人都相见恨晚。教授为人爽快，又十分健谈，顾祝同每次去都受益匪浅。细心的顾祝同在与教授的交谈中意外地发现，他家对面楼上有一位俊俏的姑娘，他每次来都会看到她在埋头看书，不得不令他为之心动。他的目光常常不自觉地被那位姑娘所吸引，这个秘密没有躲过老教授那双睿智的目光。教授终于把心中想说的话吐露出来："墨三，你是不是看上这个姑娘啦?"比顾祝同年长十几岁的教授笑眯眯地看着他。"这姑娘好像对你们家很熟悉。"顾祝同脸上一热，故意掩饰自己的窘态，来个答非所问。"她是我们家的常客，我与她父亲是好友。"教授告诉顾祝同，这姑娘叫许文容，芳龄二十二，是上海师范大学的校花，不仅人长得漂亮，学习成绩也十分优秀。她的父亲在上海搞航运，母亲也很贤惠，待人热情。许家有三男两女，大女儿已经出嫁，许文容是二女儿，虽然是父母的掌上明珠，但并不娇惯，所以，许文容知书达理，热情大方。最后，教授用手拍了拍顾祝同的肩膀说："墨三，你若不信，我派人把她叫过来，让你看看她是不是落落大方的好姑娘。""啊，不，不，这不合适。”顾祝同急忙阻拦，脸却一下子红到了耳根。

一会儿，许文容果然被王教授叫来了，她来到客厅甜甜地一笑：“朱伯伯，这位先生好，找我有事吗?”“是这样，这位先生是国民革命军第三师师长，姓顾名祝同，我们两人今天谈‘贞观之治’，不揣冒昧地把你请来，想听听你这位学历史的女生的看法，不怪罪吧?”朱教授以父辈的口吻巧妙地编造了一个叫许文容来的理由。许文容嫣然一笑，谦逊地说：“我学的那点儿历史知识连皮毛也不到，怎敢在您和这位先生面前班门弄斧？还是听听二位高见。”她既没有那种没见过世面的少女的忸怩羞涩，又没有那种不拘小节的少女的狂放不羁，而是把大方与羞涩糅合成得体的女性最佳之美。于是三个人开始了有关唐朝历史的讨论。顾祝同给许文容的印象不仅仪表堂堂，而且学识渊博，谈话中充满真知灼见，禁不住对他产生一种爱慕之情。在顾祝同离开老教授家时，许文容主动将他送至楼下，还欢迎顾祝同有空到她家里做客。顾祝同也愈发地喜欢上了她。

几天之后，顾祝同又一次来到教授家串门，教授问他到底是不是爱上了许文容。顾祝同直言相告，他是爱上她了，不过他也实话实说，涟水老家有他的结发妻子，这桩婚事虽然是父亲做主，但她毕竟为顾家生育了一双儿女，因此，他一时半会儿还拿不定主意。“俗话说，宁拆十座庙，不破一桩婚。我也是为你好嘛！我只问你一句，你现在到底还爱不爱杨朝云?”教授的两只眼睛像锥子一样盯着顾祝同。顾祝同双眉紧锁地叹了口气说：“哪能谈得上爱不爱呢？也就是凑合着过吧。她相夫教子，伺候老人，的确是一个贤妻良母。我长年征战在外，夫妻早已名存实亡，既苦了她，也苦了我。说句实话，我并非圣人，也想得一红颜知己，内主家政，外主应酬。”老教授说：“这就对了，我记得是哪位名人说过，没有爱情的婚姻无异于坟墓，我觉得这话有道理。”顾祝同知道老教授的良苦用心，但还是脸色凝重，从他那略显疲惫的眼神看，昨天晚上他苦苦思索了一夜。他知道维持与杨朝云的婚姻是不道德的，既违背了自己的心愿，也给杨朝云带来痛苦。教授单刀直入地问：“墨三，我再问你一句，你是不是真心爱许文容？”顾祝同巧妙作答：“要说我不爱她，那不是心里话。”“那好，我再问你一句，你是愿意为你所爱的人活着，还是甘愿做你不爱人的殉道者？”教授咄咄逼人的问话使顾祝同有点儿招架不住。顾祝同用坚定的语气说：“当然为自己所爱的人活着。”说完之后，他话锋一转问：“但不知文容姑娘对我是否有意？还有我的婚姻状况，她的父母肯否接纳我呢？这些我都必须考虑清楚。”教授听罢爽朗地一笑说：“你呀，对女人的心思一窍不通，你果真就没有看出来，人家对你是多么倾慕。什么叫有意，难道非要人家从嘴里喊出来，啊，祝同，我爱你！但是这种直白袒露心迹的姑娘能有几人？绝大多数姑娘，尤其是有教养的女性，她们对爱情的表达方式都是含蓄和羞涩的。”顾祝同仔细想了想，觉得教授的话不无道理。正当顾祝同低头思考时，耳边又响起了教授的话语：“昨天晚上，我就去了许家给你提亲，许家夫妇首先问女儿对你有没有意，许文容来个摇头不算点头算。接着，她父亲对我说，他在我家做客时见到过你，说你不仅文韬武略，人品也好，至于说你老家的妻子只要处理得当，他们并不介意，同意女儿和你建立恋爱关系。”教授说完，习惯性地拍了一下顾祝同的肩膀说：“有道是花开堪折直须折，莫待无花空折枝。墨三，当断则断乃大丈夫所为也！”顾祝同站起身来说：“好吧，我抽空回老家一趟，和杨朝云做个了断。”

回到涟水老家，顾祝同看到，家里土墙草缮的四合院，历经风雨剥蚀，已有多处开了天窗；父亲头上添了许多白发，明显见老了。

当一身戎装的顾祝同英姿勃勃地出现在村口时，乡亲们哪敢相认，小时候的影子已很难寻到，唯有那双炯炯有神的大眼睛勉强唤起乡亲们对他的记忆。顾祝同一路散着香烟和糖果，不停地和人们打着招呼。在乡亲们的簇拥下，他走向自己的家，但见身上打着补丁的妻子背着一篓子草正往回赶。灾荒连年，庄家歉收，人们每年都三尺肠子空着二尺五。妻子早已失去了往日的风韵，虽然娘家时有接济，可顾家人口众多，还是生活拮据。在生活最困苦的时候，她盼着丈夫回来，和她共撑着这个家，可怎么也等不到他，或许队伍上纪律严明，他脱不开身；或许丈夫已另有新欢，不，这不可能！她深为自己的无端猜测而感到羞愧，她深知丈夫的为人，从不染指女人。现在，她望眼欲穿的丈夫真的回来了，心里不禁荡漾起一股幸福的暖流，可就自己这副模样，丈夫能喜欢吗？杨朝云的心里没了主意，一头埋进自己的房里，再也不出来。祖母、父亲、继母纷纷走出院子，见祝同衣锦还乡，个个都很高兴。听说祝同回来了，村上的男女老少都放下手中的活计赶来，院里院外人头攒动，两名卫兵紧紧护卫在顾祝同的身边，深怕有歹人混进来行刺他，却被顾祝同制止了，他让卫兵给乡亲们散发香烟和糖果。自己同他们坐在一起唠家常。一群孩子围着他好奇地看，有胆大的还摸着他腰间的手枪，马上遭到大人们的呵斥。顾祝同不但不恼，索性将手枪从皮套里拿出来，取出子弹再给孩子们看，还将一个留着小辫子的娃娃揽在怀里边逗他玩边和乡亲们谈话。

众人散去，顾祝同走进那间曾经的洞房。妻子低着头，坐在床沿上一言不发。“朝云，你今儿怎么啦，我回来应该高兴才是啊，怎么躲着不肯见我呢？”一句话勾起杨朝云的伤心事，泪水一下子从眼窝里爬了出来，先是哽咽，继而呜呜地哭出声来。“这些年你都到哪儿去了，把我和两个孩子扔在家里，你考虑过我的感受吗？你不念想我，总该念想着孩子吧，那可是你的亲骨肉啊。”顾祝同无言以对。大女儿开生已经十多岁了，正带着弟弟潮生在院子里玩，当顾祝同俯下身子想亲亲他们时，两个孩子立马停止了游戏，站在一边连大气也不敢出，只是眨巴着一双小眼睛惊惧地看着他。顾芝田拉住他们的小手说：“快叫爸爸，这是你们的爸爸呀。”两个小人儿还是傻愣愣地站在那儿，仿佛没有听懂爷爷的话，用疑惑的眼神问：“这是我们的爸爸吗？我们怎么从来没有见过他。”在爷爷的一再催促下，两个孩子用生硬的语气极不自然地叫了一声“爸爸”。顾祝同伸出两只宽大的臂膀，一手一个将他们揽在怀中，亲着他们的小脸蛋。一股由亲情生发出来的温馨感觉，像电流一般在他的血管里扩张开来，他觉得一双儿女是这样的天真可爱，他从随身携带的挎包里掏出面包和糖果分发给两个孩子。孩子的眼神里透出了一种陌生的惊喜。

患有腰腿病的祖母，一到阴天就浑身酸痛，她拄着拐杖，缓缓地走出了房门，站在门口，看着他们父子在院子逗乐，也跟着乐开了。顾祝同连忙起身，将祖母搀扶到座椅上，拿出一包冰糖和一罐蜂蜜给她。祖母说：“这孩子，你回来就回来吧，还带这些东西做啥，我又不缺营养，你媳妇总是给我弄这弄那，生怕我饿坏了，唉，多孝顺的孙媳妇，我老顾家哪辈子人积的阴德喽。”杨朝云在丈夫的劝慰下走出房间，不声不响地到厨房做饭去了，工夫不大，已将烧好的菜肴端上了桌，还有一盘煎豆腐。她知道丈夫最爱吃烤得两面发黄的豆腐片。父亲从西厢房的床肚子里掏出来一坛高沟酒。自从家里光景不好，他很少沾酒，烟抽得也少，而且是劣质烟叶。一家人围坐在一起其乐融融。杨朝云不住地往丈夫碗里夹菜，儿子潮生也模仿着妈妈，将菜往父亲的碗里送。祖母笑着说："这孩子从小就可人意，跟他老子一样揽人疼。"

顾芝田因为今天高兴，也破例多喝了几杯，接着便吩咐刘氏装饭。顾祝同没有丢杯，还在独自喝着。面对祖母和父亲，面对贤妻和儿女，他难以启齿，怀疑自己原先的决定是不是错了。不错，杨朝云和自己生活在一起的时候，没有共同语言，但她恪守妇道、孝敬父母也是事实。转而又想，杨朝云再贤惠，充其量不过是位农村妇女，难道自己一辈子要和她捆在一起吗？他把杨朝云和许文容放在心里反复比较，越比越让他对妻子感到失望，他也曾试图想否定自己的选择，将自己的心重新回到杨朝云的身边，但他的努力失败了，他压根儿就做不到。杨朝云只能算是小家碧玉，而许文容是大家闺秀，随着自己在仕途上的不断升迁，交际的范围日益扩大，少不了像许文容这样的女人为自己应酬。而今和他一起从枪林弹雨中跑出来的人，哪一个不是挽着年轻貌美的夫人风光于各种场合，唯有他形单影只。他在对待个人的问题上，已经苛刻到了令别人不可思议的程度，难怪同僚们戏说他是坐怀不乱的柳下惠转世投胎，太过正经反倒迂腐。生活检点固然是美德，如果刻意地去追求人格的完美，那无异于把自己推进婚姻的坟墓，还是教授说得对，他要冲出无爱婚姻的藩篱，去寻找本该属于他自己的幸福天地，这不算过分吧。眼看一坛子酒所剩无几了，在酒精的作用下，他几乎失去了控制，急于要和杨朝云说事，但他毕竟是一个有定力的人，理智很快遏制住瞬间的冲动。

夜很深了，月亮爬上了树梢，月圆人难圆。孩子们睡得很香很甜，顾祝同没有睡，杨朝云没有睡。他一支接一支烟地在房间里吞云吐雾，这对于他来说是不常见的现象。坐在床沿上的杨朝云，边缝补衣服边等他，就像往日在灯下陪伴他读书一样，只等服侍丈夫睡下，她才上床。可今天丈夫出奇的举动多多少少还是让她感觉到了一点儿什么。每次丈夫回来，都心疼她，甚至主动替她分担家务，可今儿是怎么了？他连碰她一下的勇气也没有了，她多么盼望丈夫能跟以前一样，亲一下她的额头，或者给她一个拥抱，她会温顺地依偎在他的怀里，任由他传递情感的信息，让她沐浴在爱的欢娱里。可丈夫连正眼也不瞧她一下，她隐约地感觉到有什么事要发生。

磨蹭了好一会儿，顾祝同终于开口说："朝云，自结婚以来，我常年在外，很少回来，你替我在老人面前尽孝，抚育一双儿女，真是苦了你呀，我欠你们母子的太多太多了。事到如今，我也不得不把话挑明跟你说，不知你想过没有，我作为一名军人，随时都有血洒疆场的危险，让你整日里为我提心吊胆总不是回事。我知道，作为一个女人最需要什么，你需要丈夫的温存和体贴，可这些我都不能给你，我留给你的是遥遥无期的等待，可你等来了什么呢，什么也没有，每念及此，我就觉得愧对你和孩子。"杨朝云如骨鲠在喉："祝同，你快别说了，我的心都快炸裂了，也许今天晚上你的酒喝得太多，你有不顺心的事就一股脑儿地倒出来吧，这样，或许你的心里会好受些，为妻我洗耳恭听。"顾祝同见妻子并没有会意，反倒替他难过，心里产生了一丝怜悯，几乎要放弃自己的决定，可当许文容那张灿烂的笑脸在他的眼前晃动时，他又平添了几分勇气说："朝云，虽然你为这个家付出了很多，但我还是要把你不愿意听的话说出来，可能你会很伤心，但我又不能不说。"杨朝云放下手中的针线，呆愣片刻，对丈夫说："你说吧，今晚又没外人，夫妻之间还有什么话不能说？你说出来，就是天塌下来，地陷下去，我也扛得住。"顾祝同深吸了一口烟，还在犹豫。"你今天到底是咋啦？说话半吞半吐，欲言又止，这可不像你平时的性格。”顾祝同长叹一声说：“事到如今，我也不再对你隐瞒了，我在上海爱上了一位姑娘，她长得像出水的芙蓉，又有文化，一见就让我倾心。她虽然小我十岁，可我们情投意合，我已决定娶她为妻，和她一生风雨同行。”

杨朝云不听则已，忽听丈夫说要和自己分手，脑子里轰地一响，犹如山崩地裂，茫然不知所措，直愣愣地呆在那里，如同木雕泥塑一般。泪水，伤心的泪水、委屈的泪水，一下子从眼窝里涌了出来，开始是哽咽，接着想大哭，以此来宣泄心中说不出是怨恨还有伤感的情绪。但她用右手将嘴巴紧紧捂住，没有让自己哭出声来。她怕公婆听见，她怕吵醒孩子，她怕让祖母伤心。她让伤心的泪水独自在心里流淌。婚变让她迷失了一切，这太突然了，以至于她没有一点点的精神准备，她不知道究竟该怎样对丈夫说。坦率地说，从丈夫回来后对她的冷淡，她已隐约地感到了什么，起初她只是想丈夫的地位变了，自己配不上他，没想到丈夫居然提出要和她分手。天和地在旋转，世界一下子变小了，变得容不下她了。她伏在枕头上呜呜啜泣。杨朝云毕竟出身于书香门第，受过传统道德的熏陶，她该如何面对眼前残酷的现实呢？是和他大闹一场，让他收回休妻再娶的决定？不！万万不能！她深知丈夫的脾气，一旦他认准的事情，就是九头牛也拉不回。与其夫妻反目成仇，倒不如好聚好散，那样至少留给他一点儿念想，对孩子们也有个交代。但是杨朝云心有不甘，她抱着最后的一线希望找到了堂叔顾龙田，祝同最听他的话，也许请他从中说合，事情还有回头的希望。

顾龙田感到这件事情很棘手，他把祝同叫到一边，对他说：“大侄子，古人说，家有三件宝：丑妻、薄田、破棉袄。叔叔本想劝你几句，但话又说回来，此一时彼一时嘛，现在是民国，停妻再娶也不是稀罕的事。听叔一句话，你既然爱上了许文容，我也不阻拦你，你们的婚事照办。朝云呢，也不离开顾家，我看你在大城市里置一处房子，把孩子带出去读书，朝云也好有个依靠。”“叔，我听你的，就这么办吧。”

杨朝云虽然不识多字，却是一个“三从四德”的信奉者。堂叔的话音刚落，她哽咽着说：“既然祝同执意要和我分手，我也不阻拦他，我知道自己没有文化配不上他，他也并不爱我，但古人说：好马不配双鞍，好女不嫁二夫。我决定不再嫁人，就留在顾家服侍他全家老小，和木鱼青灯做伴。我活着是顾家的人，死了也要做顾家的鬼。”听完杨朝云说出的话，顾祝同的鼻子直发酸，要不是强行克制住自己，眼泪早就跑出来了。他感激杨朝云的通情达理，答应带她和祖母到常州去住，等孩子大了，送他们到上海去读书。从此以后，杨朝云在常州的住所里腾出一间屋子做佛堂，吃斋念佛，生活仍由顾祝同照顾。战争年月，顾祝同与许文容没有多少花前月下，他在上海举行婚礼后就匆匆返回前线。

第四章　逐鹿中原　坐镇江苏

安定宇内　风云变幻

自 1928 年 8 月，平津平定后，顾祝同奉命将第九军移驻津浦沿线，并改编为第一军第二师，顾祝同担任第二师师长，驻守在蚌埠。遵照中央指示，整编部队，由三师九团缩编为三旅九团。当时第四旅旅长为楼景月，第五旅旅长黄杰，第六旅旅长柏天民，顾祝同下辖第四、六两旅，第五旅拨归其他师。

1929 年 1 月 5 日，中央召开国民党军队编遣会议，将全国分为六个编遣区。大家原则上赞成裁军，但反对过早取消总司令、总指挥名义。白崇禧甚至提出，要求自率桂军十万到新疆戍边。由于各实力派阳奉阴违，致北京裁军会议及之后的南京编遣会议无果而终。及至湘鄂之变发生，接着张学良与桂军联军，唐生智、石友三叛变，直到 1930 年的中原大战，可谓是一波未平，一波又起。

湘鄂之变起因于第四集团军桂系将领心怀二志。首发于武汉政治分会，未经中央核定，决议改组湘省府，派何键为省主席，同时调桂军第十五师夏威及五十二师叶琪部，由鄂入湘，湘省主席鲁涤平避走湘赣边区，桂军遂进入长沙。中央原希望和平解决，先派何应钦前往彻查，并明令何键暂代湘省主席，而桂系将领却积极备战，至3月中旬，桂军已先后攻占常德、桃源、岳州、咸宁、衡州、萍乡、醴陵一带，3月25日，更向英山的中央军攻击，战事迫在眉睫。

其实，早在1929年2月底，蒋介石就命令各军积极做出师准备。3月2日，正式颁布第一集团军战斗序列，自兼总司令，以何应钦为总参谋长，朱培德为前敌总指挥，下辖第一军所属第一、第二、第九等三个师，第二军所属第八、第十三等两个师，第三军所属第四、第七、第十一、第十二、第十八等五个师，以第六、第十、第四十八等三个师为总预备队，积极准备讨桂。各军开始集中，顾祝同在接到讨桂命令后，先命第六旅附机关枪一营于3月5日晚由滁州乌衣徒步开至浦口，乘轮船沿江西上，7日到安庆，向石牌镇前进，以掩护部队的集中。顾祝同率师部及第四旅，于6日由蚌埠徒步向桐城前进，10日到达合肥，15日抵达桐城，18日奉蒋介石的命令，于20日前到达太湖之间，并于25日前完成各项战斗准备。

3月26日，国民政府正式下令讨伐。在完成各项战斗准备后，顾祝同亲率主力由蚌埠徒步向桐城前进。这时，各方情势已有变化：鄂军一面以主力集中黄陂、武汉一带，诱中央军深入；一面以夏威所部占领武长路，以保其退路，何键则双方敷衍，保守中立；粤桂系各军分道出动；冯玉祥意存观望。依据新的情势，蒋介石重新调整部署，以第一路军进攻岳州，一部向长沙前进；第二路军进攻武汉，击破逆军主力；而以冯所属韩复榘部为第三路军，会攻武汉，并委任何键为第四军军长，希望其放弃逆军效顺中央军。

策略确定之后，顾祝同部奉令于3月25日开始推进，至29日已先占武穴，向罗田、麻城前进，31日推至蕲水、蔺蹊。此时，接报称武汉内部发生变化，夏威率部退出，于是顾祝同奉令向武汉急进，并于4月1日推至柳林、黄冈一带，2日到达团风。蒋介石曾亲自到团风指示机宜，同一天，夏威部旅长罗霖首率部向顾祝同投降。李明瑞也由黄陂撤至孝感，率部反正，武汉逆军开始向宜沙撤退，蒋介石命第六师一个旅接防武汉。胡宗铎、陶钧、夏威先后扬言离职，蒋介石在楚由舰接获报告，乃令第六师一个旅乘轮先赴武汉，接收房屋。5日，蒋介石进驻武汉。由于这次逆军是自动撤退，其战斗力并未消失，原准备继续攻击前进，但何键已经在湘就任第四军军长，而韩复榘在中央军占领武汉后，仍由信阳关向广水推进，居心叵测。第一军奉命集结于黄陂一带，以防非常变乱，故命令张发奎率部追击逆军。4月16日，胡宗铎由沙市电呈蒋介石，请求离军出国，部队交由中央改编，桂军各将领也通电服从中央。至此，湘鄂之变乃兵不血刃而告结束。平息桂乱后，蒋介石于5月1日返京，何应钦奉派为武汉行营主任，负责处理善后事宜。顾祝同升任第一军军长兼第二师师长。第一军初时仅辖两个师及一个独立旅，第一师师长仍由第二路总指挥刘峙兼任，独三旅旅长为李云杰，军参谋长为邹文华。

这段时间，由于中央仍决心继续实施编遣，各地方将领心怀二志，先后发生叛变。5月，冯玉祥破坏平汉、陇海路交通。南京方面褫夺冯玉祥本兼各职；9月，张发奎在宜昌叛变，率部队经湘赴桂，扬言将犯粤省；12月，石友三挟其奉命援粤之师，在浦口叛变，同时，唐生智在许昌自称护党救国军第四路军总司令，与石友三遥相呼应，并将其第八军撤回，沿平汉路南下，企图侵犯武汉，引发了豫南之役。

12月6日，唐生智致电刘峙，要其让出武汉。刘峙复电曰："如其本人欲回武汉，极表欢迎。如整军而来，只有披甲以待。"唐生智黔驴技穷，决心率部直逼武汉。然而他提拔的军师长虽然很多，但实际附逆者甚少，除第五十一师龚浩、第五十三师刘兴外，仅有骑兵旅安俊才、独立旅门炳岳及冯华堂等，所部总共不过两万余人。12 月 12 日，第二路军总指挥刘峙决心以主力开进驻马店以北地区，会合豫西各友军，以歼灭唐生智部队。14 日，蒋介石电令，在唐部以主力集结许昌、郾城之际，一部进占禹县、襄城，有断我联络、先击破豫西各友军之势。刘峙乃于 17 日亲赴前方，督令右翼军附铁甲车向驻马店搜索前进。

此时，第二路军所属四个军、一个铁甲车大队。除顾祝同的第一军外，还有蒋鼎文的第二军（辖第九师蒋鼎文、第十一师陈诚）、夏斗寅的第十三军（辖第六师赵观、第十三师夏斗寅）、杨虎城的第七军（辖第十四师杨虎城及第一、二两个游击队）与王宗尧的铁甲车大队（辖长城、云贵两个铁甲车队），而以第九、第十一及第十三等三个师为右翼军，归夏斗寅指挥，第十四师为左翼军，第一及第六两师为总预备队，积极进军讨伐。此外，在豫西的王均、杨胜治、徐源泉、王金钰、刘春荣、魏益三等各师也奉令分别从洛阳、郑州一带向许昌、临颍前进，希望歼灭唐生智部队。唐生智左翼为门炳岳，右翼为孙殿英，驻马店只有步兵一个团、宪兵两个营、两门加农炮，唐生智驻车站天主教堂。刘峙下令全线出击。各军一致行动，先后攻克确山、遂平，向泌阳前进。1 月 8 日，唐生智见众寡悬殊，无法抵挡，派彭熙同向武汉行营主任何应钦请降，经何应钦接受，并指示：一、唐之部队交刘兴统率，限十日内集中周家口；二、停止追击，追击部队进至郾城为止；三、中央军飞机第三队回武汉，以表诚意；四、唐生智本人乘飞机到汉口，由何应钦保证其安全。于是前方部队于 10 日到达郾城后，即停止追击，豫南之战亦告结束。

自编遣不成，大多数部队仍在野心军人的统领之下，每次事变，全国军队就分为中央、叛军及中立三派。至1930年二三月间，各省情势大体说来，晋、冀、察、绥四省，为阎锡山所掳；陕、甘、宁、青四省为冯玉祥所掳；桂省为李宗仁所掳；皖北及豫东、豫西为杂军、土匪所掳；苏、鲁、浙、闽、粤、赣、湘、鄂八省及豫皖两省的一部分为中央的范围。其余辽、吉、黑、热四省偏于东北，川、康、滇、黔四省偏于西南，虽名属中央，实同中立，蒙、疆及西藏更不用说了。

阎锡山乘中央军在湘鄂、豫南及两粤先后用兵疲惫的时候，自1930年2月，屡次发通电给蒋介石，危词要挟，要与冯玉祥、李宗仁、石友三等相呼应。至3月19日乃实行称兵作乱，由阎锡山自称为陆海空军总司令，而以冯、李为副，设总部于太原，任刘骥为总参谋长，分设内政、外交、财政、交通等处，与南京政府分庭抗礼。同时，另以李宗仁为第一方面军，企图进犯粤、湘两省；以鹿钟麟为第二方面军，主力集中郑州；以徐永昌为第三方面军，主力集中平津；以石友三为第四方面军，主力进取徐州、蚌埠；以樊钟秀为第八方面军，暂守许昌；其余第五、第六、第七方面军，预定请张学良、何键、刘文辉担任军长，但以后并未成功，便决定5月10日各线开始行动。为鼓励非直属部队将领，阎锡山任命石友三为山东省主席，万选才为河南省主席，孙殿英为安徽省主席。冯玉祥任命鹿钟麟为前敌总司令，张维玺部为第一路军，由陕西出紫荆关，经内乡、鲁山出平汉线；以孙良诚为第二路军，庞炳勋为第三路军，由陇海路进攻郑州；以宋哲元为第四路，孙连仲为第五路，由陕甘宁青向河南出发；以万选才为第六路军，沿陇海路向东进攻开封、归德，将各部骑兵集合成骑兵集团军，由郑大章指挥，配合步兵作战，以刘郁芳为后方总司令。阎、冯联军总兵力约七十万。

蒋介石鉴于事态严重，关系全局，乃决心加以讨伐，计划以主力集中徐州附近，先击破石友三、孙殿英等部，以孤立阎、冯的势力，另一部分集中于许昌、漯河一带，以与主力相策应，而阻止阎、冯的南犯。顾祝同所率领的第一军在豫南之战结束后，奉命自1月13日，由确山上车，输送到汉口，顾祝同也于1月15日到达汉口，随第二师赶乘轮船，转运浦口。第一师也随师东下。到达浦口后，由于当时第四十九师师长任应岐与独立第十旅旅长高桂滋在唐、石叛变时附敌有据，顾祝同奉令于2月下旬将任部所属各旅，在灵璧、泗州、蒙城一带，予以缴械改编，第一军即进驻徐州、肃县附近。

蒋介石为充实第一军实力，特抽调陆军教导队野炮八门、陆军军官学校野炮十二门、武汉要塞步兵炮六门，加入第一军战斗序列。为防止叛军南犯，顾祝同部在徐州附近构筑据点式工事，至4月底，全部构筑完成。这时，第一军所部第一师师长由徐庭瑶代理，第二师师长顾祝同兼任，第三师师长为陈继承，另辖张砺生的骑兵第二师。

蒋介石于5月1日颁布讨逆军战斗序列及攻击计划后，8日以讨逆宗旨祭奠孙中山陵寝，誓师出发。当晚抵达蚌埠，第二天进驻徐州，亲自指挥作战，并督令各军5月11日开始总攻。5月11日，双方开始大规模接触，中央军在空军配合下潮水般地涌向战场。顾祝同奉命率第一师、第三师，并附陈诚之第十一师，由陇海路正面前进，将归德、兰封一带叛军逐次击破并予以占领；第二师由单县经曹县向考城方面攻击前进，协助右翼第二十六军将窜入鲁南的叛军压迫至黄河南岸予以歼灭，而后再随主力前进。

接着，顾祝同率部由铁道线向兰封方面攻击前进，他随第二师师部行动。14日，据侦察报告，由柳河向曹县开进的叛军为万选才所部一个旅，由考城向曹县开进的为叛军刘春荣所部一个旅，都在14日午前逼近曹县附近。曹县守军为中央军第五十五师一六三旅，也归顾祝同指挥。5 月 15 日午前，第一军各部队与逆军开始接触后，探知当面逆军为晋军郭宗汾部，附有炮兵一个团和骑兵两个连。激战整日，逆军向旧考城方向退却。16、17 日，第二师与逆军刘春荣部激战于曹县。

这场战斗，第二师虽然将敌击溃，但也付出了不小的代价，仅第八团就伤亡官兵二百余人。部队本可以乘胜追击，将当面之敌一举歼灭，因右翼第二十六军没能按期到达预定位置，使刘春荣率残部与援军会合，部队只好停止追击。19 日，第二十六军击破正面之敌，敌向考城退却，顾祝同令第二师全线出击，再次与刘春荣展开血战，以其优势的火力和勇猛的攻击，终将逆军击溃。刘春荣率残部逃向考城。20 日，顾祝同旋以第六旅为右纵队，第四旅为左纵队，独立旅为预备队，向阎集攻击前进。午后，第八团攻占阎集，21 日拂晓，第二师主力继续追击，逆军郭宗汾部向李霸集、孟宪邦部向兰封溃退，孙殿英退往亳州，万选才退往归德附近。顾祝同率指挥机关进驻马庄岩，奉命围攻归德。

这时，陇海路正面各师甚少进展，睢县附近有万选才，杞县附近有冯军布防。但 20 日晚，刘茂恩因对阎、冯不满投奔中央军，蒋介石任命其为第十五军军长。21 日，刘以开会为名诱捕万选才，使万部陷于包围之中，归德为顾祝同攻破，师长万殿尊被俘，其余部队由石振清指挥突围西撤，造成阎、冯联军极大混乱，原由刘茂恩防守的宁陵、睢县、民权等地为顾祝同控制。随后，仍继续推进。由于逆军由平汉路陆续增援到达，战机乃更为紧迫。

5 月 24 日第一军奉命以主力对兰封之敌进行攻击，并以一部分兵力绕攻逆军的侧背。顾祝同以第一师攻击当面之敌，第二师攻击兰封以东地区，第三师绕攻逆军侧背，各师奋勇作战。第一师师长徐庭瑶搞来了一列中山号铁甲车与其对抗，亲率车上官兵向敌铁甲车高速撞击，企图以此一举俘获对方的铁甲车，不料，高速奔驰中的列车遭到对方炮击冲出轨道，徐庭瑶身负重伤。这令顾祝同大伤脑筋，他旋令第一旅旅长胡宗南代理第一师师长，指挥作战，而第一旅旅长则由李铁军接任。到26日止，第一军在仪封、兰封、杨楼一带构筑工事，与刘春荣、杨效欧部对峙。

5月28日，顾祝同奉命指挥由一、二、三、五四个师和教导旅四个团组成的右翼军，实施中央突破，再度发动猛烈攻击。自28日拂晓至29日上午，各师都遭到敌人的强烈抵抗。晋军挖下深沟，筑起强固工事，又用二百门大炮配合密集扫射。第二师在出击时为敌军深阔的外壕所阻，致阵亡营长一员，重伤两员，各团伤亡均达三分之一以上，总共伤亡达两千余人，是第二师从来没有过的。第一、第三师进展甚微，不得不撤回原阵地休整。5月31日，逆军向第一军阵地发起全线突袭，再度发生激战，方圆数十里枪声大作，弹飞如雨。陈继承的第三师阵地一度被逆军占领，顾祝同令第十一师派出一个团及时赴援，才将阵地恢复。鉴于战场情势，顾祝同向蒋介石提出守备阵地兵力配备要旨，获准饬令各部，除力求节约兵力，多控制预备队外，将所有兵力区分为袭击班、警卫班、预备班、休息班，轮流充值，为阵地持久作战做准备。

整个战役分为三期：第一期从6月中旬到7月5日，为交战双方迂回作战时期。顾祝同原计划以右翼军与逆军相对峙，而以左翼军向逆军采取攻势，向敌猛袭。但自6月25日起，战场形势骤然发生了变化。逆军石友三部突然将其阵地交由刘春荣接替，亲率主力绕攻第二十六军右侧背，至27日，攻陷不少阵地。蒋介石急令顾祝同派出有力部队赶去增援。虽激战三天，歼敌一部，但逆军依据城寨工事顽强抵抗，一时难以全歼。7月1日，顾祝同急调原向左翼迂回作战部队加入右翼，亲率第二师和第三师及新编第二十师赶赴战场，自 3 日开始攻击，至 5 日苦战三昼夜，大破逆军，恢复原阵地。石友三经此一战，实力丧失殆尽。

第二期自 7 月 6 日至 7 月 28 日。西北军与中央军处于对峙状态，他们在中央军当面大修防御工事。西北军的防御工事外壕高深足可以行车，而且密布地雷、鹿砦。进入 7 月，冯军以突破与牵制中央军正面兵力为目的，与沿津浦路南犯的阎军相策应，屡次向第一军阵地发动袭击，均被击溃。顾祝同奉令抽调第二师和第三师组织右翼军预备队，蒋介石将第一师及教导第三师钱大钧部划归顾祝同指挥，任命顾祝同为陇海路总预备队总指挥，控制四个师的兵力，适时应援各个战场。在这期间，第二师与第五、第八、第二十三及第四十七师等部队正面都曾与逆军发生激战，并将敌一一击退。

第三期自 7 月 29 日至 8 月 21 日。在这一期的前一阶段，阎锡山在津浦线指挥晋军攻占济南。在陇海线以南，以冯军为主，分为左、中、右三路，左翼孙良诚、吉鸿昌部进出睢县，向宁陵以北地区进攻；中路孙连仲部由太康进攻归德；右翼孙殿英部由柘城进攻马牧集，并令铁路正面的晋军、铁路以北的刘春荣部及鲁西的石友三部同时出击。郑大章的骑兵深入敌后展开活动，以宋哲元部为总预备队。8 月 6 日，冯军全线开始总攻，中路孙连仲部首先将防守河堤的中央军击溃，进至勒马集；孙殿英部亦逼近马牧集，迫使中央军左翼被迫变更阵地，向后转移。至 8 月 16 日，中央军收复济南，军心大振，敌军势力大挫。蒋介石决心把握时机，为把逆军歼灭在兰杞以东，重新进行部署。19 日，宁陵方面的逆军退却。第一军恢复到 8 月 6 日之前的态势，仍与逆军对峙；右翼方面，由于逆军被中央军抑留，几近休战状态。总结这一时期双方在陇海线的作战情况，长达百日之久，各有攻守，进退不一。中央军虽然没有重大进展，但在亳州、济南等处，却先后将逆军肃清，并集中力量，开启了而后郑洛会战的决胜之机。

在这时候，阎、冯想从政治上获得突破，拉拢一向具有野心的汪精卫，于7月13日，在北平召开扩大会议，发表总宣言。汪精卫于7月25日赶赴北平，参加会议，并召开新闻记者会。9月7日，阎锡山到达北平，9日，与汪精卫等在北平组成伪国民政府。中央除于7月17日召开中央常务委员会决议不予重视外，事实上，这一幕闹剧由于张学良宣布不参加，蒋介石决心先解决阎、冯的军事力量，使得他们的阴谋不多久即宣告破产。

9月初，蒋介石调集津浦路得胜之师投入平汉路、陇海路两线作战，为能有所突破争取全线胜利，乃在陇海路正面集结重兵，诱敌深入，实施中央突破。任命顾祝同担任中央军指挥官，指挥第二、第五、第六、第二十三等师，预期在平汉路中央军进至相当地点后，突然跃出，对敌发起攻击，一旦兰杞得手后，即向开封进击，歼灭叛军主力。

9月12日，中央军发起总攻击，中央突破军蒋鼎文部没有取得进展，但石友三部向顾祝同投降，退向黄河北岸。接着，顾祝同决定将主力转移至右翼，重新编组，分为左右两个纵队，他亲自担任右翼挺进军前敌总指挥兼右纵队指挥官，指挥第二、第三、第十二师及教导一师和野炮一营，由考城以东向开封以南地区挺进。15日开始行动，第二天已经逼近兰封，与冯部发生激战，到17日，部队已推进至大佛堂与双井一带。顾祝同奉命率第二师转移至潍县附近待命，将防务交陈调元。顾祝同于第二天率部队向潍县进发；20日又奉命亲自指挥由第二师、第三师和第三十三师合编成的第八纵队，集结于鄢陵、许田一带，为平汉路右翼军总预备队，随第一纵队之后，向中牟方面攻击前进。第三师也奉命编入顾祝同的这一纵队。

自9月20日以后，逆军事实上已经濒临崩溃的边缘，逐步后退，节次抵抗，败相已露。叛军总指挥、军师长吉鸿昌、梁冠英、张自忠等先后投降。顾祝同于21日奉蒋介石的命令，待第二十三师集中后，即率领第八纵队由洧川、长葛间向和尚桥、新郑攻击前进。23日，得到密报，陇海路正面叛军主力开始向西撤退，顾祝同严令各部队加速前进；24日，第二师第四旅迅速占领官亭车站，与叛军张维玺部发生激战；25日，第三师推进至和尚桥，其他部队也快速推进，敌军节节败退；26日，顾祝同接到蒋介石的电令，说叛军在郑州又增加三个师的兵力，向中央军猛攻，要顾祝同迅速占领新郑，袭击小李车站叛军侧背。

接到命令后，遂于午后3时起，顾祝同令第三师、第二十三师为先锋，向新郑方向猛插，途中遭到敌人拼死反击，经六、八、九旅逆袭，敌败走，但第六旅伤亡惨烈，几无完整建制。29日，顾祝同亲率指挥部及第二师进至岗川府。30日，据报兰封、杞县、通许、尉氏一带叛军西撤，第十一师也已占领洧川城。顾祝同命二十三师迅速肃清二郎店附近之敌，以第二师主力协助第三师向新郑车站攻击，随战况发展向新郑推进。10月1日，第八纵队当面之敌仍据守顽抗；2日拂晓，顾祝同命令各部队不惜一切代价猛攻，激战至第二天中午，第二师击溃官亭站方面叛军，第二十三师击溃二郎店方面叛军；3日，第三师攻克小李庄，第二十三师乘胜追击叛军，占领范庄，主力协同第二、第三师向新郑攻击。至午后6时，第二十三师拿下新郑车站。4日，敌张维玺部集结于新郑及其以北地区，开始向西北鼠窜。为歼灭这股叛军，顾祝同令第二、第三两师，除以一部围攻新郑外，其余分路截击西窜叛军。5日午后，新郑以北地区敌数万人陷入顾祝同第四、第九两旅的重重包围。6日，新郑东北敌王云山部全部被歼。7日，叛军吉鸿昌部向顾祝同投降，张维玺也要求收编。8日，新郑完全被顾祝同控制，叛军大部缴械，此役被围缴械叛军五万余人，平汉路沿线之敌全部肃清。

这时，郑州已于10月6日，先期为中央军收复。18日，又攻克洛阳。至此，黄河南岸的逆军均已肃清。蒋介石随即做出新的追击部署，将中央军分成四路追击阎、冯残部，派何应钦为郑州行营主任，主持中原军事善后事宜后，即于10月9日先返南京。顾祝同担负第四路军总指挥，于10月8日开始对阎、冯残部的追击行动。当时黄河船舶都被叛军在渡河后扣留北岸，叛军隔河警戒，船只征集几无可能，因此，渡河追击困难重重。于是，顾祝同命令第二师集结黄岗寺、卧龙岗，第三师集结十里堡一带，待命前进。及至洛阳收复，杨虎城所部奉令追击叛军宋哲元、魏凤楼残部，顾祝同才率部徒步向洛阳前进，以策应杨虎城部西进。18日，顾祝同奉命担任洛阳行营主任，第二、第三两师于21、22两日，先后到达洛阳，顾祝同进驻洛阳，指挥洛阳以西军事进展。

10月25日，杨虎城所部第七军攻克潼关后，宋哲元残部万余人向朝邑逃窜，顾祝同命冯钦哉师追击；28日，冯师占领朝邑、同州，马青苑旅进抵临潼，西安城防司令出城请降；29日下午，马青苑旅进入西安，西北军向河北逃窜，遭遇中央军第十军截击，消灭殆尽。杨虎城部于11月1日进抵西安后，顾祝同奉令将洛阳行营移驻潼关，改称潼关行营，第四路军各部队进驻临潼、潼关、华阴一带。

11月4日，阎锡山、冯玉祥致电张学良，声明释权归田。张学良于8日抵达天津，汪精卫也于8日由北平至天津，准备出国。张学良于12日抵南京，晋谒蒋介石，中原大战至此即告完全结束。

1930年11月18日，国民党在南京召开四中全会，因行政院长谭延闿中风逝世，推举蒋介石为国民政府主席兼行政院长。至此，中枢军政事宜，既告安定。这年冬，蒋介石以江西共产党势力不断壮大，于12月初前往南昌召开“剿共”军事会议，部署对红军的

“围剿”。何应钦也返回南京，顾祝同被委以潼关行营主任，全权处理中原军事善后及西北边陲开发的事宜。

顾祝同于 1930 年 11 月进驻潼关，指挥杨虎城部队入驻西安，国民党政府又调动马鸿宝部由宁夏入驻甘肃，并分别任命杨虎城、马鸿宝为陕西、甘肃两省主席。顾祝同为巩固西北防务又建议于 12 月中旬，调其所部的第二师及陈继承、杨胜治两师进驻甘肃，以安定西北军政。

陕、甘、宁及青海等省原为大清协饷省份，土地贫瘠，民不聊生，各地税收支应地方政府的费用入不敷出，自然更是谈不上经济建设。据当时的资料显示，1929 年甘肃省年收入总额不过六十五万银圆，而其中大部分靠特种税收入，其他设省较晚的省份，财政收入更少得可怜。西北地方回汉杂居，民风剽悍，治理起来比较棘手。多年来，国内战乱连年，在北洋政府时代，几乎把西北当作化外之地，纵然是政府任命的封疆大吏，还要看地方眼色行事，看其能否在地方势力中搞平衡，才予以委任，从来都没有虑及过开发边疆、建设边疆、安定民生与发展国家建设的问题。自从民国政府定都南京后，受大势所趋，西北各省虽望风归附，但对中央政令的执行仍然观望不前。于是，瞻顾全局，乃命令顾祝同从经营西北出发，先从安抚边民着手，进而促进地方建设，巩固西北边防。

顾祝同自奉命后，根据西北各省的情形，认定需要从增进中央与地方之间的了解入手。因此，顾祝同在驻守潼关的短短几个月里，经常往返于洛阳、潼关、临潼与西安之间，到贫苦百姓家中访贫问苦，拜访当地有识之士，征求他们对地方建设的意见，确定应兴应革事项，斟酌缓急，随时呈报给中央裁定。对地方发生的事情，也本着公开透明、开诚布公、明断是非的原则，以争取地方对中央的信任，更注重严肃军纪，勤宣德化，遥树声威。顾祝同处理西北某大员内侄杀人越货一案就是一个明显的例子。一天，某大员的内侄带着一个班的士兵假扮土匪，劫掠了山西商人的一批财物，还开枪打死了两个人。顾祝同接到商人的控告，认为这件事非同小可，事关军队声誉，必须查清案情，严惩盗贼。于是，他不露声色地派人暗中查访。经十余天的调查，案情终于真相大白。原来这起杀人抢劫案系某大员的内侄所为，他在其姑父的部队里当营长，侦察到有一名晋商驮运一批珠宝从山下经过，陡生歹念，安排一个班的士兵化妆成土匪，劫掠了这批财物。当凶手被顾祝同抓捕归案时，他的姑姑在这位大员面前是又哭又闹，逼着他去向顾祝同要人。别看这个省主席称霸一方，威风八面，可是个“妻管严”。在接到夫人的指令后，还真的驱车到潼关，跟顾祝同要人。他要顾祝同看在同僚的分儿上，放他内侄一条生路。说完，便将十根金条送到顾祝同的办公桌上。顾祝同马上收住了笑脸，正颜厉色地说：“请你自重，眼下西北初定，人心不稳，各方面都需要我们去安抚，唤起他们对国家的忠诚，可你的内侄藐视法律，杀人越货，犯下这等弥天大罪，你让我怎么为你开脱？自古道，杀人偿命，欠债还钱。我想这个简单的道理你应该明白，我若为你内侄开脱罪责，不仅国军声誉扫地，西北的父老乡亲也不会答应！”说着，他将十根金条推了回去。见顾祝同不给面子，这位大员顿生怒火，愤恨地说：“顾墨三，你太过分了，没进山门杀和尚，我装着孙子来求你，你不但不给我半点儿面子，还讲这么一大堆废话。我问你，你眼里还有我这个省主席吗？告诉你，在我这一亩三分地上还容不得你撒野，咱们骑驴看唱本——走着瞧！”顾祝同也不甘示弱地说：“公归公，私归私，你是明白人，我既然把话都说到了这个份儿上，你想怎么样请自便，送客！”

第二天，顾祝同在事发地召开公审大会，将凶犯明正典刑。听说要枪毙省主席的内侄，人们不敢相信这是事实——历朝历代都是官官相护，哪有当官的向着百姓？好奇的百姓从四面八方涌了过来，挤得黑压压的一大片，都踮着脚，伸长脖子看热闹。随着一声枪响，罪犯扑通倒地。那位商人被抢财物如数发还。商人含泪长跪不起，连连作揖："青天大老爷啊，这让我如何感激你才好啊！"顾祝同弯腰将老人扶起，说："老人家，莫要这样，莫要这样，我既担封疆之责，就当扶正祛邪，主持公道。"

国民党中央也在这一时期，先后派遣了马文车、杨劲之、刘秉粹等到甘、宁、青等省视察，使得国民党中央的政策更可以深入西北边陲。西北各省首长，也先后来潼关与顾祝同面谈，信使频繁地往返。此外，陇海铁路原先只通过河南、云贵，中原大战期间遭到严重破坏，亟待修复，而陕、甘交通一向依靠驿站运输，顾祝同要开发西北交通又谈何容易？因此，在中央军到达以后，首先想尽其余力扫清平汉路沿线的障碍，以维护西北的交通畅通无阻，如此，打通西北与内地的联系，促进西北与内地的经贸往来，发展地方经济，改善西北民众的生产生活条件。

于是，顾祝同指挥潼关行营管辖的部队在三秦大地上掀起交通建设的热潮。顾祝同于军务繁忙之余也经常深入连队视察施工现场，有一次差点儿丢了性命。当时，蒋鼎文的第九师驻在洛阳，顾祝同为了与蒋鼎文商量军事部署，由潼关前往洛阳，回程返潼关的时候，铁甲车司令蒋锄欧派了一辆铁甲车护送他回驻地。铁甲车是运输与作战两用的交通工具，平时常作为铁道沿线的专车使用，既轻便又快捷，安全可靠。这天，顾祝同乘坐的铁甲车只有一节车厢，车上仅有他和几位幕僚以及卫兵。铁甲车驶进了观音堂站，这是洛阳与潼关之间的中转站，也是陇海路沿线的最高点，过此站后便全是下坡路，行车速度必须降低才安全，因为司机对这段路况不熟悉，在车过观音堂时并没有减速行驶，铁甲车越跑越快，车身颠簸得厉害，完全失去了控制。此时，司机既不敢停车，又不敢刹车，害怕反而会导致倾覆。坐在车上的所有人都惊慌失措，唯有用双手紧紧地抓住车上的护栏听其自然，就这样一直冲出去九十多里路。当飞速行驶的铁甲车抵进峡州车站时，站上的人看到铁甲车直冲而来，明知无法阻拦，只得扳开车闸，任其向前冲去，又行驶了十余华里，地势逐渐平坦起来，铁甲车才慢慢地停了下来。车上的人无不感到经历了一次生关死劫。大家下车休息，然后才缓缓开启返回潼关。

1931 年初，国内大体已趋于统一。国民党中央为实现孙中山遗嘱，决定 1931 年 5 月 5 日在南京召开国民会议，制定、颁布训政时期约法，以扩大政府在民众中的基础。但胡汉民因与蒋介石政见不合，愤然辞去立法院院长一职。蒋介石为避免影响党内团结，竭力挽留胡汉民在南京。也正是由于这一举措，使得反对蒋介石的人获得借口，于是汪精卫、孙科、陈济棠等在广州成立“中央执监委员非常会议”及“军政府”，要求蒋介石下野。蒋介石在国民会议结束，颁布训政时期约法后，一面劝说孙科等人以国家民族利益为重，共谋和平，一面调动军队开往湖南，以阻止广西部队已经开始的攻势。顾祝同奉命率部自潼关回郑州，再由津浦路南下至蒲口，然后经船运到汉口进驻长沙。大约 5 月在南京逗留期间，蒋介石携顾祝同前往探视冯轶裴。冯轶裴因盲肠炎住院治疗，情况很不妙。在返回途中，蒋介石即命令顾祝同接替冯轶裴的警卫军军长职务，由贺国光任宪兵司令。当时的警卫军聘请德国顾问，吸取第一次世界大战的经验，从事新式训练，作为整军的示范。

顾祝同接任警卫军军长不久，就发生石友三叛变。石友三原为皖军余孽，在过去历次的战乱中都见风使舵，极不可靠。正值两广孕育风暴、蒋介石应付时局时，石友三以为时机来临，通电支持两广，于7月20日起开始行动，扣留平汉路车辆，准备起事响应。幸好张学良拥护中央，派兵出击。顾祝同奉派为讨逆总指挥，由南京赶往汉口，率第一、第二、第三师部队，经由平汉路北上，与张学良的部队对石友三形成南北两路钳形攻势。中央军大兵压境，进抵河北辛店、束鹿一带，石友三见势单力孤，命令部队退往山东边境地区，8月8日，在德州通电下野。

赈灾济民的苏省父母官

1931年，日本人借口中村大佐失踪，发动了“九一八事变”，一夜之间，遂使东北的情势发生了激烈的变化，整个东三省也就在极短的时间，完全沦入日军控制。

东北形势严峻，蒋介石一面函请国联出面干涉东北事件，以阻止日军进一步的行动，一面对两广的变动采取妥协态度，派蔡元培、张继等赴粤商谈和平。至10月中旬，和平谈判已告成熟，汪精卫、孙科、李文芜等人于10月21日由粤到沪，与南京方面代表继续商谈，达成协议。接着，国民党第四次国民代表大会分别在南京、广州两地举行，至12月15日，由中央常务委员会决议，准许蒋介石辞去国民政府主席、行政院长及陆海空军总司令本兼各职，选任林森为国民政府主席，孙科为行政院长，并同时改组各院部主官，均于1932年元旦宣誓就职。

在下野之前，蒋介石改组了江苏、浙江等四省省政府，并将顾祝同调任江苏省政府主席，警卫军军长职务交由张治中接替，至12月18日，顾祝同由南京前往镇江，接掌江苏省政。在征求各方面意见后，他对省政府进行改组。以赵启騄为委员兼民政厅长，舒石父为委员兼财政厅长，程天放为委员兼教育厅长，董修甲为委员兼建设厅长，何玉书为委员兼实业厅长，罗良铿、李明扬、王柏龄为委员，金体乾任秘书长。并于 12 月 18 日在镇江省政府礼堂举行就职典礼，国民党中央派邵力子监交，国府派江苏高等法院院长林彪授印。程天放坚辞教育厅长一职，未参与就职典礼，之后经行政院决议改派周佛海为委员兼教育厅长。

省政府组成后，顾祝同以苏省人士出任主席，深恐各方友好投效谋差，甚至借口造谣，生出是非，特在报刊上刊登启事："祝同奉命接掌苏政，适值水灾惨重、国难临头之际，任重时艰，深虑陨越，用人悉秉至公，政费力求撙节，所有府内人员，大率仍旧，以资熟手，现已部署就绪，限于经费，延揽未周，私衷甚歉，各方旧雨新交，幸勿远道贲临，徒劳跋涉！"

1 月 27 日，顾祝同又举行记者招待会，发表谈话，他说："苏省以地域关系，政治较有秩序，益以历届主持得人，成绩卓然，规模完整，故余接事后，只就前界之施政计划，何者应继续完成，何者应酌情改变，就事实与能力之可能，实事求是。余素抱从政不在多言，所以不愿照例发表空头支票之施政方针，以免将来在事实上发生不实之弊。考察过去颁布之施政计划，多因水灾与时局之影响，限于事实与财力，未能实行，现正与各厅做周密考虑，详细讨论，审其急需而易举之要端，切实施行。不过，当此内忧外患交相煎逼之际，无论中央与地方之政治进行，均不免多所阻滞，此为整个之国家问题，国家政治无充分力量，地方政治当然亦难于尽达民望。总之，个人在政一日，决努力一日，期上无负中央之重托，下有以符民众之殷望也。"并就教育经费与运河复堤工程问题，向记者进行了具体说明。

中央政府自改组后，失去了领导核心，而日军侵略东北的行径更加肆无忌惮，锦州沦陷，华北危急。国民党中央党政领导人士，都感到非请蒋介石复职，难以援救当时的危机。基于这一情势的需要，国民党中央政治会议乃于1月2日召开紧急会议，决议邀请蒋介石入主南京，肩负起国家民族的重任。25日汪精卫接替孙科行政院长职务，国民党中央大局乃趋于稳定。

顾祝同在上任之初遭遇了两大难题：一是1931年的那场百年不遇的洪水，使江北运河河堤崩溃，整个苏北低洼地区变成了一片泽国。顾祝同当时正好率部由潼关一带南调浦口，沿津浦路南下时，目睹江北运河河堤崩溃，铁路两侧灾民拥塞于道，衣衫褴褛，肤色蜡黄，其状惨不忍睹。另外1932年1月20日，上海日本人借口日本僧侣被害，纵火焚烧三友纺织厂，引发了“一·二八”事件，日军突袭国民政府上海驻军，强占闸北，京沪卫戍司令蒋光鼐积极抵抗日军，十九路军蔡廷锴部奋起抗日，战事一发而不可收。国民政府于30日发表宣言，迁洛阳办公。蒋介石调八十八师俞济时部增援上海，经过一个多月的激烈战斗，国军于3月3日撤出吴淞。经国际联盟和英国公使出面斡旋，直到5月5日才正式签订上海停战协定，沪战乃告一段落。由于战役发生在上海附近，邻近上海的江苏县份遭到严重的破坏，屋宇田舍被毁，人民流离失所，更是触目惊心。

面对天灾人祸，顾祝同召集省府委员会商救灾应急方案。会上，大家七嘴八舌，纷纷建言献策。财政厅厅长舒石父说：“前主席叶楚伧在卸任前已募集面粉一万二千袋，其中，苏锡面粉厂六千袋，南京三叉河面粉厂三千袋，镇江面粉厂两千袋，泰县面粉厂一千袋，可先应急处理。”李明扬说：“这些都是活命粮，要根据受灾的程度拨付，还要派出得力人下去监管，以防个别不检点的地方官员截留私分。”顾祝同仔细地听完每个人的发言说：“大家讲得很有道理，眼下正值岁暮天寒，饥民嗷嗷待食，救灾刻不容缓。除泰县面粉厂所捐面粉着县府就近发放外，其余都运往江北，各慈善团体募捐的棉衣棉被以及食物，也要尽快督促各县发放到灾民手中，不得从中分肥，违者严惩不贷。”

救灾粮款发放一个月之后，顾祝同带着省府随员去江北暗访，落实到位情况。在兴化县查访时，他发现一个村庄竟饿死二十余人，泪水一下子涌出了眼眶。他站在一处土墩上对围拢过来的灾民说：“各位父老乡亲，在大灾面前，我的心情和诸位一样沉重。目前，我们正想方设法募集钱粮，帮助大家渡过难关，力争不饿死一个人。可我这个省主席没当好啊，在省府的救灾粮款发放这么多天后，居然还出现饿死人现象，他们都有妻儿老小、父母兄妹啊！我想，如果这批救灾粮能及时发放到他们的手中，这些人也不至于饿死。人命关天哪！据乡亲们反映，县长华振竟然将灾民的活命粮截留私分，这笔账一定要清算！我会给死者一个交代。作为省主席，我用人不当，疏于督察，致使乡亲们受苦受难，在这里我向大家谢罪了。”说完，他低下头，向在场的人深深地鞠了一躬。离开了灾民，顾祝同带着随员来到县府，当面责问县长华振：“省府拨付的救灾钱粮都到哪里去了？”华振支支吾吾，早吓得尿湿了裤子。顾祝同气得脸色铁青，大喝一声：“来人，将这个贪官给我绑了！”华振像一摊泥似的跪在地上，心里直叫苦，原想这些救济钱粮贪了不会有事，省府管不到这儿，想不到栽到顾主席的手里，这回算是全完了。随后，顾祝同又查出邳县县长彭国彦、阜宁县县长洪紬元、奉贤县县长沈清尘等县长贪污事实，经羁押侦讯，依法处理。在一次由各县县长参加的省府会议上，顾祝同痛心地说：“无论做人做官都要有良知。良知每个人都有，尤其是做官的人，因为大家自小就受过教育，而付诸实践却很令人痛苦、犹豫、徘徊、举棋不定，因为良知是虚无的，是存于胸中律己的条条框框。邪恶可以被良知禁锢、打败，良知也可能被邪恶替代、淹没。不过，在有操守的人那里，他们对良知的坚守就像是在狂风满天里点亮一盏没有风罩的小油灯，在飞沙走石中呵护一株幼苗，在滔滔洪流中逆水行舟，在冰天雪地里怀揣一颗火热的心，在人欲泛滥的媚俗时代有一副古道热肠，在天崩地裂时抬起头颅直起腰杆，在真理、道义、荣誉、法纪、廉耻面前竖起一面问心无愧的旗帜，希望各位好自为之。”可谓语重心长。

次年春，顾祝同又向南京水灾救济会申请增拨一批小麦发往灾区，让灾民们修缮田舍，恢复生产。对于战区救济，自上海停战会议揭幕，顾祝同就在3月18日召开的省府会议中，决定组成一个江苏省战区救济委员会，吸收地方人士参加，会同上海市政府办理救济事宜。该委员会于3月28日成立，战区救济委员会公推顾祝同、韩国钧、史量才、朱庆澜、穆耕初、唐文治、杜月笙等人以及省府各厅厅长为常务委员，建立上海办事处。一面呈请南京发行救济公债，指拨专款，商借美麦，并向四行筹垫部分现款以应急需；一面邀请海内外人士捐款救济。当时预期急赈以三个月为限，而后则以扶植灾区发展生产为主。5月初，顾祝同偕建设厅长董修甲，前往受灾最重的嘉定、太仓、宝山三县视察实际受灾情形，决定豁免三县土地赋税一年，省税部分由民政厅与财政厅长办理，国税部分呈报南京实施，至此，战区受灾各地，乃能在短期获得恢复与发展。

复堤运河　疏导淮河

江北运河原有归江、归海各坝，旨在调节运河水位。1931年夏天，洪水来临，长江大水，淮泗暴涨，运河以西各地的庄稼都淹没在水中，高邮御码头水位达到开坝标志，运西灾民纷纷要求开坝放水，但运东灾民认为开坝后，运河之水入江既不可能，入海早已阻塞，势必让里下河地区为害甚烈，因此，组织成千上万的人护坝，阻止开坝。7 月 11 日晚，狂风暴雨陡降，运河巨浪滔天，从高邮到邵伯运河堤岸溃决千余公尺，急流狂泻，下游一片汪洋，人民生命财产损失不计其数。

当时建设厅长孙鸿哲、江北运河工程局长茅以升都引咎辞职，叶楚伦主席也自请处分，并邀请韩国钧及地方人士商讨善后事宜，决定成立江北运河复堤工程处，请韩国钧任处长，沈百先继任建设厅长。商讨的结果是，韩国钧协办复堤工程，并决定将运河复堤工程分三期施工。第一期断流，计划于年底前完成；第二期为复堤，计划于 1932 年 4 月竣工；第三期工程为合龙，计划于 1932 年 6 月底汛期到来前竣工。叶楚伦在初步申请款项及募捐到位后，顾祝同到任前，就督促第一期工程于 1931 年 10 月 1 日开工。顾祝同深知，运河复堤对苏北人民是何等的重要，他除了嘱咐建设厅长董修甲先到工地了解情况外，还约请韩国钧到省政府面谈，了解到第一期工程尚没有完成。韩国钧向顾祝同建议，运河复堤必须有相关县的县长及地方行政人员协助，方能保证工程进度与质量。建议省府成立一个独立的机构，由省主席兼任主官，才能促使地方遵行，于是决定成立江北运河善后工程委员会，由顾祝同兼任主任委员，韩国钧为副主任委员，原有复堤工程处改组为运工会扬州工程处，仍由韩国钧兼处长。顾祝同一面请韩国钧严格督促施工人员限期完工，一面向南京申请拨付工程经费，终于在 2 月中旬完成第一期断流工程。

第二期主要工程有将军楼、御码头、万寿宫、馆驿前、南大王庙及来圣庵六处，以将军楼工程为最巨，万寿宫次之。在施工期间，曾遭遇三项严重困难：一是将军楼决口地方，底层尽是砂石淤泥，浮而不实，经沉箱试验，沉下去时间不长就被浮土移走，必须先将浮土挖去，此一难题，绝非人工所能解决。于是，顾祝同派人从上海英租界工务局租借挖泥船把淤泥挖走，工程才顺利进展。二是来圣庵决口虽然不大，但一再修复一再倒塌，请地质专家实地勘测，找到问题的症结，原来是因为地层下陷所致，遂筑成内外两埝把水抽干，在底层打下排桩，再以钢筋水泥浇灌，然后堆积土石才能修复。三是如此巨大的工程需要大量石料，而江北无山无石可采，过去施工都是采自皖北老子山，这次需要的量大，开采的石料多，当地一些无赖以如此大量开采破坏风水为由，横加阻拦。顾祝同立即派员持着他的信函去皖省交涉，并答应给予补偿，才能继续采运，以供工程需要。

1932 年 5 月，复堤工程接近尾声时，韩国钧邀请顾祝同前去视察。于是，顾祝同在韩国钧陪同下，携工程管理人员和地方人士乘专轮前往邵伯视察，先来到南大王庙、馆驿前、万寿宫等决口处仔细查看，晚上投宿在马乔卿家，第二天再到将军楼、御码头决口处视察，下午返回马家，听取工程技术人员和地方人士汇报，顾祝同决定将工程延期至 7 月 15 日完工。返回省府后，在省府召开的专题会议上，表决通过江北运河工程局组织规程，以为堤工完成后常设机构，负责运河堤埝的修护、通海各港的疏浚事宜，并规定工程局下设江都、高邮、淮邳三段工程事务所，另设评议会，聘请地方有声威的人担任评议员，以备工程咨询，报请南京行政院备案，并请派徐鼎康为局长，在工程局未成立前，先令上游淮阴、淮安、宝应三县组成夏季防汛联合会，督导办理上游地段抗洪防汛事宜。该项复堤工程全部预算总计四百万元。虽经顾祝同一再努力，国民政府拨款和地方募集加起来还不足六七十万元，后经顾祝同继续动员省内富商巨贾捐款、组织省府募捐委员会到上海筹措，终使江苏省这一空前的灾后复堤工程提前竣工，工程局也于7月1日正式成立。

不过，原定7月15日完成的堤工，其后因为种种关系，延期一个月才能完工。顾祝同为慎重起见，特申请南京政府指派庄菘甫为接收委员，组成接收委员会，对运河复堤工程进行验收。顾祝同于8月18日，在省府召开运河工程结束会议，运河工程委员会也于8月底结束所有事宜，交由江北运河工程局办理，于是，运河复堤工程乃告圆满完成。

导淮工程并不是江苏省府主办，而是由中央直接办理，但与江苏省民众利害攸关。淮河流入江苏境内，原经淮阴等县东流入海。自黄河夺淮后，迫使淮河之水改道注入长江，而入江水道并不畅通，以致每年春夏水涨季节，洪水泛滥，这也正是1921年和1931年这两年苏北水灾严重的原因。中央考虑到这一点，于1929年7月，国民政府成立导淮委员会，由蒋介石自兼委员长，陈果夫为副委员长。原计划工程总造价四千九百万元，五年时间完工，后来因为运河复堤，工程人员多被借调，又值沪战爆发，经费陷于困顿。1932年才恢复动工，先疏浚涟水县至陈家港套子口一段三十华里的入海水道。当时，各方人士对导淮工程究竟应该将淮河水疏导入海还是入江，争论不一，尤其是陈果夫到任后，认为入海工程难度较大，入江比较容易，于是，变更计划，将淮河水改道入江。

这一方案出台后，江苏省舆论大哗，因为洪泽湖湖底淤积，已与平地一般高，如果导入淮水，一旦洪水来临，苏北平原又将遭受1931年的大水灾。因此，在1931年11月，顾祝同立即召开全省建设会议，拟订江海分流方案，上报给导淮委员会，导淮委员会采纳了这一方案，先修筑码头、顺河、高良三坝，再疏浚由洪泽湖至清江浦码头镇之间的张福河，导水入江。第二年8月，惊闻黄河在河南与山东境内决口，河水由河南流入微山湖，向南倾泻直下，运河沿线各县告急。顾祝同一面电请蒋介石转令河南、山东两省防堵，一面派省府委员李明扬率第十二区专员余念善沿河向河南境内勘察各地情形，就地督促各县防堵，并拨出专款给沿运河各县加固堤防，确保安全。9月初，李、余二人先后返省，获知黄河水已退，李明扬曾亲自到兰封、考城，沿黄河南岸大堤徒步考察，只有考城受灾严重。由此可见，导淮工程张福河疏浚完工，淮水先泄，黄河水未至，所以江苏省才能幸免于难，不致成灾。

整理财政　革新行政

江苏省的财政，在1930年度（1930年7月—1931年6月）就已经亏空七百万元，至1931年上半年，又增亏欠至一千二百万元，估计至年度终了时，亏空两千多万元以上。预计1932年度的收入，比较稳定的仅有田赋一项，加上其他零星收入，全年不过七百余万元，除去堤工等借款和军事垫支款外，所剩不足三百万元，以此维持省政府全年的省政支出，根本不可能。基于此，6月18日，顾祝同去南京行政院，同汪精卫晤谈江苏省财政整理计划。两人商定暂从整理营业税入手。7月6日，顾祝同又带着修订后的营业税税率新章进京，征得中央政府同意，在江苏省颁布实施。

7月15日，顾祝同在省府召集商联会委员开会，说明江苏近年财政困难情况，强调国家工业尚不发达，政府收入来源不外乎农商两条途径，而江苏田赋附加之重高于全国，如再增农民负担，会促使农村破产。商业方面唯有营业税为大宗，过去忽视了这方面的税种，征收不尽如人意，如加以整顿，靠政府的力量显然不能达到预期目的。因此，原有试办特种营业税计划，明知其性质类似厘金，容易产生流弊，所以迟迟没有开征。目前唯一途径，只有整理营业税。如能抓出成效，每年可增收八百万元，省府的困难将大为缓解。营业税税率调整之后，除由省财政厅实施外，还望各位商联会委员尽力协助政府做好民众的解释工作，使营业税的征收能如愿实施，以维持下年度省政不致陷于停顿。在商联委员全力支持下，省府下一年的预算很快于 8 月编制完成，提交 9 月 2 日省府会议通过实施。为节省开支，全省公务员薪金遵中央指示，简任八折，荐任八五折，委任百元以上九折，八十元至一百元九五折，不满八十元不折，依次发放，以共渡难关，维持政务。

为了解决省府机构臃肿、人浮于事、办事效率不高的弊端，顾祝同又腾出手来进行行政革新。首先在 1932 年底，将省实业厅予以裁并，其业务交由建设厅接办。1933 年 1 月下旬，决定进一步紧缩省县编制，裁减冗员，提高行政效率。经 1 月 24 日的省府会议通过，核定省府编制大纲，秘书处由四科改为两科，民政厅由六科改为四科，其余财政、教育、建设三厅均改为三科，从 2 月 1 日开始实施。总计裁减三百余人，每月节约经费三万余元。同一天，通过县政府组织通则，规定各县公安、财政、建设、教育四局撤归县政府设科办理，县教育经费非在每年十二万元以上，不得设局，警察机构也以设所为原则，非必要不得设局。

第二，建立合署办公与行政督察专员制度。合署办公并非顾祝同首先提出，而是杨永泰在武汉行营所提出的。即在省府内设置总办公厅一处，省主席与各厅、处长或主任秘书，每周择日集中办公，革除过去各自为政的弊端，达到事权集中，减少互相推诿扯皮现象，获得立竿见影效果。1月24日，省府通过总办公厅办事细则十四条，规定凡重要命令均以主席名义由主管厅处长付诸执行；遇到重要事项必由厅、处先提出讨论意见再决定办理。这个制度，其实与今天在台湾盛行的早餐汇报异曲同工。关于行政监察专员制度，拟议于1932年5月。省府本身政务繁杂，还要承担六十一个县的监督责任，根本力不从心，何况水灾、沪战的善后早已把省府仅有的工作人员搞得疲惫不堪，对一般地方行政，实际上已无力顾及。经过缜密考虑，顾祝同在省府会议上通过了行政监督区署暂行组织规程，将全省分为十五个行政区，每区设行政监督一员，领导该区各县县长，秉承省府及各厅处之命，对管区各县有指挥监督之权，同时可以指挥区内警察和保安团，以适应治安需要。这一办法通过后，因为当时财政困难，增设机构既不可能，又遭到一些人的强烈反对，认为此举有悖于训政时期地方制度和组织法的规定，而未能立即付诸实施。直到1933年3月浙江省推行地方自治，依照南昌行营和内政部规定，设置行政督察专员，江苏才将全省划为十三个行政督察区，设行政督察专员公署。同时公布各区行政督察专员公署办事规程十八条，规定行政督察专员简任待遇，兼领各区首县县长及区保安分处处长，奉省主席及各厅处之命，负责指挥监督区内各县推行政令、县政考核、剿办盗匪、地方保安及各区与各县关联事件，并可以调遣各县警察和保安团团队，执行剿缉和清乡任务；对区内各县县长之命令或处分，认为违法或失当时，可以呈请省府或主管厅处停止或撤销，必要时甚至可以先行停止或撤销。

此外，顾祝同还试办一个实验县制度，即将江宁县划为自治实验县，委任中央陆军军官学校政治系主任梅思平为县长。这是依据中央指示，与中央政治学校洽商决定办理的。当时中央政治学校是由党务学校改组成立的，隶属于中国国民党中央委员会，校长由蒋介石兼任，以养成国家政治干部为主要目的，与中央陆军军官学校并称，为培育文武干部的最高学府。学校第一期学生于 1928 年入学，1932 年毕业，第二期于 1933 年毕业；中央为使该校毕业生能获得实习机会，从而做理论与实际配合的研究，于是做出先在江苏省成立实验县的指示。江苏省府依据这一指示，划江宁县为实验县，所有该县中层以上干部均由中央政校第一、二期的毕业生担任，规定该县的一切设施，可以自行订定单行规章，报省府核准备案即可。自此，江宁县施政，事实上乃划出了江苏省行政系统之外，所以江苏省实施行政督察专员制度时，并没有将江宁县列入其内。该县由于临近首都，县级干部素养较高，又多具有政治理想，因此，对江宁的治理颇见成效。之后，浙江省也于 9 月划兰豁县为实验县，委任中央政校系主任胡次威为县长，推行也很有成效。

江苏的治理刚理出点儿头绪，顾祝同就被卷进一件案子当中，弄得差点儿丢官。“一·二八”沪战爆发后，顾祝同奉命戒严，成立戒严司令部。《江声日报》记者刘煜生因与共产党人频繁接触，组织工会，鼓动车夫罢工，被第十七军第二师政治部拿办后具保释放。沪战发生后，刘煜生在《江声日报》副刊《铁犁》上陆续发表《党》《下司须知》《边声》《端午节》等小说，以描写社会生活影射批评国民党政府。“咱们祖国的兵向左边退下，自然右边上来的是敌人，地上泛起一片红潮。”“奴隶们斗争吧！时代已飞卷起狂涛，一切旧的马上就会冲倒，时代已敲撞起丧钟，旧的一切，眼前就要葬送，奴隶们斗争吧！”当时，江苏省经历水灾和沪战后，社会动荡，人心不稳，顾祝同担心他策划起事，便令省公安局秘密传唤刘煜生到案，移送戒严司令部审讯。此事引起省会及京沪新闻媒体的激烈反对，大肆渲染，说刘被拘捕是民政厅长赵启騄公报私仇，原因是刘煜生在《江声日报》多次发表文章，揭露赵的恶行，赵才以此报复。之后，监察院派调查科员到镇江调查，省府秘书处不肯配合，拒绝调阅卷宗，因而调查科的人被激怒，当日返回南京，监察院以影响监察权行使为名，由刘莪青、田炯锦提案弹劾，审查成立。一面咨请行政院令江苏省府将刘案卷宗移送法院，一面呈请国民政府严惩顾祝同。接到行政院命令，顾祝同立即将案情经过呈报南京，因该案是按照军法程序，由戒严司令部依法审讯，按危害民国紧急治罪条例判处死刑，呈报军事委员会核准执行枪决。顾祝同于定案后曾亲赴上海，向行政院代院长宋子文当面说明情况。

而监察院对刘案紧抓不放，1933 年 7 月先以民政厅长赵启騄卖官、非法拘捕县长，审查成立，予以弹劾；接着在 8 月由监察委员李梦庚提案，以赵启騄违法任用张鹏，藐视法令，再予弹劾；9 月中旬再由监察委员曾道提案，弹劾顾祝同违法乱纪，蔑视官常，对赵启騄所作所为，事前不加纠正，事后袒护包庇，应给予惩戒。顾祝同见事态越来越严重，觉得有必要向蒋介石当面澄清事实。8 月 31 日，他从镇江赶到南京，搭乘中国航空公司飞机飞往九江，晋谒蒋介石，报告刘案的始末。当时正值五省“剿共”军事紧张之际，北路军总司令刘峙因河南省主席任务繁重，无法兼顾，故蒋介石以蒋鼎文为五省“剿共”北路军前敌总指挥，暂负北路军军事指挥责任。刘峙建议由顾祝同担任北路军总司令，蒋介石表示同意。返回江苏，顾祝同携省政府全体人员向行政院提出总辞职，行政院 10 月 3 日明令发布改组江苏省政府，由陈果夫接任省主席，顾祝同调任赣、粤、闽、湘、鄂五省“剿共”北路军总司令，赵启騄为参谋长。

顾祝同于1933年10月12日交卸省主席职务，之前于10月9日发表告别江苏父老书，说明他服务江苏两年，适值水灾与沪战，虽敬恭乡邦，艰苦奋励，不敢稍遗余力，卒以环境困难，心余力绌，终鲜成效，适奉另有军事，枕戈待发，卷帘西征，唯以分属苏人，桑梓有关，仍当尽苏人一分子之力，共同匡济。

第五章　“剿共”救驾得蒋心

大举进犯红色苏区

自从红军在井冈山建立根据地，到 1933 年夏天，已有五年之久。国民党军队四次“围剿”，都以失败告终。红军在赣南地区已成燎原之势。蒋介石重申“攘外必先安内”之策，决心彻底“剿灭”共产党部队，实现天下一统。这年 5 月下旬，国民党军委会成立委员长南昌行营，蒋介石亲临南昌策划“进剿”事宜。国民党军队的战斗序列是，行营以下辖三路总司令部，除北路军总部外，西路军总司令为何键，南路军总司令为陈济棠，另直辖第十九路军及一个航空队。

红军在江西的部队共有三处，即赣东北、赣西北与赣南及闽西各一部。其中，以赣南及闽西一部为朱德、毛泽东主力之所在，占据广昌、宁都、瑞金、会昌、雩都、兴国等县及闽西之建宁、宁化、长汀等县，号称四个军团、五个军区、三十八个师、八个独立团，总兵力十五万人，步马枪九万支，轻机枪四百挺，重机枪约两百挺，迫击炮四十余门，山炮八门，飞机五架，但枪炮弹药不济，飞机也面临汽油不济。

蒋介石于10月2日曾在南昌召开“剿共”会议，拟订第五次“围剿”计划。鉴于过去四次“围剿”专门依靠军事忽略政治而失利的经验、教训，制定“三分军事，七分政治”的用兵方略，使政治和军事达到高度的有机统一。在军事方面，他改良部队编制，强化干部的思想教育与“剿共”技能训练，对红军占领地区厉行物资、邮电、交通封锁，国民党军队所到之处修筑公路碉堡，保证供应及时，战守自如。换言之，就是在战术上采取守势，在战略上采取攻势，在政治方面，则首重争取民众，凡收复地区均革新政治，复兴农村，整顿保甲，推行教育，尤其注意宣扬三民主义，以期能影响红军在人民群众心中业已建立的良好形象。

在开始进行“围剿”之前，北路军主力位于南丰、黎川、南城、金溪、临川、宜黄、崇仁、乐安、永丰一带，一部位于万安、泰和、吉安一带，构筑碉堡，严密封锁，防止红军机动；南路军则位于上杭、寻邬、南康、信丰、赣州、上犹等地；第十九路军置于闽西连城、清流、泰宁一带。当时南路军和第十九路军采取守势，北路军采取攻势。因此，北路军兵力远比南路军及第十九路军兵力强大。

10月22日，南京军事委员会正在江西省府大礼堂举行五省“剿共”北路军总司令就职典礼。北路军总司令顾祝同、前敌总指挥蒋鼎文、第一路军副总指挥刘兴、北路军总部参谋长赵启騄在这里宣誓就职，蒋介石亲临监誓、授印，训词大意如下：现在江西“剿共”是中华民族生死存亡之关键，江西民众处在水深火热之中，整个国家处于危急存亡之秋，“剿共”事能告成功，其他各省也就不难平定。因此，要求顾祝同等就职以后，整饬部队，努力“进剿”，俾于最短期间，将共军完全肃清，以完成国民革命。顾祝同在就职之后随即通电全国，立即进驻抚州，督率所部，开始进行第五次“围剿”

工作。

当时，北路军总部除参谋长赵启騄外，参谋处长为邓文华，之后韩德勤也到总部任总参议。北路军的战斗序列为：第一路军总指挥由顾祝同兼任，副总指挥刘兴，辖第二十七、第四十六、第九十二、第九十三等四个师及守备队骑兵第一旅、“剿匪”第一纵队、税警总团等部队。第二路军总指挥蒋鼎文，副总指挥汤恩伯，辖第一纵队第十及第八十三两师，第二纵队第八十七及第八十八两师，预备队辖第四及第八十九两师与武昌补充团、炮兵训练处山炮第二营等部队。第三路军总指挥陈诚，副总指挥薛岳，辖第五纵队第十一、第十四、第六十七、第八十九及第九十四等五个师；第七纵队辖第三、第九、第五十九及第九十九等五个师；第八纵队辖第五、第六、第六十九与第七十九等四个师；守备队为第八、第二十四、第四十三、第九十七等四个师及补充旅等部队。闽浙赣边区警备司令赵观涛，总预备队指挥钱大钧，辖第十二、第二十一、第五十三、第五十五、第五十七等五个师及浙江保安四个团。总预备队指挥官钱大钧，辖第十三、第二十八、第三十六及第八十五等五个师。以上总计三十八个师、两个独立旅、一个独立纵队、五个独立团，外加一个山炮营，总兵力四十万人。

在顾祝同就职前夕，蒋介石发表了《告匪士兵书》，指示其投诚路线，而毛泽东在南京召开“全苏大会”也决定了“反围剿对策”。实际上，在1933年底，红军曾与国民党军发生过三次激烈交火。第一次发生在10月中旬，红军以主力猛攻南城东南及西南一带地区，为国民党军堡垒工事所阻；第二次是在11月10日，红军向临川东南的浒湾猛烈进攻，国民党军增援部队邢震南部及航空三大队赶到，未能得手；第三次是在11月19日，红军与国民党军争夺大雄关，为第三路军击破，随后构筑南城、宜黄、黎川、南丰收间的碉堡，加强封锁。

原十九路军蒋光鼐部，在“一·二八”淞沪之战后调往福建，担任对江西红军的防堵任务。令蒋介石始料未及的是，蒋光鼐、蔡廷锴居然派十九路军秘书长徐名鸿、陈公培于10月26日与红军代表张云逸在闽西汀州订立攻守同盟；11月20日又与陈铭枢、李济深等联合发动“闽变”，宣布成立人民政府。蒋介石见李济深等人公然“叛国”，非常恼火。国民政府很快发表措辞严厉的声明，宣布陈铭枢等参与政变的军政领导人为党国叛徒，开除党籍。12月2日，南昌行营迅速颁发讨逆计划，命令顾祝同抽调第二路军入闽，会同第四路军及福建海军一同进讨。蒋介石于12月25日飞抵浦城，亲自指挥讨逆战事；而江西“剿共”军事，交由顾祝同负责督饬按照原计划继续实施。

“闽变”开始，声势浩大，在11月20日的通电中，宣布成立中华共和国人民政府，更定年号为中华共和国元年，设首都于福州，蔡廷锴为人民革命军总司令，并将福建划分为闵海、延建、兴泉、龙汀四省。事实上，在1934年1月初，中央军开入福建后，发动攻击，很快就攻占延平、水口，向福州推进，海军也攻占了厦门；12日，国民政府发表蒋鼎文为五省“剿匪”东路军总司令；13日，海军攻克福州，“闽变”至此遂告结束。陈铭枢、李济深、蒋光鼐等先后逃往香港，第十九路军被改编为五省“剿匪”第七路军，由毛维寿担任总指挥；军政部政务次长陈仪担任福建省主席。顾祝同奉命接任军政部政务次长，并明令在未到任之前，由常务次长曹浩森暂行兼代。

回到江西的蒋介石重新调整兵力部署，成立东路军总部，北路军战斗序列也随之做了重大调整：一、第一路军总指挥仍由顾祝同兼，副总指挥刘兴，下辖第五十一师第一旅、独立第三十二旅之一团及税警总团等部；二、第三路总指挥仍由前敌总指挥陈诚兼，改以罗卓英为副总指挥，下辖第三纵队樊崧甫部第六、第七十九两师；第五纵队罗卓英兼，下辖樊崧甫、罗卓英、汤恩伯、毛炳文等部；三、增设第六路总指挥薛岳，以吴奇伟为副总指挥，下辖吴奇伟部及预备第一支队；四、增设第二十路总指挥张钫、第二十六路总指挥孙连仲；五、总预备队下辖第六纵队刘绍先部第四十三、第九十七两个师；直辖第八、第四十五两个师；六、赣浙闽皖边区警备司令仍为赵观涛，下辖第十二、第二十一、第四十九、第五十五、第五十七、第八十五等六个师及补充第一旅，与浙江保安部队五个团；七、另设直辖第八纵队指挥周浑元，以万耀煌为副指挥，辖第五、第十三、第二十八、第九十六、第九十八、第九十九等六个师及独立第四十六旅；八、另设直辖别动总队，以康泽为总队长。

兵力调整之后，顾祝同积极遵照蒋介石的指示进行“围剿”。整个“围剿”过程大体分为三个阶段。第一阶段自 1 月初至 4 月初，约三个月时间。先是蒋介石亲赴东路军总部，指挥闽省军事，顾祝同督饬在赣各部队完成辖区公路建设，构筑碉堡两千九百余座，完成了对苏区的封锁。并指挥第三路军陈诚所部先后攻克红军根据地樟树、横村、赛头隘、邱家溢、大小鸡公山等处，准备向建宁推进。其后，蒋介石于 2 月初飞返南昌，之后第三路军总部已进驻南丰县城，构筑起樟树到南丰间的碉堡封锁线。3 月初，第六陆军攻占沙溪，完成永丰至沙溪间的纵深碉堡线。红军以第五军团于杭山圩一带阻击国民党军队南进，以其第一军团和第三军团主力撤退至广昌，彭德怀部向东华山、五都寨国民党第三路军防守阵地发起突袭，陈诚被迫后撤。顾祝同严令陈诚变更兵力部署，迅速将东华山、五都寨阵地夺回。陈诚不敢违命，亲临前线督战，血战两昼夜，收复阵地，并乘势进占南丰西南的白舍、瑶坡圩。彭德怀除留少部兵力配合第九军团固守甘竹、广昌，阻敌南进外，即率主力撤退到闽北之建宁、泰宁地区，企图突破蒋鼎文的东路军封锁线，进入闽西。但遭到向南推进的北路军强大火力的拦截，未能如愿。4 月初，彭德怀率部由建泰地区西进，到达广昌以北、白舍以南之康都、石咀、甘竹一带，加强碉堡及野战工事，阻止国民党军南进。

第二阶段自 4 月中旬至 10 月中旬，约半年时间，这是主力决战的时期。先是蒋介石为促使东、北两路军协同"进剿"，特颁发两军推进方法及部署计划表一份。顾祝同接到这个计划表后，立即策定北路军推进计划及预定进度，决心先以第三路军攻取广昌，并协助东路军掠取建宁；第六路军在白舍以西地区构筑碉堡，进窥沙溪、龙冈；第一路及第二十六路军协同第六路军在永丰、沙溪等地构筑碉堡及守备工事。各军接到命令积极推进。第三路军自 4 月 11 日至 28 日，与红军作战十七天，大小二十余战，红军伤亡四千余人，国民党军攻占广昌，从此打开"苏区门户"；第六路军也于 5 月 1 日攻占龙冈。此时，东路军也先后攻占建宁、永安、连城各据点。红军精锐损失惨重。

5 月下旬，红军第一、第五、第九各军团及第三十四师撤退至踞头坡、白水地区，继续阻止北路军第三路军南进；主力第三军团彭德怀部则坚守石城，一部在龙冈以南地区，与国民党第六军薛岳部对峙；红军第七军团固守连城以西地区，阻止东路军第四纵队李延年部西进。蒋介石为贯彻"围剿"计划，决定北路军以石城、古龙冈为目标，东路军蒋鼎文部以长汀为目标积极推进。顾祝同转令第三路军继续"进剿"。自 7 月 2 日开始行动，至 7 月 23 日进占头坡、白水一带地区，并于大寨脑一带构筑碉堡，赶筑广昌至白水间公路，修建广昌飞机场。红军自广昌失守后，改运动战为堡垒式的阵地战。因此，顾祝同一面令前进部队赶筑碉堡、巩固收复地区外，一面增强炮兵火力，协助进攻。至此，战斗日趋惨烈，双方都付出了巨大伤亡，阵地上尸体堆积如山，鲜血染红了大小山岗。自8月3日至31日，先攻下石城、宁都的重要屏障贯桥和驿前根据地。9月6日至30日，北路军再攻占小松市，追进石城。10月3日，北路军第三路军开始猛攻石城，至10月7日进占石城。国民党第六路军薛岳、吴奇伟部也于9月11日一路攻击前进，沿途构筑碉堡，赶修公路，至10月10日攻占古龙冈；而第八纵队周浑元部以第五师自万安向东，第十三师、第九十六师自泰和向南分途推进，10月14日，占领兴国城。至此，红军在江西的根据地日益狭小，部队给养出现严重困难。

在这一时期，由于东路军蒋鼎文部进取长汀行动迟缓，蒋介石急召顾祝同上庐山晤谈，令其亲往察看，传达命令，面授作战机宜，务必急速攻取长汀，以配合北路军“围剿”行动。顾祝同挈同韩德勤、郭忏一行三人分乘三架小飞机，由南昌起飞，前往东路军总部所在地龙岩，与蒋鼎文总司令会商东路军“进剿”计划。顾祝同乘坐的小飞机由航空第三队队长张有谷驾驶，中途在南城加油后继续飞行时，一件意想不到的事情发生了，飞机飞行在距离龙岩只有七八十里的山涧时，机器突然发生故障，张有谷不得不采取紧急迫降措施，而山间没有适合迫降的平坦之地，只有一片梯田。在迫降时，飞机受到田埂阻碍被撞翻，所幸的是顾祝同和张有谷有惊无险，只是受了点儿皮外伤。飞机降落在田野里，前不着村，后不着店，顾祝同既不知身在何处，又无法呼救。约莫过了半个小时，偶见一名士兵向这边走来，张有谷仿佛遇到救星似的上前探问，说来也巧，这个士兵正是东路军三十六师的值勤哨兵。在这位哨兵的引领下，顾祝同和张有谷来到营部，与龙岩通上了电话。韩德勤和蒋鼎文得知顾祝同安然无恙，方才放心。第二天，顾祝同换乘汽车到达龙岩，众人都为他庆幸。因为小飞机迫降的地点距离红军驻地很近，一旦迫降到红军驻地，后果可想而知。顾祝同在龙岩公干，指挥北路军事，这时北路军总部已推进至南城，蒋介石则飞往兰州城、北平、张家口及济南视察。

第三阶段自10月下旬至11月初，国民党军占领瑞金。自北路军占领石城、古龙冈、兴国等地后，红军屏障尽失，回旋余地逐渐缩小，粮食给养困难，冬衣更无着落，军心士气受挫。顾祝同综合各方面送来的情报判断，红军极有可能以一部迟滞北路军第六路军及第四、第八纵队的行动，而以主力隐蔽于宁都、石城及其以南地区，以阻止第三路军南进，并以萧克所部挺进川、黔边境，等在江西的红军迫不得已时做好接应准备。基于这样的判断，蒋介石令南路军在赣州、大庚、南雄一带，西路军在汝城、郴县一带赶筑碉堡封锁线，并令北路军即速进取宁都、雩都，东路军占领长汀后，以实现“围歼”红军于瑞金、会昌地区。

顾祝同奉命后，立即命令第三路军积极进取宁都，当即以第六纵队为右翼，第二纵队为左翼开始行动，于26日攻占宁都。这时，据谍报，红军第一、三、五、八、九军团及其中央机关人员约十万人，已于25日至27日，穿越南路军碉堡线，先后由信丰、南康一带西渡章、贡两水，纷纷向义安、横江等湘粤边境地区撤退，仅留两万余人在赣南游击。至11月初，红军已到达汝城、崇义一带，国民党军西、南两路军正分别抽调部队“追剿”及堵截，北路军第六路军已兼程入湘，第八纵队在遂川集结，正向西南两面跟踪追击，希望与南路军连击夹袭。东路军于11月1日，攻占长汀，10日，攻占会昌。北路军第三路军也于同日攻占瑞金。浙赣边区警备部也已将东北地区的红军方志敏、邵式平等部击溃。至此，国民党军的第五次“围剿”经过一年多的时间乃告结束。

蒋介石于11月12日飞抵南昌，专门听取了顾祝同关于第五次“围剿”情况报告，当即任命何键为“追剿”军总司令，编成两个“追剿”军纵队，跟踪追击。顾祝同奉命留赣处理善后。蒋介石于20日由赣返京，向国民党中央报告。11月27日，行政院国务会议通过，赣、粤、闽、湘、鄂五省“剿匪”各总部一律撤销，派顾祝同就任驻赣绥靖主任，下辖八个绥靖区。分别以孙连仲、毛炳文、陈继承、谭道源、余汉谋、张钫、赵观涛为各绥靖区司令官。以陈诚为驻赣预备军总指挥，罗卓英为副总指挥，下辖四个纵队，归顾祝同指挥。这时，赣南共有红军万余人，赣东北有方、邵两支红军部队六千余人，赣鄂边区有徐彦刚部两千余人，其余零星红军人数不多。

顾祝同于12月1日在吉安通电就职，并决定江西省的绥靖工作分两期进行：第一期先收复赣南、闽西各县，以护路和封锁为目的，继续构筑公路碉堡线；第二期分区绥靖，开辟交通，组训民众，处理善后；规定各绥区部队担负起守备、绥靖任务，各预备军负责“清剿”滞留在江西境内的各股红军，构筑主要公路线。3日，他由南昌经九江搭乘建国号轮船去南京，报告绥靖计划，并出席国民党第四届第五次中央全会，被推选为军事组提案审查委员。至15日，国民党第五次全国代表大会结束，决定1935年11月举行国民党第五届全国代表大会。顾祝同于1935年1月8日返回南昌。为便于指挥，顾祝同将驻赣绥靖公署由吉安迁往南昌，暂住在第五医院旧址办公。直到2月20日，南昌行营奉命结束，改设武昌行营，大部人员移往武昌后，顾祝同才迁入百花洲行营原址。当时，绥署参谋长为赵启騄，秘书长为严昌武，参谋处长为卢旭，经理处长为佘念善，交通处长为周永年，军医处长为卢志德。

鉴于江西善后工作亟待商讨，顾祝同在绥署召集各纵队指挥官、行政督察专员举行绥靖会议，通过军事、交通、经理、军法、卫生等许多重要议案，作为各绥区以后工作的准则。会后，他率领各司令官和指挥官前往庐山，向蒋介石报告江西省绥靖计划和绥靖会议决定的事项。蒋介石说：“五省甫告平定，地方残破，满目疮痍，善后最急之务非努力建设不足以期复兴，非切实绥靖不足以清除余孽，尤非军政协作，兵民合力，不足以收建设与绥靖之实效。”要求绥靖区司令官与行政督察专员，选定一两项建设事业与绥靖方面须致力的中心工作，聚精会神，通力以赴，做出成效。2 月 19 日，是“新生活”一周年纪念日，顾祝同在南昌体育场举行盛大的庆祝活动，九万余人参加，为南昌历史上规模最大的一次集会。蒋介石亲临训示，赣省已有全国模范省之誉，他勉励江西同胞厉行“新生活”运动，逐渐推开，扩大成果。顾祝同也在会上致辞。会后，他还陪同蒋介石参观盛况空前的市民大会。

贵州绥靖　入川扎营

中国工农红军自 1934 年 10 月由江西突围后，经汝城、宜章、乐昌，于 11 月下旬攻全州，渡赤水，克黎平，强渡清水河，向川黔边境突进，攻下遵义、桐梓等地。贵州是一个土地贫瘠的省份，因连年用兵，国民党中央对西南各省的军事客观上已无力顾及，以致黔省一切军政都陷于落后腐败的地步。军事方面，虽号称有五个师、三个独立旅的军队，但各将领都是割据一方的土皇帝，表面上拥护省主席王家烈，实际上互不相容，各自为政，对于部队训练和民众组织更是有名无实，部队战斗力相当脆弱。当红军进入贵州时，黔军不堪一击，节节败退。萧克、贺龙部挺进湘西，徐向前部进入川北，遥相呼应。蒋介石为安定西南，继续“围剿”红军，除任命刘湘为四川“剿匪”军总司令，令其向川南推进、进出黔北堵截红军外，还派贺国光为军事委员会委员长行营驻川参谋团主任，于1934年底由赣启程赴川，监督指导川军“剿匪”；还令“追剿”军总司令薛岳兼任贵州绥靖主任，指挥堵截，分路“进剿”，蒋介石亲临贵阳督战。4月中旬，红军忽然由贵州经云南向西，国民党军队继续“追剿”，红军乃强渡金沙江，而后进入四川省和西康省境内。蒋介石5月10日飞抵昆明，部署“围剿”事宜。顾祝同应召从南昌去昆明，接受蒋介石的面示。蒋介石对顾祝同说：“我追剿部队正跟踪追击红军，薛岳必须随军行动。”他要顾祝同即往贵阳，暂兼贵州绥靖主任，同时调整贵州省政府组成人员，以吴忠信为贵州省主席。

顾祝同奉令抵达贵阳，一边指挥各部队加紧“追剿”，一边整编地方部队，以期能使地方部队成为国民党军劲旅。同时，将贵州全省划分为若干个行政督察区，派遣行政督察专员整顿地方行政，支援前线部队作战。7月初，红军主力进入四川松潘西南的毛儿盖，贵州境内已没有红军活动。9月初，顾祝同飞往成都，向蒋介石报告贵州“剿共”绥靖情形，11日午后，和黄绍竑搭乘飞机回南京，处理完私事后，24日赴沪，25日又搭车由沪返京，后又乘飞机回贵州。在京期间，蒋介石告诉顾祝同，红军主力已进入川康边境，决定撤销武昌行营和驻赣绥靖公署，将行营移往成都，由顾祝同担任四川行营主任，统一指挥西南各省“剿共”军事和地方绥靖事宜。同时成立西北“剿匪”总司令部，蒋介石自兼总司令，张学良为副总司令，负责陕甘等省“剿共”军事。决策确定后，上项命令很快由国民政府于10月2日、3日两日先后正式颁布。当时，一部分红军已由川康边区北上至甘肃通渭、直罗镇一带，朱德和徐向前部，一部进至麦乐，试图北渡黄河，遭到青海马鸿逵部截击，蒋介石于10月

8日立即飞往西安指挥部署。

入川后，顾祝同积极推行筹设四川行营工作，即电令驻赣绥靖公署务必于10月中旬结束，所有主要干部，由参谋长邹文华率领赴川，其余各绥靖区维持原状，分属蒋鼎文、何成浚、陈济棠指挥。武昌行营所有人员也一律调往四川行营工作。顾祝同以原军事委员会委员长驻川参谋团人员为班底，筹组四川行营，以武昌行营秘书长杨永泰调任秘书长，参谋团主任贺国光为参谋长。接着，顾祝同带着贺国光、韩德勤、陈振先、文群、卢旭等人正式就职。但板凳还没焐热，四川行营又奉令改为重庆行营。重庆行营的主要任务仍然是"剿共"军事指挥。顾祝同到任不久，1935年11月9日，朱德和徐向前攻克天全，雅安告急，蒋介石命令第二路军薛岳所属第一、二纵队迅速向成都集结。

顾祝同于16日偕同贺国光、韩德勤等由渝飞蓉，召集各军事首长查询"剿共"情况。17日，他又赴邛崃，指示"剿匪"方略。18日，先攻占夹门关这个军事上极为重要的关隘，后向百丈、鹤林场推进，红军退走岷江。第一、二两纵队吴奇伟、周浑元也积极向前推进。红军又攻克荥经，洪雅告急。顾祝同仍令第一、二两纵队迅速由洪雅向汉源一带"兜剿"，第六十一师调驻成都。12月9日，各路军完成部署，随即对川黔边境红军实施大规模的"清剿"，第二路军总指挥薛岳进驻荥经，川边局势初定。

2月初，萧克与贺龙部两万余人由湘西突围后进入黔西，过毕节，又向西昌、会理前进，兼程入川与朱德、毛泽东会师。顾祝同一面令第二路军向朱、毛红军进击，抢占天全、芦山等要点，一面令在黔国民党军部队竭力"进剿"进入黔境的萧、贺红军，务必在其未到川南以前予以消灭，以收各个击破之效。第二路军先后从雅河右岸和左岸攻击前进，激战一个星期，占领天全、芦山、灵关，红军向懋功撤退。2 月 8 日，顾祝同偕韩德勤由重庆飞往贵阳清镇机场，督促各部队“追剿”萧、贺红军，占领大定，迫使萧、贺红军撤退至滇康边境，经仁和向北突围。顾祝同严令川、黔、滇各军继续“围剿”，阻止红军会合。随后他又和韩德勤飞往昆明，与龙云商谈云南“剿匪”事宜。

蒋介石于16 日下午乘民生轮溯江而上，经三峡抵达重庆，顾祝同率领行营同僚在储奇门江迎接，随往范庄行辕，向蒋介石报告近期川、康、滇、黔“剿匪”情况。翌日，蒋介石飞往成都，主持中央军校成都分校开学典礼。这个分校的成立，重在训练川军军事干部，号召川省青年奋发为川军服务，成为川军骨干，使四川军队国家化。顾祝同于19 日午后再飞成都，因蒋介石在成都分校行辕分别召见在川将领个别谈话，商量“剿匪”事宜，直至蒋介石由蓉飞往昆明后，顾祝同才返回重庆。

四川幅员辽阔，旧有势力根深蒂固。行营在四川的主要任务仍然是“剿共”与安定川局。顾祝同仍仿照在江西的做法，将四川全省划分为八个绥靖区，分别以李家钰、邓锡侯、杨森、刘文辉、孙震、唐式遵、潘文华、许绍宗为各绥靖区司令官。四川在过去各军事将领盘踞下，根本谈不上建设与改进。顾祝同任重庆行营主任后，提倡专家治政，邀请学者叶元龙担任行营第二厅厅长。1936 年 6 月 5 日，在行营召集川黔两省行政督察专员会议。顾祝同说：“行政督察专员的设置，对于减少办事扯皮，提高行政工作效率，有着不可替代的作用。我们川黔两省刚刚趋于稳定，管理、教育、养护、卫生等项工作的开展未能达到预期目标，所以，这次会议的主要目的，是要就地方政治的基本工作，精简机构，提出各项中心议题进行讨论，提出行之有效的解决办法，使我们的各项工作在短时期内能有新的成效。”这次会议，他邀请部分专家学者参加会议，请他们给两省的行政督察专员讲课。张锐、吴景超、贺国光、关吉玉、周纲仁、雷啸吟、曹经沅、王文康、陶履谦、李垒夫、蒋志澄、胡嘉诏、唐肯、吴泽湘、萧致平，分别讲授促进地方行政效率的基本条件、农民生活与国民经济建设、碉堡概括、地方财政问题、地政问题、整理地方团队问题、国难期间公务员应有之认识、现代国家关系、县政府裁局改科与分区设署办法之推进完成、县政实际存在的问题、地方建设干部训练问题、如何推广民众教育、义务征工问题、推行保甲制度、地方生产事业之救济与发展、禁烟问题等。所有这些问题都是川黔两省亟待处理的要务，专家们理论联系实际的讲解，使参加会议人员顿开茅塞，拓宽了解决问题的渠道和办法，收效十分明显。

至于部队整理，由于四川地方军队派系林立，各霸一方，自行征税，人民生活苦不堪言。四川在中央备案的有八个军，每年军费支出在四千万元以上。1935 年，蒋介石曾严令四川各军交出防区，一律缩编三分之一，各军军费改由中央拨付，核定每月三百六十万元。行营成立之初，顾祝同为整理川军经费，设置财政监理处，负责军费转拨业务，还成立经理委员会，派熊仲韬为主任委员，负责改进川军经理、军医、人事、教育等事，期望能归于统一。川军军费至此由行营财政监理处按月拨发，后来因实际收支不敷，乃由中央银行垫款，由财政监理处担保，遂积欠省债八百三十万元，而川军每月欠饷最多。事实上，川军虚报冒领军费的很多，行营也无法弄清楚。1936 年 1 月开办军校驻川军需训练班，对川军部队军需人员进行培训，以提高军需干部的素质，来促进川军军需业务的改进。事实证明，这次川军军需人员的培训，对后来川军整理及抗战都起到了积极作用。

时任重庆行营主任的顾祝同，1936 年 7 月中旬，奉命会同军委会特派检阅组主任委员王时，检阅驻黔各部队，15 日偕同韩德勤由渝飞抵贵阳清镇机场，前往绥署。吴忠信请辞贵州省主席，向蒋介石建议由顾祝同兼任。顾祝同到黔后，除点验部队外，并与省府各厅处长商谈政务。8 月初，国民党中央决定撤销滇黔“剿匪”总部，改组为滇黔绥靖公署，以龙云为主任，薛岳为副主任。顾祝同兼任贵州省主席。顾祝同当即开始着手筹组新政府，以曹经元、王徵莹、胡嘉诏、韩德勤、周恭寿、张志韩、何辑五等为省府委员。曹经元兼民政厅长，王徵莹兼财政厅长，胡嘉诏兼建设厅长，张志韩兼教育厅长，冯剑飞为保安处长，严昌武为秘书长。8 月 24 日在贵阳举行就职典礼，顾祝同发表了热情洋溢的施政演说，以察吏求才、开发交通、整顿财政，禁绝烟毒为四大目标。随后，他率领省府有关人员视察了清镇、平坝、安顺、镇宁等西路各县。

初到贵州，顾祝同首先面临的就是察吏求才。贵州远在西南边陲，政府鞭长莫及，吏治腐化，人民苦不堪言。顾祝同认为，要刷新吏治，就得广揽人才，选择清正廉洁，真心实意为百姓办事的官员。于是，他下令成立检索委员会，遴选县长候选人。举办县政训练所，分批培训县政人员，举行县长考试，择优录取，并从中央政治学校挑选优秀毕业生到贵州任职，提高县政人员执政能力，达到权为民用，利为民谋，很快使贵州政治焕发出生机。

再说开发交通。贵州地处山区，对外交通极为困难。1935 年 6 月在行营的督促下，部队修建了川黔公路，贵州和四川才渐行便利。顾祝同令行营公路监理处督导交通建设，修筑起川湘、川桂、川滇三条公路干线通过贵州省境内，贵州对外交通从此畅通无阻。省内也开辟若干省道，方便民众出行。

再说整理财政。贵州自清朝起就是协饷省份，全省每年田赋收入总数不及江苏一个大县的收入，因此，之前并无税局的设置，而所收省税实际为过去各省旧有的厘捐。中央虽经废止，但这是黔省唯一主要税源。要为民众办事，就得有资金做后盾。为此，顾祝同大胆改革税收制度，兴利除害，使正当的赋税收入逐渐增加，并向中央争取增加拨款，减轻百姓负担，维持省政府开销。

最后说到禁绝烟毒。贵州盛产烟草，种烟、吸烟现象较为普遍，归结原因是因为过去交通困难，林产、矿产无法与省外交流，过去曾以产茶为营生，直至茶叶不景气才改种罂粟。罂粟价格昂贵，不受交通条件的影响，虽然经济效益可观，农民得到实惠多多，但终究是贻害健康，祸国殃民，必须禁绝。顾祝同视察了西路各县后，立即颁布禁种罂粟、禁吸烟土的命令，并令督察专员到各县明察暗访，检查各地的执行情况，使得积年弊习获得改善。

此外，顾祝同还通过地方名流号召贵州在野军人为桑梓效力，加强地方自卫力量。王泽龙等各地民军首领纷纷响应，或率部来归，或返回贵州效命，顾祝同呈请中央撤销贵州地方豪绅张铁丞、穆守先、曹天余、江荣华、周方仁等人的通缉令，发还财产，妥为保护。使地方人士感受政府恩泽，归向中央，为国家效命，地方治安状况明显出现好转。

西安事变　战和不一

1936 年 12 月，刚过五十大寿的蒋介石从洛阳飞抵西安。一到西安，蒋介石就决定从 12 月 12 日开始发动“剿共”战役。他把张学良、杨虎城叫到面前训话，要他们以党国利益为重，彻底肃清延安“匪徒”，切不可心怀二志，养虎为患，祸害国家。张学良硬着头皮央求道："委员长，今日之下，民众的呼声越来越高，要求枪口一致对外，中国人不能再自相残杀了！"杨虎城也苦着脸央求道："这件事情实在太大了，希望委员长三思啊！""什么希望不希望！"蒋介石勃然大怒，"现在就是要消灭共军，安定宇内，其他的事都等等再说。"张学良、杨虎城只得忍气吞声地跟他回到省党部，听他对东北军和西北军训话："我们最近的敌人是共产党，日本人离我们很远，如果本末倒置，那就不是革命，是革命的就坚决剿共。如果反对这个命令，中央就不得不进行处置！目前摆在东北军和十七路军面前的只有两条路可走，要么到陕北剿匪，中央军做你们的援军；要么调往闽、皖，听任中央调配，希望你们不要再自误了。"张、杨相顾无言。两个人经过一番密议，决定逼蒋抗日。12 月 12 日凌晨，四辆满载着一百二十名全副武装军人的军用卡车，在公馆大门外停住。站在车上的营长孙铭九命令开门，里面的哨兵拒绝开门，卡车上的士兵立即开枪射击，枪声在骊山脚下回鸣，野犬乱吠，寒鸦惊飞。蒋介石暗吃一惊，他立刻意识到有人要搞兵变，赶快穿上衣服，唤来侍卫组织还击。他踉踉跄跄地来到飞虹桥上，前方有人忽报东门城门落锁无法通过。侍卫官竺培基容不得多考虑，自动搭起人梯，把蒋介石送上墙头，他从墙头纵身跳了下去，落在墙外一处荒草遮掩的深沟里，扭伤了脚。三个人把蒋介石从深沟里抬起来，慌不择路地向山上爬行。

山坡上岩石累累，夹杂着稀疏的荆棘，没有藏身之处。他一个人伏在山地思虑，更多的人正在他的周围搜寻。那刺刀挑荆棘的声音隐约传来，使他心惊肉跳。蒋介石决定找一个安全的地方躲藏起来再说。于是，他使尽平生力气，继续爬行，当爬到一棵大树旁时，忽然发现一块大石头后面有一个浅洞，虽然荆棘丛生，但是可以勉强容身。蒋介石躲在洞里，蜷缩着身子，紧贴石壁，禁不住一阵阵战栗。正在这时，他身边一个山洞里的杂草突然颤动了一下，孙铭九倒退一步，拔出手枪，向洞旁岩石连放三枪。听见枪响，蒋介石更加抖个不停，慢吞吞地走出了洞穴。士兵围住了洞口，把蒋介石押下山去。

兵谏的当天，张学良手拿“通电”迈进市政厅去见蒋介石。原来，为了这个抗日通电，他忙了大半天。秘书给拟好后，他又亲自改了一遍，抄一份送到蒋介石的随行大员那里。迫于压力，陈诚等人都在通电上签了字。而后，张学良拿着通电去找钱大钧，把通电递给他，请他签名。钱大钧看见一大串名字已签在上面，未加思索就签上了自己的名字。然后张学良踏进了蒋介石的房间，摘下皮帽说：“委员长，您受惊了！”蒋介石在床上睁开眼睛，坐了起来，望着进来的张学良直发愣。张学良搬了条凳子在他身边坐下说：“今天的事，请您见谅。”蒋介石见他的态度那么恭敬，悬着的一颗心才放了下来，冷笑道：“哼！你还叫我委员长？你假如还认我这个委员长，就应该马上护送我回洛阳！否则，你就是叛军，你可以把我杀了！”张学良皱皱眉头，掏出那张通电来往蒋介石的手上一放：“请委员长看一遍，我们马上就要拍发。”蒋介石一字一句地读下去，双手发抖，往桌子上一摔。张学良也不管蒋介石的态度如何，立即安排侍卫即刻拍发。沉默间，一架飞机掠过上空，震耳欲聋，瞬间便消失在他的视线里。张学良似乎想打破这沉寂：“委员长，这是我的飞机，要到延安请共产党方面派几个代表来，共商国是。”蒋介石心灵的伤痛好像又被张学良无意间揭开：“你说保障我的安全，现在又去延安请共产党来是何居心？”“委员长，请你放心，这次我把他们请来，别无他意，无非是想把国家搞好。你、我、共产党三方代表坐下来谈一谈，如何枪口一致对外。”蒋介石低头不语。此时，西安和南京之间的通信隔绝，南京方面一直被蒙在鼓里。

蒋介石被劫持的消息由路局传到南京。国民党中央于当晚11时30分召开中常会和中央政治会议联席会议，对事变情形一无所知，只接到张学良、杨虎城联名西北军将领和中央被扣十八名要员的通电，提出八项主张。会上产生了两种不同的主张：一部分人从蒋介石的安全考虑，主张安抚，切不可用兵；另一部分人则认为要真正求得蒋介石的安全保障，必须立即兴兵救人。会议一直开到深夜两点也没有结果。最后还是戴传贤发言，认为会议如此拖下去尚无决定，明天报纸不见中央态度，政府没有立场也就是没有国家。因此才定下了一个“剿抚兼施”的决策，一面以何应钦为讨逆军总司令，一面以于右任为陕甘宣抚专使。

第二天，政府正式发布命令：一、行政院由孔副院长负责；二、军事委员会常务委员改为七人，加推何应钦等六人为常务委员，连白崇禧共七人；三、军事委员会会议由冯副委员长与常务委员负责；四、关于指挥调动军队，归军委会常务委员军政部长何应钦负责。并通过决议，褫夺张学良本兼各职，交军事委员会严办，所属部队归军事委员会直接指挥。命令发出后，孔祥熙于13日早晨由上海返回南京，蒋夫人及美籍顾问端纳等同行。端纳是张学良的挚友，受宋美龄之托，13日飞洛阳，14日飞抵西安，与张学良商谈，没有得出结果。国民党中央一面由孔祥熙代院长分电各省主席，何应钦分电各地军事将领，各方复电，均积极拥护中央决定。直至16日，端纳和宋子文的努力仍然没有结果，国民党中央才明令发布何应钦为讨逆军总司令，特派刘峙为讨逆军东路集团军总司令，顾祝同为讨逆军西路集团军总司令。15日，顾祝同的祖母杨太夫人在老家涟水病逝，他只能在重庆上清寺祭奠祖母。16 日，顾祝同由重庆返回南京，参与营救蒋介石的活动。

作为主持重庆行营和贵州省政的一方大员，顾祝同首先想到的是安定西南大局，确保不再节外生枝。当时，西南的情形是，贵州方面，顾祝同担任省主席，军事由薛岳负责，显然不会有问题；云南方面为龙云，四川方面为刘湘，西康方面为刘文辉。在离开重庆之前，顾祝同分别致电，三位主席都纷纷复电表示竭诚拥护中央。但在顾祝同回到南京的当天下午，刘湘忽然召集第四十五军军长邓锡侯、第二十一军军长唐式遵、第二十三军军长潘文华、第四十四军军长王赞绪举行防务会议。他唯恐刘湘称兵作乱，除急电重庆行营严加注意外，还立即召见在上海公干的四川省财政厅长刘航深，命其持他的亲笔函件飞返成都，切嘱刘湘顾全大局，不可轻举妄动。刘航深素来为人正直，既为刘湘所倚重，又为顾祝同所信赖，对中央极表忠诚，所以顾祝同让他担任这一传达任务。刘湘 18 日来电表示，竭诚拥戴中央决策，巩固中枢，弭息内争，并请命赴京参与营救蒋介石的一切行动。

稳住了刘湘，顾祝同开始做张、杨的疏导工作。之前，该工作一直由宋美龄和宋子文主持。宋美龄到南京后即住在高楼门孔祥熙的寓所，从蒋介石的安全考虑，宋美龄力主安抚，不同意施以军事压力。张学良也致电蒋夫人，表示负责蒋介石的安全。及至讨逆总部成立，东路军已奉命由潼关向西安进逼，并与部分西北军接触，空军也一面飞临西安，散发报纸传单，一面对移动中的西北军实施轰炸。18 日，蒋鼎文经洛阳飞抵南京，初以为蒋鼎文到京可以了解西安实情，不料蒋鼎文知之甚少，于是群情激愤，特别是军事将领更倾向以武力解决。顾祝同在军中向以稳健著称，与张、杨友谊深厚。他力排众议，主张用和平的方式解决："张、杨劫持统帅虽为大逆不道，概因受一时蒙蔽，亦为国恨家仇使然，只要疏导得法，蒋公安全应能保障。各位将领所焦虑的也旨在如何维护蒋先生的安全，并非与张、杨不共戴天。"一席话说得在场的人无不称许。此后，顾祝同一直在高楼门孔祥熙寓所参与宋子文与张、杨的联系。顾祝同的劝说无疑产生了作用，张、杨约他到西安商谈。因受南京方面阻挠未能成行。蒋介石在《西安半月记》中写道："18 日晚，张来言：今日接京电，子文、墨三皆将来西安，前闻端纳于洛阳通电话，有子文等将来陕之说，想系张所电约也。张又言：墨三来电，如张、杨二人中有一人能约他与之相晤，则墨三愿出任疏解说明之责；并称：我已电复墨三，言委员长盼尔来甚切。余闻此言，始觉安心，知墨三必不被欺来陕矣。如墨三再来西安，则中央高级将领又续来一人，岂不将全陷危机，一网打尽乎？张又言：墨三到京，尚无来电，状似焦急，余知京中必有所决定，甚盼中央剿讨部队能早到西安也。"

顾祝同一方面还指挥西路军各部队配合东路军行动，积极准备夹击西北军，期望以武力压迫张、杨就范，维护蒋介石的安全。所谓东、西两路，指的是西安以东及以西地区。东路即指潼关、华县一带，中央军已先由第四十六军军长樊崧甫于事变发生时进驻潼关，控制该处，其后讨逆军总部成立，国民党中央军陆续调至平汉、津浦、陇海沿线，以防万一。20 日后，东路军前线先后克复华县、赤水等地，加强对西安的压力。西路军方面仅有胡宗南、关麟征、毛炳文和第十三师万耀煌等部队。事变前，万耀煌部驻咸阳，其本人则被困在西安。胡宗南、关麟征、毛炳文等部初时追击红军，与张学良部队并肩作战，到达陇西地区，正面与红军相对峙，右翼与张部相邻接，而左侧背则为在甘肃境内的东北军于学忠部。13 日夜，于学忠部在兰州向中央军发起攻击，胡宗南、关麟征、毛炳文等部陷于三面被围态势，处境极为不利。事变发生后，何应钦令胡宗南部迅即钻隙南下，在咸阳、宝鸡地区集结，会同万耀煌部形成西路军主力。因该地区一直没有飞机场，西路集团军总部预定设在宁夏，宁夏为马鸿逵的防地，一向拥护中央，在该地指挥较为适宜。部署虽然决定，但自蒋鼎文返京后，宋子文、宋美龄相继去了西安，局势出现了缓和。顾祝同一直留在南京，令西路军暂以监视红军与西北军行动为主要任务。

25 日下午 3 时许，蒋介石偕夫人由张学良随护，乘容克斯机，在四架军机的护从下，从西安飞抵洛阳，26 日飞抵南京明故宫机场。中央党政大员早在机场迎候。

烫手的山芋——处置张、杨

蒋介石回到南京后，向中央引咎自请处分，经国民党中央一再慰留，准假一月休养；张学良交军事法庭会审，判处有期徒刑十年，褫夺公权五年，后经蒋介石请准中央予以特赦；杨虎城、于学忠撤职留任，戴罪立功，其余凡参加部队交由军委会训诫，严加约束。接下来便是东北军和西北军的安抚、调动与整编工作以及西北地区的善后处理。

1937 年 1 月 5 日，国民政府行政院通过决议，任命顾祝同为军事委员会委员长西安行营主任，统一主持西北军政。西安绥靖主任杨虎城、甘肃省政府主席兼第五十一军军长于学忠撤职留任；陕西省政府主席邵力子辞职由孙蔚如接替；驻甘绥靖主任朱绍良辞职派王树常接任。同一天，军政部颁发整理陕甘军事办法，除人事方面依据行政院决议外，其他军队驻地区分为：万耀煌、樊崧甫、毛炳文、鹿万钟等部队分驻潼关、朝邑、渭南、西安、咸阳、宝鸡、天水一带；胡宗南、孔令恂、关麟征各部仍驻原地；第十七路直属各警卫旅团移驻正宁、栒邑、淳化、乾县、麟游、永寿、灵台、宁县、长武、邠县等地；孙蔚如第十七师移驻甘肃堰县中部、宜君等县；冯钦哉部另编为第二十七路，仍驻大荔、蒲城、白水、澄城、韩城、宜川等县原防地；第五十一军、五十七军、六十七军、骑兵第一〇五师、第一〇九师、第一一二师等张学良所属东北军，一律恢复12月1日前之位置。至于粮饷问题由中央照原领实数发给。

张学良随护蒋介石返回南京后，共产党以边区政府特殊化方案，经杨虎城派代表李志刚、米春林、阎宝航与南京商谈善后遭到拒绝，杨虎城以中央军向西压迫为由，对军政部的上述办法通电抗议。而在陕西的东北军因张学良去南京后杳无音讯，部队中谣言四起，军心动荡。在西安的国民党大员为安全顾虑，纷纷向东撤退，西安又陷于一片混乱。在甘肃的于学忠通电向何应钦表示忏悔，甘肃保持安定。

顾祝同奉命处理西北军政的全部责任，于1月6日飞往洛阳，就近指挥。按照南京颁布的作战序列，顾祝同统辖五个集团军，他兼任第一集团军总司令，第二集团军总司令为蒋鼎文，第三集团军总司令为朱绍良，第四集团军总司令为陈诚，第五集团军总司令为卫立煌，以刘峙为前敌总指挥。第一集团军位于潼关以西至华县沿陇海铁路附近地区，最前线部队在华县赤水间；第四集团军在渭河北岸，位于第一集团军右翼；第五集团军在华山以南地区，位于第一集团军左翼；第二、三集团军位于陕甘边境，前线在咸阳附近，对西安形成两面夹击态势，以防万一。

当时西安的情况：华县、渭南的公路交通5日被东北军截断，阻止行人向东；赤水车站部分轨道8日被毁坏，电话机亦被拆走；陇海路华县、赤水间的桥梁被东北军炸毁。但西北军冯钦哉部一直与国民党中央保持密切联系，先后通电拥护南京政府，高桂滋、高双成两位师长也否认在通电上签字。13日，据报告，东北军缪徵流部于8、9两日由渭南调集渭河北岸，与冯钦哉部发生冲突；西北军孙蔚如部在西安、三原、淳化、高陵、富平一带赶筑防御工事；潼关至西安的公路桥梁及陇海路零口路铁轨续遭破坏。杨虎城自称联军总司令，发表孙蔚如、缪徵流、王以哲、于学忠等分别为第一至第六集团军总司令，只有于学忠拒绝接受。17日又接到报告，杨虎城部集结西安，东北军缪徵流、刘多荃、白凤翔部也都开至西安附近；孙蔚如部集结蒲城以南；渭河南岸由王以哲部担任防守。19日，继续报张部下级及干部多无斗志，向国民党缴械投诚者甚多。

红军方面：1月13日，红军向平凉、宜川、宜南、三原等处集中，前锋徐向前部六七千人已经平凉、泾川进入长武；16日，彭德怀部已过三原、富平，到达蒲城以西地区，西安附近及渭河两岸均有红军活动。20日，徐向前部队已抵西安附近，其余部队正在行进中。此外，红军在陕北设置了边区政府。

1月初，杨虎城派代表李志刚、西北“剿匪”总部办公厅主任米春林前往南京谒见何应钦。14日，李志刚等飞回西安，向杨虎城转达南京指令，限在24日前，将部队全部撤离西安。当晚，杨虎城召集重要将领会商至午夜，对是否接受南京的命令仍无决定。时隔五天，李志刚、米春林由西安飞往洛阳找顾祝同商量，顾祝同从团结抗战的大局出发，劝说杨虎城执行中央命令，维护大局，但杨虎城一直迟疑不决。由于南京给予的限期将到，东北军和西北军将领徘徊不肯听命，从便利指挥的角度考虑，22 日，顾祝同率行营参谋人员由洛阳移驻潼关，分别在列车和潼关城内办公。23 日，顾祝同令空军飞渭南侦察，轰炸东北军，同时令华县中央军对渭南、赤水附近东北军实施炮击，咸阳方面中央军也采取攻击行动，压迫张、杨部队执行中央命令。24 日，米春林偕同骑兵军长何柱国、陕西军警督察处长谢珂到潼关面见顾祝同，当面表示杨虎城等愿意接受中央命令，但提出几项请求：一、在张、杨各部队和红军撤退时，由中央与张、杨两部各派十人组成的视察团，分作两组，分派在双方部队前线，担任监视任务，以免在撤退时遭中央军攻击；二、张、杨各部队在撤退时请借给伙食费若干；三、张、杨部队在撤退时留少量部队在西安。顾祝同照允，并答应先借给一个月的伙食费，视察团由中央和张、杨部各派人员组成。至于张、杨部提出要求发给善后经费，顾祝同允诺向南京转陈。临了，顾祝同叮嘱米春林到西安后，务必劝告各军遵从中央命令，慎勿迟疑。31 日，杨虎城下令将渭河两岸的部队撤至渭北，再渐次开往甘肃。顾祝同即令在陕西东、西两部的中央军分别向西安推进，做接收准备。

2 月 2 日下午，西安城内的激进者突然与先时围攻华清池的张学良卫队营营长孙铭九部发动政变，关闭城门，割断电线，向杨虎城、于学忠等请求向中央军发起攻击，并发表通电，公推于学忠为统帅，杨虎城、于学忠避而不见。孙铭九等人又找到在家养病的王以哲逼迫他签字，在遭到拒绝后，王以哲当场遭到枪杀。政变发生后，何应钦电令于学忠将孙铭九等首恶分子缉拿归案。顾祝同督令各集团军继续向张、杨部撤退地区推进。东北军将领在顾祝同的劝说下，对政变分子严厉惩处。第一〇五师师长刘多荃将第三旅旅长高鹏云枪决；骑兵第十师师长擅自扣留了陕西警备旅旅长孙友仁、民团司令韩世本，第一〇六师师长沈克扣留了杨部警备第一旅旅长王俊，将参与政变的部队全部缴械。至此，突发的动乱遂告平息。

张、杨部队开始撤退。2 月 4 日晨，国民党中央军先头部队已自华县推进至渭南，并向临潼行进。2 月 8 日，顾祝同率行营人员乘列车由潼关经临潼到达西安，教导总队和东北军各派一连在车站警戒，于学忠、何柱国、孙蔚如等均在车站迎候。在杨虎城离开西安后，孙蔚如就任陕西省政府主席，西安行营暂设前“西北剿匪总部”。入城后，顾祝同派宋希濂为西安警备司令。时值 1936 年农历除夕，天降瑞雪，腊鼓盈耳，西安经历了两个月的混乱开始恢复平静，家家户户燃放鞭炮除旧布新，呈现出一派祥和的气氛。14 日，杨虎城来到西安，看望顾祝同，倾诉委屈。顾祝同好言抚慰，杨虎城心中释然。第二天晚上，杨虎城在新城大楼宴请顾祝同。赵启騄、韩德勤等人苦言相劝，说这是鸿门宴，阻止顾祝同前往。顾祝同力排众议，携带副官和一名卫兵前往。席间，宾主坦诚相处，交谈尽欢，杨虎城对顾祝同表现出充分的敬重和信赖。

从西安事变和平解决到 1937 年春，东北军调离陕西、杨虎城出国等问题尚在解决中。由于西安行营在洛阳仓促成立，仅调部分重庆行营人员到洛阳办公。至西安后，先充实行营组织，以赵启騄为行营参谋长，韩德勤为办公厅长，侯成为第一厅厅长，叶元龙为第二厅厅长，分掌军事和党政，另以贺衷寒为政训处长，负责部队政治教育。

对于东北军的处理，相对来说比较容易，由行营拟定办法报奉核准后，再由顾祝同召集东北军将领于学忠、何柱国、董英斌、米春林等，按照行营输送计划，分批集中运送苏皖边境予以整编。顾祝同特向蒋介石申请，特拨发东北军贫苦军眷抚慰金六万元，以示体恤，东北军将领对顾祝同这样的处置都深为感动。

如果杨虎城继续留在国内，势必给西北军的整编增加许多困难，所以，国民党中央力主送杨出国。经顾祝同多次婉言劝说，又嘱西北军将领李志刚、米春林从中疏导，杨虎城最终于6月底由上海搭轮船出国。西北军从此也完全纳入国民党军队体系。

顾祝同主政西北期间，感到最棘手的问题莫过于同延安谈判。因为牵涉到军事与政治两方面的问题，早在事变之前，国民党中央曾派陈果夫与第三国际做初步商谈，希望通过政治途径解决争端，但无果而终。事变后，张、杨部队撤出西安，中共军队也撤向陕北，第三国际派代表毕特洛到延安，传达共产国际指示，要中共联蒋反日，于是，中共派周恩来到南京商谈。

顾祝同入主西安后，周恩来、叶剑英、林祖涵都曾到行营看望过顾祝同，也都无具体进展。2月21日，国民党五届三中全会通过红军改编案，共产党表示愿意考虑。顾祝同本着中央和蒋介石的指示，向中共提出了四点解决办法：一、取消边区政府；二、中共须发表宣言，服从中央及蒋介石领导，实行三民主义；三、停止土地改革；四、红军整编为一个军，辖三个师，划延安、虞施、延长、洛川等县为其防地。以上办法，经与周恩来几度洽商，未能全部达成共识。直到8月13日，淞沪会战爆发，一些根本性问题才得到解决，国民党中央发布收编中共军队的命令，并承认陕甘边区政府。9月22日，中共发表共赴国难宣言，向南京政府提出四项承诺。10月12日，国民党军委会再令收编江南各地红军，成立新编新四军，列入第三战区战斗序列，形成国共第二次合作的局面。

顾祝同在西安期间曾两次晋谒周陵和茂陵：一次是 4 月 5 日民族扫墓节，张继奉命代表中央致祭桥陵，顾祝同奉命代表中央率赵启騄、韩德勤、彭昭贤、杜斌丞、何柱国致祭周陵和茂陵。在由咸阳去兴平路上，还瞻仰了卫青、霍去病及汉武帝妃李夫人墓；第二次在 6 月中旬，他偕夫人许文蓉陪同刘峙等人拜谒了周陵和茂陵，游览了终南山、翠华山和华山等名胜古迹，给他留下了深刻的印象。

第六章　淞沪抗敌危局上任

淞沪会战　南京守备

1937 年 7 月 7 日，日军借口在卢沟桥演习时有一名士兵失踪，要求入宛平县城搜索，在遭到拒绝后，炮击宛平县城。驻守宛平县城的第二十九军团长吉星文率部奋起抵抗，揭开了全面抗战的序幕。19 日，蒋介石发表了“最后关头”的抗日演说。26 日，日军要求中国军队撤退北平驻军，遭到拒绝。27 日，日军以陆、空军向北平进攻。30 日攻陷天津，8 月 4 日攻陷北平。至此，全面对日抗战的决策不得不被迫做最后决定的准备。

8 月 6 日，顾祝同奉命由渝返抵南京，当时，国民党军委会拟定的战斗序列的原案是要顾祝同担任第八集团军总司令。9 日，日本海军陆战队在上海虹口机场滋事，与中国军队发生冲突。顾祝同据此料定日军将在上海制造战端，以扰乱中国商业、金融中心，威胁首都南京。13 日，上海日军果然以公共租界为根据地向闸北大举进攻。为粉碎日军企图，争取国际支持，蒋介石令上海驻军奋力抵抗，淞沪会战由此揭开。

淞沪会战初期，日军遭到痛击，一度龟缩，后因增援部队赶了上来，日军从守军左翼浏河、张华浜登陆，中国军队也陆续增援，向左翼延伸，战斗正面日益扩大。南京最高统帅部决定成立第三战区，任命冯玉祥为司令长官，而以淞沪警备司令张治中所辖第八十七、第八十八及第三十六师，编为第九集团军，并以张为总司令，另在第九集团军左翼成立第十五集团军，以陈诚为总司令，并兼前敌总司令。依规定，前敌总司令可以指挥集团军，但张治中不愿意，而冯玉祥与中央将领少有渊源，指挥调度也不灵活。鉴于此，8月24日，蒋介石偕夫人、白崇禧及顾祝同，乘车至上海安亭车站附近，召集陈诚、张治中等，指示作战事宜，并任命顾祝同为第三战区副司令长官，成立副总司令长官部，负责指挥第九及第十五集团军作战的责任。

当时冯玉祥的第三战区长官部远在宜兴后方的山洞，与前方指挥联络不方便，顾祝同来战区是蒋介石临时决定的，仅带有随从一名，只能暂时借张治中总部的人员及设备，顾祝同的办公室也暂时设在张治中办公室的隔壁，只装了两部电话，以应付前后方联络的需要。随着战争的升级，顾祝同急电西安行营第一厅厅长侯成，令其率曾振、吴鹤云、范诵尧、王省三前往上海，后来韩德勤也赶到第三战区，担任参谋长，侯成为副参谋长，协助顾祝同佐理军务。总部设在南翔以西十余公里的徐公桥。每日经常有敌机在上空穿梭往来，前线敌机轰炸声、炮声都可清晰听到。

中日双方增兵后，敌第三、第十一师团在舰炮密集火力掩护下，向吴淞口铁路码头、狮子林、川沙口登陆，进攻宝山、月浦、罗店、蕴藻浜中国军队阵地。顾祝同命令第九、第十五集团军向登陆日军发起攻击。第九十八师击退攻占狮子林日军，歼敌数千人；第十一师冒着飞机猛烈轰炸，经艰苦战斗，收复罗店。日军不甘失败，调集坦克、飞机和重炮大举反扑，双方在罗店展开拉锯战。第十一师会同第六十七师并肩战斗，以“一寸山河一寸血”之精神同日寇拼杀，战况空前惨烈。守军阵地几经易手，阵地前尸体堆积如山，血流成河。第六十七师师长李树森身负重伤，旅长蔡炳炎及两个团长阵亡，两个师的营连长大半牺牲。血战至29日，罗店再陷敌手。刚从德国回国奔赴前线的黄维率第六十七师奋力突击。日军为连接和扩大两个师团的登陆场，连续以军舰、飞机、坦克支援，向防守月浦、宝山的中国军队夏楚中部发动猛烈进攻，因伤亡过重，第九十八师撤出阵地。奉命坚守宝山的第五八三团三营五百余人在营长姚子青率领下，冒着日军炮火猛烈轰击，步兵轮番冲锋，全营官兵没有后退半步，一次次打退敌军疯狂进攻。恼羞成怒的日军施放硫黄弹，城中燃起冲天大火，所有建筑物化为废墟。接着日军以坦克开道突入城内，姚子青率全营官兵与敌展开巷战，射出最后一颗子弹，除一人受命突围向上级报告军情外，其余全部壮烈牺牲。

罗卓英的第十五集团军为克复罗店，与日军再度激烈交战。但日军在占领宝山后，以一部沿宝罗公路向西攻击，吴淞方面日军也越过泗塘河西攻。日军不断在各地登陆，中国军队面临腹背受敌的威胁。至9月中旬，敌援兵陆续开到，中国军队因无力占据海、空控制权，在进攻敌据点、抗击敌登陆和逐地争夺战中损失惨重，部队疲惫至极，被迫转入防御。顾祝同发布第三战区第二期作战计划：战区以持久抗战之目的，限制登陆之敌发展，力求各个击破之效，如各个击破不能达成时，则依次后退于敌舰射程外之既得陆地，施行顽强抵抗，待后方部队到达，再行决战而取得最后胜利。

日军沿军工路、淞沪公路和月浦、罗店之线向中国军队发动强大攻势，中国军队同敌展开殊死搏杀，第十五集团军右翼阵地被突破，部队减员严重，渐次退至罗店以南施相公庙、浏河之线预筑阵地，第九集团军亦转移到北站、江湾、庙行、蕴藻浜右岸之线预筑阵地，与日军形成对峙。

中国军队转入防御后，日军集中主力猛攻固守罗店的左翼军阵地。顾祝同为保存实力，持久消耗敌人，乃命左翼军各部队逐次转入二线阵地防守，相机打击日军。这时，松井石根改分割包围为中央突破，集中兵力进攻蕴藻浜一线。日海军、航空兵协同地面部队发起新的攻击。北路以第十一师团指向广福、陈家行；南路集中四个师团强渡蕴藻浜，向大场、南翔进攻，以切断大场至江湾地区守军与外界联系。顾祝同以六个师的兵力及税警总团连日与敌浴血奋战，因牺牲重大，无力再战，相继退出阵地。日军再度集中海、空军火力，配合步兵向蕴藻浜南岸强攻，中国守军轮番抵抗，血战三昼夜，遏止住日军攻势。

自从日军突破蕴藻浜后，战局又趋紧张。顾祝同急令新到的广西部队四个师，由大场、陈家行、广福附近转移攻势，扫荡蕴藻浜南岸日军，激战四天，战事虽获得若干进展，终因缺乏空军和炮兵有力支援，不能向两翼扩张战果，日军又发起疯狂反击，攻势宣告失败，中国军队退守苏州河南岸，战争态势对中国军队愈发不利。日军乘机展开反扑，以重兵直趋真太公路，威逼大场左翼。刘行方面日军渡过蕴藻浜后攻向大场以西塔河桥，中国军队三个师经过艰苦抗击，阻住日军攻势。此时，中国军队从大场东面，经大场、市中心向东北形成一半圆形阵线，绕于江湾以北。庙行、大场位置突出，日军调集各种火炮、飞机集中猛烈轰击，方圆数里几为焦土。而后日军又以四十余辆战车为前导，掩护步兵夺占胡家桥、塔河桥、走马塘等处阵地。守军在做出最大努力抵抗后向南翼转移，大场失守。大场丢失，全线撼动，中国军队侧翼安全受到威胁。依据战场形势，顾祝同被迫放弃北站、江湾阵地，部队撤退到苏州河南岸，左翼军也奉令转移，中国军队相继退入浏河、沈家桥、朝王庙、徐家行、广福、陈家行、江桥、北新泾至梵王渡一线的第二期既设三十五公里防御阵地。

自从大场失陷后，伤兵和败兵纷纷从小南翔方向撤退下来。残暴的日军乘胜追击，敌机低空扫射，闸北一片大火！车水马龙的中山大道也遭到了日机的袭击。第八十八师参谋长张柏亭心急火燎地去向战区长官报告紧急军情，就在这天早晨，顾祝同已打电话给第八十八师师长孙元良，向他转达了蒋介石的意见，要第八十八师死守上海。可孙元良不同意，认为孤立无援，部队伤亡了，联络断绝了，粮弹不继了，最后被敌人俘虏屠杀，不值得，也不光荣。顾祝同听了也认为有道理，但有违蒋介石的意见，正在为难之际，孙元良派参谋长来商量这件事。第八十八师的意见是：留置闸北守备最后阵地的部队，至多一个团左右兵力，固守一两个据点。兵力多是牺牲，少也是牺牲，守多数据点是守，守一两个据点也是守，反正是为了引起国际注意，关键是要选一支精锐的部队。顾祝同思虑后认为可行。可张柏亭来时路已被退下来的部队阻塞了。第八十七师的一个排长左臂用绷带吊着，右手抱着一挺轻机枪。他说部队顶不住了，敌军的坦克正向我们追来。张柏亭掉转车头，绕道穿过租界，回到了苏州河畔的四行仓库。四行仓库是第八十八师师部所在地，淞沪开战之初，师部的指挥所在中山大道三十一号附近的观音堂，但民众慰劳，记者采访，人来人往非常杂乱。孙元良决定将师部转移到苏州河畔的福新面粉厂。刚搬走，日军的炮弹就把观音堂里的佛堂炸得粉碎，大殿的墙壁上还打进几发没有爆炸的炮弹。面粉厂也不安全，日军炮弹又追了过来，最后选定了苏州河垃圾桥边的四行仓库。

孙元良正在踱步，这是他思索问题的习惯。见参谋长回来，他立即说：“顾长官已有电话指示，留下一个团兵力坚守闸北。我认为一个团人太多，权宜变更为一个加强营，以第五二四团一营为基干，配属必要的特种部队，由中校团副谢晋元、少校团副上官志标、少校营长杨瑞符率领，今晚就进入仓库。”谢晋元接命后，率所部官兵与进攻日军激战三昼夜，毙敌百余名，坚守着四行仓库阵地始终岿然不动。最后在租界各国的请求之下，这支力战不屈的孤军才奉命退入公共租界。“八百壮士”英勇事迹轰动中外，一时声名远扬，虽然于战局无补，但是有力地震慑了日军。

11月初，处于被动地位的中国军队开始撤退，松江、枫泾失陷，沪杭路被截断，苏州河南岸中国军队只有向昆山、苏州一带后退。这一带地形复杂，河汊纵横，水深不能徒涉，公路和铁路两旁又没有平行道路，部队单位很多，沿途拥塞，日机频频轰炸，秩序更乱。部队大多失去掌控，统帅部命令只能下达到师一级。顾祝同命令各部队占领太湖两侧国防工事，遗憾的是各部队未能遵命进入阵地，以致刘建绪的第十集团军在乍浦经平湖至嘉善一线未能做有效抵抗，日军仍沿铁路猛进。

17日，嘉善、嘉兴、平望等要点相继沦陷，整个阵线出现动摇。在太湖北岸地区拟守苏州至福山一线阵地的中国军队，也没能利用既设阵地有效痛击日军。日军继续以有力一部直扑常熟，形势更趋危急。顾祝同与韩德勤、侯成等人商量后，果断决定退守无锡至江阴一线阵地，以新到的两个师沿苏州至南浔路作战，保卫苏州。

面对日军援兵纷纷开至，蒋介石采纳了顾祝同的建议，决定放弃上海，采取持久战策略，以抗击消耗日军。11月20日后，沪杭部队向桐乡、长安撤退，京沪线部队向无锡、江阴撤退。第五天，苏州失守，日军逼近无锡。守军士气低落，人心涣散，顾祝同苦撑战局，指挥新到战场的川军五个师担任保卫京杭、宣广长公路的任务，于长兴、广德、宜兴、溧阳附近阻止日军西进；命令太湖北侧的中国军队主力退往徽州，一部退向南京，而后转入首都保卫战。

中国军队退出上海后，京沪铁路、公路各要点遭到日机狂轰滥炸，苏州每天都处在空袭中。顾祝同决定将副长官部于 11 月 14 日撤退到武进。当顾祝同离开苏州时，苏州城内城外到处浓烟升腾，火舌漫卷，扶老携幼的难民、络绎不绝的西进部队充塞道路，秩序混乱不堪。15 日晨，顾祝同率司令部同人到达武进南方两公里的一个小村，决定暂留，指挥部队行动。随后又接到蒋介石的电令，要他速去南京。原来太原已于 11 月 12 日沦陷。

国民政府于 20 日移驻重庆，并昭告中外，继续抗战。国民政府从地方政治配合军事作战需要出发，对湖南、贵州、安徽、江苏、浙江等省政府进行改组。原由顾祝同兼任的贵州省主席，由吴鼎昌接任，而他却于 11 月 26 日奉令兼任江苏省主席。虽然二掌苏政，但实际上，他在前方指挥军事，无法两头兼顾，只得报请重庆，让韩德勤兼任江苏省主席。27 日，省政府由镇江迁往扬州办公。侯成升任第三战区参谋长，邹文华为副参谋长，刘广济为参谋处长，茅迪功为副官处长。

上海撤退后，南京守备原由南京卫戍司令长官唐生智负责，但守备的军队多系由上海附近撤退的部队，唐对各部情况不熟悉，于是，蒋介石任命顾祝同协助唐指挥作战。日军自越过太湖以西地区后，即以主力向南京急进，一部分向宣城、芜湖推进。当时南京守备部队初由前方撤回，尚未喘息，整备未完，即遭到日军的攻击。

12 月 4 日，日军推进至句容附近，又以主力进攻淳化，一部猛攻汤山。激战四昼夜，汤山失守，龙潭、淳化也相继失守。接着，芜湖也被攻占，日军偷渡江浦，南京城已完全陷入日军的包围之中。唐生智和顾祝同奉令撤退，以主力突围向徽州转进，一部渡江沿津浦路北撤。当中国军队撤退时，与日军的战斗更趋激烈。12 日，雨花台失守，光华门被突破，中山门附近城垣被日军炮火炸毁，城防动摇，而渡江器材匮乏，部队秩序混乱。顾祝同等部队开始撤退，与唐生智渡江至浦口，乘津浦路火车北上徐州，与李宗仁会谈后，再经陇海路转平汉路，南下汉口。

12 月 13 日，日军攻占南京后，发动了惨绝人寰的“南京大屠杀”。此后，日军认为中国军队已丧失了战斗力，通过德国驻华大使陶德曼于 12 月 22 日向重庆政府提出议和。蒋介石洞察日军企图，先于 17 日发表告国民书，重申抗战到底的决心。

震川防变　战区部署

顾祝同到达武汉不久，就接到重庆行营代主任贺国光来电，称川康绥靖主任兼四川省主席刘湘因胃溃疡在汉口病故，其手下文武干部借吊丧秘密集结，恐有异图。他请顾祝同火速来四川一趟，以震慑川军将领，防患于未然。顾祝同感到事态严重，立即赴重庆面见蒋介石，请示处理方案。蒋介石指示顾祝同，川局至关重要，不单是安定川中人事，督令川军出川抗战，尤其要对政治、军事、经济妥为部署，才能使四川成为政府长期抗战的后方基地。于是，顾祝同先往四川，将第三战区司令长官的职务交由前敌总司令薛岳代理。随后于 1 月底由汉口飞往重庆，在飞行途中，顾祝同又接到蒋介石要他转告川中将领的话：“中央重视川政，固无不筹维悉当，而中正对我全川父老袍泽及与甫澄主任多年患难相知之关系，于公于私，爱护之诚，罔间始终，诸凡措置，必以对国、对川、对逝者、对生者，均无遗憾为前提，一方面使川省对国家克尽伟大之贡献，同时亦必保障，……俾成有效率之机体，即机关或有更张，而人员必有安顿，只要服从中央命令，遵守甫澄遗嘱，则决不令甫澄所部有一人之失所而无所依托也。”

顾祝同遵照蒋介石的指示，入川后，首先任命王赞绪代理四川省政府主席；唐式遵、潘文华、王陵基、孙震、李家钰分任集团军司令，各编成一个集团军出川抗战；任命邓锡侯为川康绥靖主任兼军长，刘文辉为西康省政府主席兼军长；王赞绪所部第一军由王泽睿率领出川，杨森、范绍增部各编一个军出川；其中，唐式遵第二十三集团军在淞沪作战时已陆续到达苏南、皖南，归第三战区指挥。国民党中央原已成立第七战区，刘湘为司令长官。现刘湘病逝，蒋介石命顾祝同兼任第七战区司令长官。1938 年 6 月，唐式遵调任第三战区副司令长官兼二十三集团军总司令，潘文华担任川康绥靖公署副主任兼川陕边区绥靖主任，担任大巴山地区防务。川中将领经过顾祝同两个多月的耐心开导，都能顾全大局，陆续出川投身抗日战场。这时，日军在攻克国民党首都南京后，有进攻武汉的企图，国民政府准备继续迁往重庆，顾祝同令重庆行营早做筹划，积极协助政府搬迁。

四川局势稳定后，顾祝同于 3 月底飞抵武汉举行中国国民党临时全国代表大会，制定抗战建国纲领，并推选蒋介石为国民党总裁，接着又参加4 月 6 日至8 日举行的五届四中全会，直到5 月 2 日才由武汉飞抵皖南屯溪第三战区司令长官部。

1938 年 1 月 17 日，国民党最高统帅部军事委员会改组，除原有航空委员会、后方勤务部及办公厅外，分设军令、军政、军训及政治四部，并重新颁发国军战斗序列。即第十集团军刘建绪、第十九集团军罗卓英、第二十三集团军唐式遵、第二十八集团军潘文华等四个集团军及直属新四军叶挺、独立第六旅周志群与游击总司令黄绍竑共二十四个步兵师、六个步兵旅和其他特种部队。其中，只有潘文华集团军尚未编成出川，之后，也只有一部分出川作战，并指定以苏南、皖南、赣东北及闽、浙两省为作战地境。

顾祝同从武汉返回皖南屯溪后，按照军委会颁布的新编制，增设战区政治部、办公厅、军务处和交通组。人事方面也做了相应的调整，除政治部主任由谷正纲担任外，参谋长侯成辞职，由副参谋长邹文华补缺，总参议戴戟调皖南行署主任，以上官云相补缺，办公厅主任朱华，参谋处长刘广济，军务处长王迄，交通处长周永年，副官处长茅迪功。顾祝同兼任的江苏省主席，暂由民政厅长韩德勤代理，任命赵棣华为财政厅长，教育厅长周佛海，建设厅长胡嘉诏，秘书长严昌武。由韩德勤率领省政府新班子前往扬州就任。顾祝同发表谈话，决以整饬纪纲、振作人心、安定社会、组织民众、抚辑流亡、厉行节约、严防汉奸为中心，期以军事力量推动政治力量，以政治效能完成军事任务，致力抗战守土、救亡图存工作。

至于苏北军事方面，蒋介石原意是苏北军务由第二十四集团军副总司令韩德勤负责，经磋商，改由顾祝同兼任驻守苏北的二十四集团军总司令，而以副总司令韩德勤负责实际指挥责任，并以在苏北的九个保安团编为第八十九军，辖第一八八师、第一八九师，以韩德勤兼第八十九军军长兼一八八师师长，李守维任一八九师师长。后来由李守维任八十九军军长，担任苏北作战任务。事实上，自南京沦陷后，长江南北交通被日军破坏，所有苏北一切军政事宜，都由韩德勤在艰苦中竭力经营。

皖南方面，自日军舰艇控制长江水道后，皖南二十余县与安徽省政府联系隔断，行政业务无法开展，军事协同出现诸多不便。顾祝同与安徽省主席李品仙协商，调战区长官部总参议戴戟为安徽省政府委员兼皖南行署主任，一面受省主席领导，一面受战区长官部指挥督导，以配合军事行动。

此外，自1938年1月，顾祝同奉令收编赣南与鄂皖边区红军五千余人成立新四军，辖四个支队，以叶挺为军长，项英为副军长，归第三战区指挥。在顾祝同返抵屯溪时，新四军业已编成，依照战区命令，驻节皖南铜陵、繁昌、南陵、泾县边区，担任苏皖两省江南地区游击作战。考虑到新四军进出便利，顾祝同特划铜陵、繁昌两县交界地区归新四军守备。

武汉会战前后，顾祝同先后在长江沿岸组成若干炮兵游击队，钻隙挺进江边，袭击日军舰艇，破坏日军航运，略有成效。国军撤出武汉后，统帅部判断日军有进攻长沙的企图，第三战区一部奉令调往第九战区，准备参加长沙会战。第三战区的兵力渐渐减少，顾祝同重新调整部署，以刘建绪的第十集团军担任浙江防务，另配备黄绍竑的抗敌自卫军协助；第二十五集团军陈仪所部担任闽海一带防务；第二十三集团军唐式遵部担任皖南沿江一带防务。为便利作战，统一指挥江西南城、临川、鹰潭的国军部队，顾祝同报请军委会批准，成立第三十二集团军，由长官部总参议上官云相调任总司令，参谋处长刘广济任该集团军总部参谋长，参谋处副处长邵存诚升任参谋处长。

武汉会战后，蒋介石在南岳召开军事会议。蒋介石在会上检讨了第一期抗战的得失，征询各位将领对以后作战与军事、行政的兴革意见，指示第二期抗战的特质，重在转守为攻，反败为胜。会中，蒋介石指示今后政治战、宣传战与游击战的重要性，并订立颁布第二期抗战的要旨，及抗战工作应特别注意各点十二项，与治军四要实施纲领等，都逐项分条列示，以作为国军之后作战的准绳。会议至28日结束，蒋介石于30日经衡阳转往桂林，顾祝同则于12月初由湘南启程回屯溪。

1938年12月16日至19日，顾祝同在安徽休宁县万安镇召开由各军将领参加的军事会议，即万安会议。他在会上详细地总结了战区十七个月对日作战的经验教训，分析了国际形势，传达了南岳军事会议精神，要求全体将领继续发扬艰苦卓绝之精神，勇敢善战，一往无前，不断给日军以沉重的打击。他在会上提出了一个综合性的提案，包括对干部、幕僚、经理、经费、赏罚、情报、作战、兵力、任务、阵地、协同、联络、教育、政训、爱民、爱物、卫生等应该注意的事项，均审查通过，决议遵照实施。会议结束时，他要求全体官兵坚定抗战必胜的信念，重视军纪教育、卫生教育、生活教育、射击训练、防空防毒训练；提倡攻击精神，注意搜索敌情，加强彼此协同，随时构筑工事；要融洽军民情感，注意民众训练。

由于战区幅员辽阔，而长官部设在屯溪，偏居一隅，对指挥整个战区的作战多有不便。于是，顾祝同在万安会议后，决定将长官部迁至江西上饶，于1939年初迁徙完成。上饶位于江西省东部，地处战区管辖的中央，是浙赣铁路上的一个要点，与浙东、浙西、苏南、皖南、赣南、福建都有公路连接，指挥联络灵活方便。为避免日机空袭，长官部各单位分设在上饶南郊十五华里的皂头附近各村庄。

2月初，军事委员会副参谋长白崇禧到江西吉安，奉令召集第三、第九战区军事会议，讨论今后作战事宜。顾祝同带着参谋处长邵存诚参加会议。不料，会议走漏了消息，日机成群结伴地飞临吉安上空“下蛋”，参加会议人员纷纷疏散，顾祝同的参谋处长和另两名军官躲进了一间小屋被日机发现，投下一枚炸弹命中目标，邵存诚被炸死。2月中旬回到上饶，顾祝同对长官部的人事稍作调整，调岳星明任参谋处长；军务处长王迄调任第六十三师师长；参谋处副处长曾振任军务处长；军务处副处长吴鹤云调任第二十三集团军总部参谋长。

战略部署　收复福州

过去，第三战区部队虽多次钻隙到长江边袭击日军，但战果终究有限，顾祝同决定以较大兵团封锁江面，令十四个师组成三个兵团：右翼兵团以第二十三集团军总司令唐式遵担任指挥，指挥所设在皖南太平，其任务是攻击沿荻港、大通、铜陵一带正面之敌，并掩护协助中央兵团的攻击；中央兵团由顾祝同亲自指挥，三十二集团军总司令王敬久为副指挥，设指挥所于皖南屯溪，将王敬久总部推进至石埭的陵阳镇，以大通至贵池为攻击正面，也是这次攻势的主力所在；左翼兵团以第二十一军军长陈万仞担任指挥，指挥所设在经公桥，以东流、香口、彭泽、湖口一带为攻击正面，掩护中央兵团攻击。

部署既定，顾祝同即率指挥部人员到达屯溪，等各部队进入指定位置后，即下令开始攻击。战事进展顺利，斩获颇丰，但日军工事坚固，火力占绝对优势，经连续五个昼夜的血战，虽然毙伤俘敌四千余人，一部曾推进至江边，遗憾的是未能达到截断日军长江运输线的目的。当日军弄清顾祝同的企图后，急调援兵直扑青阳，经顾祝同指挥部队堵截、逆袭，激战三昼夜，当面日军才退回原阵地。顾祝同率部撤离战场。在屯溪召开的各参战部队团长以上干部会议上，顾祝同就这次作战的一般缺点与战术、战斗、补给、卫生、交通、通信以及幕僚业务应注意改进的事项做了详细说明。实际上，顾祝同对这次作战未能完成蒋委员长在第二次南岳会议上面授给他的任务十分愧疚。

1940年1月下旬至2月25日，日军第二十二师团主力附骑兵一个纵队，乘大雪偷渡钱塘江，攻陷萧山。顾祝同于1月29日将设在屯溪的指挥所移至金华，30日亲自到诸暨前线部署，召集各部队团长以上官长谈话，指示作战机宜及注意事项。至2月中旬，命令第十军两个师及炮兵一部担任主攻部队，以第一九二师为预备队，由军长梁华盛指挥，并增调预十师参加战斗，经过几天激战，才恢复战前态势。

皖南方面日军以第一一六、第十五及第十七师团各一部分兵力向驻守宣城的王敬久部和田钟毅部发动攻击，连陷青弋江镇、繁昌、南陵、青阳各要点，经国军分途堵截，激战至5月7日，日军恐深入国军根据地后被分割包围，开始狼狈撤退。随后，日军又向第一〇八师正面攻击，军长王敬久集中主力部队围攻宣城，第二天收复宣城，日军败退。

7月中旬，浙江镇海港外，日军船舰增至三十余艘，船舰上载有九架飞机，似有攻击镇海要塞的企图。第十集团军刘建绪抽调第十六师协同驻宁波的第一九四师和镇海要塞部队加强防御。顾祝同命令第八十六军军长莫兴硕亲率第六十七、第七十九师向义乌、溪口输送，归刘建绪指挥。日军自16日开始攻击，先陷镇远、宏远两炮台，再陷镇海县城。19日，守军乘敌立足未稳，发动反攻，宁波及甬江两岸枪声不断。日军以空军和炮火支援，国军打得很苦，尤其是第四十八团阵地，几乎成为焦土，但士兵们毫无惧色，打退了日军，阵地岿然不动。激战至22日，日军阵线出现动摇，国军乘胜反击，先后收复宁波、镇海县城和要塞地区。

10月初，日军又以第一一六师团一部配合第十五师团，分头向皖南繁昌、顺安、宣城、南陵、泾县等地进犯；杭州日军第二十一师团一部也分头向浙西临安、新登、富阳、孝丰、安吉等地进犯；

日军第十七师团与第一混成旅先后攻克苏南的泗安、广德，向溧阳、宜兴、郎溪等处进犯。随后，日军第二十二师团一部攻陷钱塘江南岸的诸暨，国军增援部队赶到后又将其收复。接着，日军又向绍兴进犯。这次日军在第三战区的攻势属骚扰策应，都被国军地方部队击退。

1941 年，日军以第二十二师团步、炮兵两个联队为南路军集结于苏南长兴附近，以第十七师团两个联队为中路军集结于宜兴附近，另以第十五师团一个联队为北路军集结于溧水东南天王寺、北马山一带。由第十三军团长泽田茂统一指挥，向广德进犯。顾祝同侦知敌情后，令第三十二集团军妥为部署，同时令第十集团军派兵攻击自长兴向泗安进犯的日军侧背策应第三十二集团军作战。日军自 3 月 3 日开始行动，同国军在泗安、张绪、溧阳一带反复争夺了二十余天，至 3 月 26 日，国军终将日军击退。

4 月中旬起，日军又在浙闽沿海和钱塘江南岸发动较大规模的攻势。日军使用两个师团及海军陆战队一个旅团的兵力，在海、空军配合下，沿浙闽海岸要点同时进犯。顾祝同调集二十个整编师的兵力，战线自浙江诸暨、绍兴、镇海、宁波、奉化、临海、黄岩及福建长乐、乐清、福州，绵延千余华里，从 4 月 16 日起至 5 月 21 日，历时三十六天，是第三战区自松沪撤退以后规模最大的一次战役。这次，日军采取迂回包围战术，不时派出小部队配带骑兵及重武器，向战场施行威力搜索，侦察国军配备，然后出动空军袭击国军后方交通线和要点；战斗时以主力协同陆军作战，特别在主攻方面，因为国军事先已将道路破坏，日军不得不以空军代替炮兵，以压制国军，掩护其步兵顺利实施攻击。对于山地作战，日军往往以一个连为基干，带着小炮、重机枪、掷弹筒迂回突进，控制整个战场。闽江沿海作战，日军虽获得若干战果，占领了浙江、福建两省沿海许多要点，截断国军海上对外交通，掠夺了部分物资，但在钱塘江南岸两次企图包围歼灭第三战区野战军主力都没有得逞。

8月中旬，战区获得情报，在福州、福清、长乐、连江一带的日军第四十八师团与海军陆战队似有陆续抽调模样。顾祝同即刻派出若干小部队侦察，在获得准确情报后，立即调整部署，向日军发起攻击，收复被日军占领四个月之久的福州。当时第三战区守卫闽江右岸的部队是福建省保安纵队第一、第四及第九等三个团和七十军的第八十及第一〇七两个师。顾祝同命令刘建绪转令第七十军军长陈孔达，以其主力和保安纵队，先取长乐、连江，截断日军归路，然后再相互策应，攻击福州。8月25日，陈孔达指挥部队发动全线攻击，次日克复福清。日军援军赶到，双方反复争夺了一天，福清再陷敌手，旋又被国军夺回，继而攻克长乐。左岸方面国军自总攻发起后，利用便衣队向福州日军突袭，27、29日两度攻入日军阵地，均被其猛烈火势挡了回来。便衣队潜入福州城，与城外攻击的第八十三师主力里应外合，克复福州，日军向马尾方向逃窜。第一〇七师也于当日克复连江，至此，福建沿海日军全部被肃清。顾祝同于10月中，经南平视察，去福州巡视两日，住宿南台，发表告福州民众书，强调此次克复福州，充分显示了日军战力的减退和我军民合作的成功，这正是我们对日抗战最后胜利必将来临的保证。

皂头被炸　战区建设

第三战区在沿江和沿海地区不断重创日军，激起了日军的愤怒。日军特工队经过长时间的侦察，终于掌握了第三战区长官部驻地皂头的情报，于1940年4月4日，对皂头实施狂轰滥炸。4月3日，国军曾发现一架日机在皂头上空盘旋，在空袭警报发出后，长官部人员纷纷躲避，但由于平时住处分散各村庄，日机从未到过，没有引起重视，停车场缺乏伪装，民众活动也不隐蔽。第二天，设在皂头的长官部子弟小学正举办儿童节庆祝大会，就学儿童及其家长坐满了操场。上午 10 时许，空袭警报传来，群众纷纷躲避。皂头以南两公里处有一片叫紫云亭的丘陵地带，林木茂盛，平时遇到空袭警报时，常有军民车辆集中到这里避难。而这次警报发出不久，二十四架日机就飞临上空，这时有一辆苏俄顾问的汽车由皂头向紫云亭急驰，被日机发觉，便一路向紫云亭方向追踪投弹。参谋处驻地傅家村、皂头、紫云亭等处，炸弹像冰雹似的纷纷落下，遍地浓烟滚滚，火光冲天，村庄被点燃，树木被炸断，一时间血肉横飞，死伤三百余人。午后，战区各单位正忙于救死扶伤，忽然，三十七架日机又飞临上空，再度对皂头、紫云亭等处实施轰炸。所幸军民已安全转移，没有造成人员伤亡。空袭警报解除后，顾祝同安排将遇难者的尸体集中在一块儿，举行悼念仪式。他含泪痛斥日军的残暴行径，发誓要以血还血。士兵们对天鸣枪。事后，顾祝同对这起事件引以自责，认为战区防空意识淡薄，保密工作没有做好，他有失察之过。除令部属做好抚恤工作外，饬各单位迁往较远的村落，避免类似事件发生。

4 月 25 日至 27 日，顾祝同于朱熹讲学的南岩石山洞，召开由各部队师长、参谋长、军以上政工主官以及长官部各单位主管人员参加的军事会议，检讨去年冬季攻势失利的原因，传达蒋介石在柳州会议上的讲话精神以及重庆参谋长会议上训示要点。在会上，顾祝同着重指出五点：要注重训练与研究；要注重检讨与奖惩；要选派干部受训；要切实防止逃兵；要绝对保守秘密。

1941 年 5 月，在浙闽沿海及钱塘江南岸战役结束后，顾祝同在上饶举行由参战部队师以上干部参加的军事检讨会，就这次战役敌我所表现的优点和缺点加以比较说明，要求各部队长要确实掌握部队，尽力爱护武器，尽量节省弹药，调整粮食补给。在会议结束时，他还特别强调，战争一时挫失不可以气馁，而军队纪律的败坏，最令人痛心。一个纪律严肃的部队必能使士气激昂，民众爱戴，然后与日军作战亦必能无坚不摧，攻无不克！至于过去的缺点与过失，必须从教育训练着手，如果真能教育部下对每次作战所得的经验教训加以研究改进，则有形无形的战力必能日益加强，然后以这样新生的力量与日军作战，才可以圆满达成任务。

自第三战区成立以来，配备在该战区的先后有李觉、刘建绪、王敬久、陶广、唐式遵等几个集团军和一个兵站总监部。战区司令部初设于屯溪。屯溪原是安徽省休宁县所属的一个小镇。市面由一条东西长一里许的大街和一条河街组成。每年在新茶上市季节，徽州一带出产的红绿茶叶都集中于屯溪，茶商云集，交易火爆，及至茶市一过旋又萧条下来。徽州人善于经商，比较富裕，到处建有深宅大院，祠堂的结构也极其考究。第三战区司令部和兵站总监部两个组织庞大的战时机构设于屯溪，带来了大批的办公人员及其家眷，为不被敌人发现，便分散地住在距街头几里外的村落里。

顾祝同住在深竹，兵站部驻在荷花池，都是较大的村落和高大的房舍。屯溪四周多山，虽有蜿蜒如带的新安江支流流经这里，终因水浅，舟楫只能在雨季才能畅通；虽然筑有公路，近与徽州相连，还可与江西的景德镇相通，但除了军事物资运输以外，很少见到一般运输。镇上有小型电灯厂，夜间用电灯照明。大街东首的黄山旅社有卫生设备，可供旅客沐浴。占地十余亩的溪边公园、苑亭石磴、古木疏林，别饶奇趣。所以屯溪是个山区集镇，又含有城市的影子。从上海、杭州等地逃难来的富商在这里开设菜馆、商店、浴室、杂货铺，陈列着各种琳琅满目的商品、交通器材以及日用品。街市上闹房荒，在公路车站两旁新建了许多房屋，市面大大拓展，上海旅行社也在这里新建了礼堂、客厅和旅馆，更给小镇抹上一层城市色彩。

当时，战区内的民众甚至部队里的极个别军官对日军产生畏惧心理，认为靠劣质武器装备根本不可能同日军抗衡。针对部队中出现的恐日症，顾祝同除利用战区报纸鼓舞全军的抗战士气外，还从上海请来国民大戏院的演出班子到部队演出《取金山》《辽阳大战》《串龙珠》《孔雀东南飞》等剧目。

此外，为加强各部队干部训练，顾祝同自 1939 年起就在瑞金成立中央军校第三分校，任命吕济为主任、唐冠英为副主任，招收青年学生授以军官养成教育，毕业后分发各部队担任基层干部。随后，于 1940 年又在鹅湖设立战区军官训练团，派温鸣剑为教育长，由顾祝同自兼主任，分期调训战区所属各部队校级军官和高级军官，参加短期训练。每期训练班开学，顾祝同都发表热情洋溢的讲话，加强学生对国家、主义的认识。他还经常到第三分校视察，和青年学生面对面地交谈，听取他们对军官教育的意见。1940 年 11 月初，他在同学生座谈后，顺道前往赣州。那时，蒋经国在赣州任行政督察专员，对整顿社会风气、创新地方政治卓有成效。

顾祝同于繁忙的军务中对部队的政治工作一直紧抓不放，在他看来，政治和军事是部队的一双翅膀，二者缺一不可。依据政工人员近年在部队实际工作的经验与第三战区的客观环境以及日军的活动与企图，顾祝同对部队的政工加以改进，以适应战争的需要。他多次强调，要部队的干部严格按照南岳会议治军要点，要提高士气，收揽人心，爱惜物力，抚养伤员。第三战区幅员辽阔，各省党政工作配合不尽如人意，如不加以改进，很难达到预期效果。之后，他从实际出发，成立战区党政分会，由他兼任主任委员，浙、赣、闽三省主席为副主任委员。战区党政分会的成立，对促进文化、经济建设都起到了积极的作用。自战区长官部迁至上饶后，顾祝同深感原有战区各地方报纸，因为交通缘故很难普及到战区各地，民众对抗战的了解知之甚少。顾祝同令战区政治部创办《前线日报》，利用军事交通网发行到整个战区。这份报纸的创办倾注了顾祝同的大量心血。

1938 年 4 月，菲律宾外文各大报记者组成一个战地访问团，访问第三战区。顾祝同的同乡马树礼是华侨报的记者，被推选为访问团副团长兼负向导传译。眼看访问就要结束，即将随团回菲律宾。但在采访期间，他亲眼目睹了日军的暴行，基于爱国的一腔激情，决定留在国内，为国家服务。他在武汉临时首都向政府请缨报国，希望分到前线工作。在军委会政治部第一、二厅的安排下，马树礼被派到东南前线第三战区政治部服务。报到不久，马树礼就奉谷正纲之命，创办《前线日报》。报纸出版后，他在时任战区长官部机要课长同乡衡政五的引荐之下，第一次拜见了敬仰已久的乡长顾祝同。顾祝同的言辞、仪态无不透溢出儒雅、慈祥、温和与亲切，马树礼心中对他油然升起一股崇敬之情。后来马树礼一直供职于第三战区政治部，兼办《前线日报》和战地出版事业。马树礼在顾祝同的关怀和培养下，由一名普通的记者晋升为《前线日报》总编辑。每天深夜 11 点前，马树礼必须把收到的国内外电讯，先做一个摘要和分析。因为他知道，11 点过后，顾祝同必定会准时来电话详细询问。为及时了解时局的发展，顾祝同把战区唯一一台高性能短波收音机赠送给马树礼，报社里精通英语和日语的同事经常守在那台收音机旁，直接收听盟邦和敌人的广播，随时向顾祝同报告。珍珠港事件的爆发，就是马树礼他们从这台收音机里收听到的。

第三战区所辖的东南各省，是全国的经济重心。抗战初期，为避免战争损害，保证战力，顾祝同果断将沿海民营工矿业迁入内地。日军的战略由速战速决转变为以华制华、以战养战后，第三战区奉令成立经济作战处，一面管制物资，节约消费，以维持长期作战的力量，一面鼓励商人抢购战地物资，运送后方，支援对日作战。第三战区物产丰富，与日军毗连防地，除苏、皖、赣三省边区犬牙交错外，更有长达数千里的海岸线，正因为如此，顾祝同感到对敌经济作战的任务远胜于军事作战。1940 年，第三战区奉准成立经济委员会，统筹战区一切经济设施与物资供应。战区经济委员会刚成立，就获得行政院拨付的三百万元资金。长官部召集各单位主管举行经济问题谈话会，拟订战区经济调整计划。经过修订，改为第三战区战时经济设施纲要草案，内容包括调整生产、促进贸易、储备物资、加强运输、调整金融、严密缉私。随后，顾祝同又召集战区各省主席、集团军总司令、行署主任与中央在战区的直属机构主管，举行战区经济会议，先由战区经济委员会主任委员赵棣华就该草案加以说明，在会上获得通过。战区经济委员会以这个纲要为依据，先后成立贸易委员会，负责统筹战区的物资供应、战地物资的抢购与收购；合作委员会负责促进战区农工业和手工业的生产，辅导各种产品的运销，五省通汇处负责调节战区生产事业所需的资金与印制币券，供应市场的需要；水陆联运处负责各种运输工具的指挥调度，增建船筏及手车，以补充运输力量的不足。

至于粮食管理，战区各省虽然是产米之乡，但大多沦入日军之手。即便是丰收之年，战区控制区的粮食也很有限，若遇灾荒，更为见少，加上日军高价收买，骚扰劫掠，供应更显不足。钱塘江右岸作战部队士兵每天只能吃上一顿饭。面对这样的窘境，顾祝同在上饶成立粮食管理处，以赵棣华兼处长，订立第三战区各县粮食管理办法纲要，从紧管理粮食，保证作战部队吃饱饭。顾祝同在上饶召开的由黄绍竑、熊式辉、陈仪、唐式遵、刘建绪、上官云相、王敬久、谷正纲、邹华、冷欣等人出席的第一届党政联席会议上，着重将加强经济联络，增加生产，调剂盈虚，对付日军封锁列为重点问题解决，收到显著成效。

战区所辖的东南沿海文化荟萃，教育发达。战争爆发后，各地学校与文化机构遭到严重破坏，青年学子失学失业者居多，许多战地学子既无力转移，又无处就学，令顾祝同寝食不安。他也是读书人，深知从穷乡偏僻里走出来求学不易，而这些青年学子是国家未来的希望，绝不能撒手不管。基于这样的考虑，顾祝同在战区成立失学失业青年救济委员会，由他兼主任委员，汪宝煊为副主任委员，一面协助战区大专院校迁入后方，抢救战地青年，护送到后方就学，一面组织办学。首次在屯溪创办江苏临时中学，派于锡来为校长；后又在陈坊创办战时中学，收容战地有志向学的青年。随着各地流亡到第三战区的学生日益增多，中学生可以由江苏临时中学收容，大专学生却没有收容处所，无论是江南、皖南，还是浙东、赣东北，都没有一座大专院校的设置，学生就学成了一大难题。顾祝同安排长官部将这个情况报告中央，中央考虑到全国各地都存在这样的情况，出台了战区临时学院设置办法。顾祝同与江苏、安徽两省商量，由战区党政分会负责创办苏皖联立临时政治学院，报中央核准，在上饶成立苏皖联立临时政治学院筹备委员会，派孔充具体负责。

孔充带人勘定福建省崇安县武夷山上的万年宫为临时院址，除修葺万年宫寺院房舍为办公场所及学生宿舍外，还添建教室、图书馆及教职员工宿舍一百多间，选聘教师，派专人到江南、苏北、皖北、上海等地招考接近前线及沦陷区的高中毕业学生两百多人到学校上课。学院成立理事会，聘请苏皖两省名流吴稚晖、钮永建、叶楚伦、韩德勤、李品仙、赵棣华、冷欣、李寿雍等为理事，推顾祝同为院长，朱华为副院长。1940 年 12 月 12 日，顾祝同在校内主持了开学典礼，宣读了蒋介石颁发的训词。不过，临时政治学院只设文法两科，学制也仅有一年，这对满足求知者的欲望显然不足，但学生毕竟有了一个安静的学习场所和难得的进修机会，还是感到几分庆幸。

其实，在学院创办之初，顾祝同就已做了延长学制的打算。在第一批学生毕业前，即与中央商洽，获准将苏皖联立临时政治学院改制为苏皖联立技艺专科学校。临时政治学院的学生除不愿意继续在技校攻读准其毕业或转其他学校外，其余大部转入技校读书。技校学科分为行政管理、会计、银行、应用化学、机械工程等六个专业，其中，行政管理和会计最特殊，也为全国首创。浙赣开战时，技校师生的安全受到威胁，顾祝同决定将技校迁往福建三元，借用原福建省训练团的房舍为教室，正常开课。但是，福建三元地处偏僻，技校的发展自然受到一定的限制，学生呼吁将技校改制为独立学院。顾祝同派学校管理科主任孔充代表他前往重庆商谈，没有结果，原因是技艺专科学校属于苏皖两省联立，经费由两省分担，不足部分及特殊需要，才由战区给予支援。就在这个时候，安徽省政府易人，继任者认为学校远在福建三元，不愿继续分担经费。孔充在重庆利用这个机会请吴稚晖、叶楚伦出面游说，以江苏没有大学，仅有一所教育学院又已停办，如苏皖技艺专校在安徽退出后与江苏教育学院合并，成立一所独立学院，不失为一个善举。抗战进入第七个年头，技艺学校更名为省立江苏学院，聘请戴克光为院长。原技校学生依志愿升入江苏学院相关系深造，于次年 6 月毕业。这是自学校创办以来第一届完成大学学业的本科生，经战区长官部介绍到各省服务。

抗战胜利后，战区长官部推进到杭州，接受日军投降完成，顾祝同派车协助江苏教育学院将师生由三元乘车经南平、建阳、越仙霞岭至江山，再由金华到诸暨转乘火车到上海。首批车队抵达扬州，校址选在扬州何园。后因主张高等教育平均发展，将江苏学院迁往徐州。顾祝同当时任徐州绥靖主任。学科有行政管理、文史、外文、政治、数理、机械工程等，学生也由初办时的两百余人增加到六百余人。江苏学院迁徐州后，虽然国内局势日见紧张，但学校发展得很快，学院的教授多次向顾祝同建议，希望能把学院改为国立大学。顾祝同和教授们曾一起做过努力，后因局势剧变未能促成。解放战争时期，江苏学院奉令南迁，先是迁到镇江，后又迁往上海，直至上海解放，学院宣告解散。

至于儿童教育问题，自第三战区长官部由屯溪迁往上饶后，工作人员大多带着眷属住在长官部附近，眷属中学龄儿童较多，后来从京沪一带又陆续来了一大批青年学子到第三战区。顾祝同考虑到战争虽然艰苦，但孩子们的学业不能因战争而荒废。他首先在长官部所在地的皂头村创办一所子弟小学，派朱复权担任校长，聘眷属中有文化的女性担任小学教员。第二年秋天，顾祝同又与上饶地方人士商洽，将由上海迁往上饶的私立江西中学改为祝同中学，聘请战区党政分会秘书长王鹤齐为董事长，战区长官部及地方人士上官云相、衡权、茅迪功、李寿雍、马树礼等为董事，并由江西第六行政督察专员易希亮为校长，后来改由邓文仪担任董事长。校址设在上饶城东十里的灵溪镇，位于灵溪流入信江之口。校园内沙滩广袤，林木葱郁，风景宜人。祝同中学聘请的教员多为战区交通处人员担任数理化课程，国文由副校长兼教务主任方孝宽讲授。方孝宽是赣东知名学者。学校师资力量雄厚，就学者如云。日军侵犯浙赣沿线，上饶危急，顾祝同决定将第一届高中应届毕业生提前举行毕业考试，全校师生随战区长官部转进福建建阳上课。抗战胜利后，祝同中学迁往江苏。当大部分师生到达镇江时，正值江苏学院决定改设徐州，而将扬州的何园拨给祝同中学复校上课。何园原是浙江大学校长何世桢兄弟的宅第，抗战时驻扎伪军孙良诚部，胜利后为江苏保安处接收，借给祝同中学使用。何园的建筑十分华丽，除一幢古希腊式的口字楼作为办公与教室使用外，其余房舍大都古色古香，雕梁画栋，假山假石，回廊曲折。祝同中学迁往扬州后，聘请顾希平、黄百韬为常务董事，张大东为校长。顾希平是顾祝同的堂弟，其祖父顾干臣是顾祝同的启蒙老师。顾希平是黄埔一期生，参加过北伐。顾祝同任第三师师长时，他为政治部主任；顾祝同任第九军军长时，他为交通处长。1928 年赴法国留学，获得法学硕士学位。回国后曾任西安行营第二厅副厅长、中央军校政治部主任、国民党江苏省党部副主任委员、江苏省民政厅长。

祝同中学更名为同仁中学后，在校生达六百人，教师四十人，是战后苏北最好的一所中学。

第七章 抗日烽火满神州

全面抗战 烽烟四起

1941 年 12 月 8 日，日军突袭珍珠港，美军遭受严重损失。美、英即对日宣战，太平洋战争由此爆发。国民政府于 12 月 9 日正式宣布对日及德、意两国宣战，从此，中国结束了独自苦撑的局面，与同盟国并肩作战。12 月 16 日，美国总统罗斯福建议由蒋介石担任包括泰国和越南在内的中国战区最高统帅。时值日军第三次进犯长沙，主力死伤三万余人。截至 1942 年 1 月 15 日，国军获得空前大捷，震撼了整个世界。但英、美在太平洋战场上，却处处遭到日军攻击，损失惨重。为了协助英军在缅甸战场的作战，国军曾组编远征军，深入缅甸作战，获得不少辉煌的战果。同时，蒋介石曾于 1942 年上半年三度飞往缅甸，视察远征军战况，并访问英、印当局。

美军为报复珍珠港事件，在太平洋战争发生之初，就决定了派机轰炸日本本土的计划，同时借以鼓舞美国的民心士气，决定派十六架飞机，对日本领土进行轰炸。每架飞机配备五名飞行员，共八十名，由杜立德担任队长，在一个隐蔽的地方划一块与航空母舰甲板一样大小的场地训练，直到完全熟练才奉令搭乘黄蜂号航空母舰出海，由四艘巡洋舰护航。出海航行两天后，飞行员才知道他们此行的任务是轰炸日本。

美军原来的计划是让这艘航空母舰航行到接近日本东海岸八百英里的太平洋中，飞机起飞轰炸日本后直飞中国浙江省内衢县机场降落，在机场补给油弹后，再由机场起飞轰炸日本，然后飞回航空母舰。如此穿梭轰炸不仅可以给日本本土以毁灭性的打击，还可以打破日军对国际狂妄的宣传。但美国军方的这个计划十分机密，并没有事先通知中国，只是要求中国修复衢县机场备用。顾祝同接到命令后并没有想到这一层，总认为中国与同盟国并肩作战，第三战区所处的位置日显重要，修复衢县机场备用，也是理所当然的事。

衢县机场设在衢县东南的雄鸡坂，面积大约八百平方米。抗战开始，衢县机场一直成为日机空袭的目标，直至战事重心西移，衢县机场才没有空军驻防。接到修复衢县机场的指令后，顾祝同安排浙江省政府组织民力协助空军修建。经过一个冬春的扩建，机场终告竣工，空军方面也运来大批油料和炸弹。1942 年 4 月 18 日黄昏，浙东浙西一带航空监视哨发现不明飞机在上空盘旋，立即发出空袭警报，各地实行灯火管制。当时日机轰炸多为上午，很少有傍晚来袭的先例。顾祝同判断极有可能是盟军的飞机，命令主管单位严密注意，如有迷途或迫降的应通知当地军民予以大力协助和保护。衢县机场没有导航设备，只奉命于 4 月 18 日午夜将机场跑道电灯全部打开。其实，就在机场跑道电灯打开之前，美军就有部分飞机在浙江省境内先后迫降损毁，何况当晚气候恶劣，浙江到处阴雨绵绵，即便开亮机场电灯，没有导航设备的指引，飞机也无法找到机场安全降落点。

杜立德的飞机迫降在浙西天目山白滩溪青年营的驻地，由于他以前曾在天津待过一段时间，会说几句中国话，很顺利地就获得地方民众的协助，将他送往上饶与顾祝同见面。据杜立德说，他们是4月15日从美国旧金山基地出发的，乘黄蜂号航空母舰到达离东京八百英里的海域，离预定从航母起飞的时间还有两个多小时，突然与两艘日本舰艇遭遇，杜立德即刻命令随护航母的护卫舰将两艘日本舰艇击沉。考虑到日本舰艇在与他们遭遇时，已将美军的行动报告了日本军方，如果事实果真如此，那他们轰炸日本领土的行动就会遭受日机的阻击，航母安全也值得忧虑，于是他把行动的时间提前了两个小时，出其不意地飞向日本本土的各个轰击目标，航母立即返航，放弃穿梭轰炸计划。由于行动仓促，杜立德只将提前出发的决定报告了美国军方，并没有同中国联络，再等美国军方转告重庆，再由重庆转到第三战区及衢县机场时，已是午夜过后，根本无法补救。

美军十六架飞机自航母起飞后，直扑日本本土。其实，日本人并不知道美机飞临上空。当美机在东京、大阪、神户上空投弹时，他们看到东京与横滨的运动场仍然坐满欣赏球赛的观众。炸弹在人群集中的地方爆炸，到处是血肉横飞的场面，给日本民众带来巨大的震惊与恐惧。遗憾的是，当美军的飞机飞抵中国东南沿海时，由于气候恶劣和灯火管制，找不到衢县机场，飞机被迫低空盘旋，直到油料耗尽，飞行员只有在黑暗中跳伞一途。十六架飞机全部毁损，只有六十人获救。两架迫降在沦陷区的飞机，有八名飞行员被俘，二人失踪，被俘的有三人被处死，一人死于狱中，四人于战后生还；另一架飞机飞往西伯利亚，五名飞行员在苏联滞留十三个月后获释；迫降在中国第三战区的飞行员除一名丧生，其余在战区医院疗伤，伤愈后回到美国。

美机炸日　浙赣会战

美军战机对日本本土的轰炸，除了促使日本国内人民对政府的夸大宣传发生动摇外，也促使日军对第三战区发动一次大规模的作战，决定破坏衢县机场和消灭第三战区主力，维护日本本土的安全。这就是继淞沪会战以来最大规模的一次浙赣会战。

这次会战，日军共使用陆军约九个师团，总兵力在二十万以上，其他海空军及后勤支援部队不计其内。新到职不久的日军在华派遣军司令官畑俊六大将亲临杭州指挥作战。日军兵分两路，以东路军为主力，由第十三军军长泽田茂指挥，军司令部设在杭州，下辖内田、大成户、酒井、武田等五个师团和小蔺江、河野两个混成旅；西路军由第十一军军长阿南惟畿指挥，军团司令部设在南昌，下辖大贺、柴田、高桥三个师团，连同其他特种部队共八十七个大队，总兵力二十万人以上。而第三战区部队只有十个军二十九个师、两个挺进纵队、一个独立旅和忠义救国军等。4 月上旬，顾祝同召集军以上参谋长开会，会商如何加强战备。会议制订了保卫金兰衢作战指导方案。顾祝同严令各军按照作战指导方案积极备战。此时奉准由第九战区调归第三战区指挥的有第二十六军丁治磐部、第七十四军王耀武部及预备第五师，都先后到达集中位置，军心士气极为振奋。5 月 15 日，日军果然开始全线进攻。

由于这次战役规模很大，故自国民党统帅部至各级战斗单位都很重视，蒋介石每天不断以电话或电报做周详的指示。战区在作战指导上，原决定在金、兰地区与日本决战，但在日军发动全线攻击后，17 日接到蒋介石电令，计划在衢州附近与日军决战。顾祝同接到命令后，当即重新制定保卫衢州会战的部署，决定留置第七十九及第六十三两师固守金兰，配合在外围之新二十一师、新三十师及挺一纵队，逐步消耗日军。如日军猛犯，即转入敌后活动，断敌补给，以助衢州会战。同时，为便利作战指挥，于5月21日成立第二十五集团军总部，以李觉为总司令，担任浙东沿海及富春江与钱塘江南岸一带地区作战部队的指挥。

经过几天与日军的激战，至5月27日、28日，消耗日军在金、兰地区战斗力的目的已实现，日军酒井师团长被击毙，乃将金、兰两城放弃，转入北山敌后袭扰。日军鉴于过去进犯长沙的失败，完全由于轻进，此次乃采稳扎稳打的办法，区分为第一、二两线兵团，交互进出，亦即在攻略金、兰的同时，以第二线兵团，越过汤溪，直扑衢州。战区原计划以衢州守备部队竭力抵御，待日军消耗疲劳时，再以隐蔽于衢州南北山地之第二十六及第七十四军等合力围歼。及至6月3日，衢江北岸第十六师阵地几乎全部被毁，南岸第六十七师阵地虽尚完整，但为顾虑其难以持久，乃于6月3日下令各部队于4日拂晓前，完成出击准备，等候命令转移攻势，依衢州阵地为轴，压迫日军于衢州以东之南北地区而歼灭之。

命令刚下达，6月3日深夜，最高统帅部综合各方情况，判断进犯日军兵力在十五个联队以上。为保存国军实力，以备配合盟军未来作战起见，蒋介石命令顾祝同避免在衢州附近与日军决战，而采用机动打击日军。

6月3日，当日军第十三军开始对衢州发动总攻时，第十一军已占领了进贤并逼近临川。军委会电令顾祝同“避免在衢州决战”，顾祝同只得遵令调整部署。由于这天夜降大雨，江水暴涨，至4日晨，衢江以南日军，除第十五师团徒涉至乌溪江西岸外，其余部队全被阻于东岸。当日晚，第二十二师团一部徒步进至西岸；河野旅团少数步兵曾在已被炸毁的铁路桥处以橡皮舟潜渡乌溪江，但在守军第六十七师的阻击、反击下，先行渡江的日军全部被歼。衢江以北日军第三十二师团于傍晚进至东镇附近，一部渡至常山港南岸，切断了衢州至常山的联络线。第一一六师团进至衢江北岸附近。守军各军根据顾祝同的命令，均在进行反击的准备。第七十四军一部在向北推进途中与南下的日军第十五师团主力遭遇，发生激战。由于接到“避免决战”的命令，第七十四军主动撤至黄坛口以南山地防守；第四十师在日军第十五师团一部攻击下，退至江山港北岸，改归第四十九军指挥；第一〇五师与日军第三十二师团激战后，撤至常山港南岸招贤附近防守。

6 月 5 日，日军第十五师团在航空兵掩护下，集中兵力猛攻衢州南郊阵地，激战至午后，突破六马桥阵地，守军第六十七师退守衢州南关；日军第二十二师团一个联队渡过乌溪江，于傍晚进至江山港南岸，其主力仍在陆续渡江中；日军第三十二师团当日攻占西镇，进至常山港以南地区。此时，衢州城已处于四面包围之中。当日下午，泽田茂得到情报：后溪街附近有中国军队有力部队集结。泽田茂遂令第十五师团攻占衢州城，令第三十二师团和第二十二师团分别向后溪街和江山方向进攻。6 月 6 日，双方冒雨激战。日军河野旅团于拂晓后通过刚刚修好的临时铁路桥，进至乌溪江以西，立即向衢州城西及城北门逼近；第十五师团主力从铁路附近猛攻南门及南城墙，其一部兵力与河野旅团一部攻占衢州飞机场及航空学校。

顾祝同根据当时敌情及军委会指示，对“避免在衢州决战”的命令又对各转移部队下达了补充指示。衢州城外各军接到战区指示后交互掩护，逐渐脱离接触，向指定的位置转移。城内守军因通信器材已全部被日军的飞机、大炮击毁，与战区及集团军均失去联系，仍依托城防工事继续苦战。血战至晚，日军第十五师团攻占南门及新开门，河野旅团攻占东北门、北门及西北角城墙。此时，船民齐大年从信安江游水进入城中，带来王敬久关于守军向枫林港突围的指示。副军长兼第六十七师师长陈颐鼎与第十六师师长曹振铎商量后，以第六十四团第二营担任掩护，利用夜暗天雨突围西撤。在第二营官兵英勇抗击下，已经占领了城门及城墙的日军始终未能进入城内，亦未能阻止住突围的部队。激战至7日拂晓，第六十四团团长谢士炎率领第二营残部一百余人从东门突围，绕道向清明镇转进。衢州为日军占领。

顾祝同按军委会意图，避免在衢州决战，保存军力，机动打击敌人，逐步向衢州以西铁路两侧地区转进。日军第十三军于6月6日下达了追击命令。但由于连续大雨，江河泛滥，衢州附近平原尽被水淹没，日军在龙游机场停放的飞机有三架被水冲走，其余机舱进水，均不能使用；加以各师团的重武器及车辆等仍被阻于乌溪江北岸，而刚刚修好的临时铁路桥又被冲毁，日军第十三军决定暂缓实施追击，于攻占衢州的当天中午，令第十五师团及河野旅团在衢州附近集结，待命行动；令第一一六师团准备渡过衢江担任衢州附近的警备，并将原配属第一一六师团的原田旅团改归军部直辖；令进至江山以东地区的第三十二师团和进至前河街以东地区第二十二师团暂停追击，在原地集结待命。9日日军以小部队占领常山。泽田茂决定继续追击。

6月10日，顾祝同令第十集团军在江山地区、第三十二集团军在玉山地区组织防御，令第二十五集团军之第八十八军、暂第九军担任敌后的袭扰及破坏交通线的任务。在各集团军调整部署之际，日军第二十二师团首先发动追击，沿江山港南岸及铁路两侧向西急进。第三十二师团及第十五师团也开始西进。日军于11日占领江山。守军向江山以南地区转移。为掩护由浙赣入闽的通道和控制浙赣路中段，防止日军打通浙赣线，顾祝同再次调整部署，决定集中兵力防守峡口、广丰、上饶地区。但各部队调整尚未完毕，日军即发起进攻。6 月 13 日晚，日军第三十二师团进至沙溪；第十五师团在江山以西的坛石市集结待命；第二十二师团进至广丰以北地区。日军继续西进占领了广丰，守军暂十三师的一个团退向信江南岸。日军乘势向西急进，中午前后占领了原第三战区长官司令部所在地上饶。日军占领上饶后，为确保已占领地区，暂取守势。河野旅团警备江山附近；第三十二师团警备玉山附近；第二十二师团警备广信附近；第十五师团警备广丰附近。

6 月 15 日，顾祝同遵照军委会乘敌深入分散、积极反攻歼敌的电令，下达了反攻的命令。第二天，日军第十五师团接替第二十二师团到达广丰地区后，发现第七十四军及第四十九军阵地就在广丰以南不远的棋盘山东西之线，严重威胁其侧后方的安全，即于当天向第七十四军与第四十九军接合部附近的尖山、五峰山阵地发起进攻。激战至 17 日，经反复争夺，第七十四军终于击退了日军的进攻，但第一〇五师的黄毛山、徐茅岭阵地被日军攻占，该师退守信江西岸。6 月 18 日清晨，日军第十五师团再次向第七十四军阵地进攻，其多次冲击均被击退。战斗至下午 4 时，第七十四军按照战区命令首先出击，转为反攻，下午 6 时攻占徐家山、庙山底，日军退至王家坂、杉溪之线。

19 日拂晓，第四十九军亦发起反攻。6 月 20 日，日军第十五师团集中兵力在第一飞行团直接支援下实施反击。经过之后两天激战，日军攻占了七都、五峰山、虎头背等地，第七十四军、第四十九军再次转为守势。当天，第三十二集团军发起反攻，第二十六军向北推进至信江南岸，以第四十四师一部渡信江进攻日军，一度击退三江桥、象鼻山的日军。23 日以后，上饶地区敌我双方形成对峙态势。

日军第十一军为策应第十三军在浙江作战，自5月上旬起即令各参战部队开始向南昌集中；同时令第六师团主力在岳阳方面积极进行佯攻，以牵制中国第九战区，掩护其主力集中。第三师团、第三十四师团及第四十师团、第六十八师团、第六师团各一部于五月底在南昌以南地区展开，完成了进攻准备。第十一军司令官阿南惟畿率其战斗指挥所于同日到达南昌，下令于当夜开始攻击。第三战区防守浙赣路西段的为第一〇〇军，防守进贤地区的为该军第七十五师，防守抚河以西市汉街地区的为第九战区所属江西保安第九团。

日军分三路进攻进贤及临川。第三十四师团从谢埠附近乘工兵舟秘密渡过抚河后沿浙赣路东进。守军第七十五师第二二三团一触即溃，日军于3日拂晓占领进贤。日军第三师团从沙埠潭附近渡过沙埠潭河，在抚河及沙埠河之间南下，2日拂晓进至三江口附近，再渡过抚河，沿东岸南进，于3日中午到达临川以北的云山。今井支队从万舍街附近南下，击退当面的保安第一团和第九团后分别到达集贤峰及三江口，3日下午到达临川以西的展坪以北高地。4日晨，第三师团由云山向临川进攻，当日击退保安团守备部队及赶来增援的第七十九军一部兵力，占领了临川。此时第九战区策应第三战区的第七十九军主力已进至宜黄水西岸地区，迫近临川。阿南惟畿急令第三十四师团由进贤南下，与第三师团等向临川以西第九战区的第七十九军等部进攻，而以第三十四师团步兵团团长岩永汪率所部三个步兵大队组成的岩永支队继续沿浙赣路向东进攻。岩永支队击退第七十五师后占领了将军岭，以一部兵力袭占东乡。第七十五师集中兵力组织反击，收复东乡。而后，第七十五师的第二二五团在东乡以东王尾山、马子岭之线阻击东进日军。经激烈战斗，日军进至白塔河西岸，守军炸毁铁路桥，与日军隔河对峙。接着岩永支队强渡白塔河，攻占了邓家埠。此时，浙赣路中段日军攻占常山、江山、玉山、上饶一带，兵力空虚，第三战区已将第一〇〇军之第十九师调去沙溪、铅山，防守鹰潭地区的部队为第一四七师。日军岩永支队攻占邓家埠的当天，日军第三师团等部正在南城与第九战区第七十九军激战中。阿南惟畿认为南城于 12 日即可攻下，遂决定在攻占南城后将主力转用于浙赣路方面。日军第三十四师团部署岩永支队从邓家埠方向进攻鹰潭，配属师团的独立步兵第六十一大队由金溪进攻鹰潭；师团主力由临川出发，向鹰潭、贵溪之间前进。6 月 15 日，在第二十九独立飞行队的密切配合下，日军第三十四师团分路进攻鹰潭。守军第一〇〇军在日军步、炮、航空兵联合猛攻下失去控制，陷于混乱，纷纷溃退。日军于当日占领鹰潭。第一〇〇军军部退至贵溪东南约三十五公里的文坊收容部队。

6 月 18 日，日军大本营指示中国派遣军司令官根据需要可实施南昌以东浙赣线全线作战。中国派遣军于 6 月 24 日命令第十三、第十一两军，各以部分兵力相互配合，实施打通浙赣线作战。第十三军命令第二十二师团进攻横峰，与第十一军的进攻相配合歼灭浙赣沿线残余国军，摧毁国军设施。第十一军令第三十四师团完成这一任务。日军第二十二师团编成谷津支队，于 6 月 30 日晨从上饶附近出发，沿浙赣路西进。第三十四师团的岩永支队从贵溪附近出发。两个支队于 7 月 1 日在横峰会合，完成了打通浙赣线的任务。

日军开始向浙赣路东段发动进攻后，国民政府军委会判断日军第十一军有在浙赣线西段发动进攻以策应其第十三军作战的可能，5 月16 日令第九战区将第七十九军、第四军从湖南东调至抚河、赣江间地区，以加强赣东方面的守备力量。当日军第十一军在谢埠、沙埠潭等进攻出发地展开时，军委会直接电令第七十九军：克日兼程驰往临川，参加赣东会战。并令暂归第三战区。第七十九军以暂六师为第一梯队，由株洲出发，经萍乡、宜春、分宜、清江向临川急进。军主力亦分两个梯队跟进。第七十九军在第五十八军掩护下渡过赣江。

6月3日下午，暂六师经杜家园进至展坪，与日军今井支队遭遇。经激战后，阻止住日军的进攻，双方相峙于展坪附近。在暂六师的掩护下，第七十九军主力冒雨向临川急进。第九十八师先头部队第二九四团从上顿渡过宜黄水，进入临川城西部，与突入临川城东部的日军第三师团进行激烈巷战。日军在六架飞机直接支援下向该团发动猛攻，该团因伤亡过重而主力又未到达，被迫退至城南七里店一带防守。日军第十三军发现第九战区的第七十九军等部已进至临川地区，为解除右侧翼威胁，立即令第三十四师团主力在进贤转向南进，企图从新余西渡过抚河，与刚到南昌的竹原支队及第三师团等在抚河以西地区围歼第七十九军。日军第三师团及今井支队分别从临川、桐源向展坪暂六师阵地及第九十八师长里店阵地进攻；第三十四师团及竹原支队亦从三江口、仙姑山并列向水口庙、杜家园等第四军新编第十一师阵地进攻。激战终日，第九十八师退守秋溪，暂六师及新十一师被日军包围。暂六师伤亡惨重，残部于当夜突围去乐安；新十一师突围至港头嘴、潘桥一带。日军第三师团攻占宜黄、崇仁，第三十四师团及竹原支队亦进至崇仁以北地区，抚河西岸形势严峻。第七十九军遂令第一九四师退守南城，第九十八师退守梨溪。

6月9日，日军第三师团从宜黄向梨溪第七十九军进攻，该军向南城转移，军长夏楚中令第一九四师附江西保安第二团固守南城，军部及第九十八师撤至南城西南的里塔圩附近。暂六师突围后仅剩千余人，亦从乐安再撤至南丰。日军第三师团分两路由西、南两个方向包围南城，展开猛攻。激战至11日晚，南城为日军占领。第七十九军转移至洋墩、硝石一带集结整顿。日军攻占南城后，认为在抚河以西打击第七十九军的目的已经达到，遂命第三十四师团向临川以东集结，准备转向于浙赣路方面；同时令第三师团进至南城以东的金溪地区。临川、南城以及宜黄、崇仁、三江口等各要点的据守部队仅有今井、竹原及井手支队，抚河以西地区日军兵力十分薄弱。顾祝同见日军主力东移，东调的第四军亦已于13日到达新干一带，遂决定以第四军担任主攻，第五十八军在第四军左翼担任助攻，向崇仁、宜黄及临川等地实施反攻。第四军以第五十九师、第九十师为第一线部队，第一〇二师为预备队，从新干东南向崇仁、宜黄进攻；第五十八军以新十师、新十一师从樟树镇以南向临川进攻；第七十九军因损耗过大，战斗力微弱，仅以一部兵力实施佯动，牵制南城日军。

经两天战斗，第四军先后收复了崇仁、宜黄，第五十八军先头部队进至三桥、高坪之线，第七十九军一部向北推进至洪门街附近。日军第十一军见中国军队在抚河以西发动反攻，遂决定再次向抚河以西发动攻势，企图捕捉并歼灭新到来的第四军。遂命今井支队在临川附近，第三师团在浒湾附近，竹原支队在南城附近，分别秘密集结兵力，待机进攻。

6月20日，第四军及第五十八军先后进出至长冈、上顿渡、展坪、桐源、五虎山、三角山、大臣岭之线。但由于当面日军阵地坚固、火力猛烈，多次攻击均无进展。后侦知日军在浒湾附近积极架设军桥，南城日军又向梨溪方向行动，顾祝同判断：南城、浒湾之敌企图击我第四军之侧后，遂电告第四军要稳扎稳打，万勿疏忽。第四军接电后，于24日夜除令右翼第五十九师留一部兵力于东馆以北对浒湾警戒外，主力向西转移，在油顿圩、神岭山之线转为守势。日军乘第四军调整部署之机，于25日夜发动进攻。第三师团由浒湾渡过抚河，击退守军第五十九师警戒部队向南突进；今井支队由临川沿宜黄水南进，击退第九十师的部队，攻占秋溪等地；竹原支队由南城向西突进，击退第一〇二师一部后向宜黄前进。至27日，三路日军分别进至油顿圩、神岭山东北侧地区，龙骨渡以北地区和李三阪附近。为避免被包围，第四军匆匆西撤，转移至以宜黄附近地区组织防御。日军乘第四军立足未稳，在航空兵支援下发动猛攻，突破守军防线，占领了谭坊、棠阴等处阵地。第四军陷于被围歼的险境。顾祝同急令第四军向宜黄以南乐安附近山地突围。战至6月30日，第四军各师到达凤冈圩、崇二都、崇五都附近地区，突围途中伤亡惨重。日军再次占领宜黄、崇仁。

在第四军被围期间，顾祝同曾令第五十八军及第七十九军向日军实施侧击，以策应、支援第四军。两军虽曾派出一部兵力进行佯动，但并不积极，亦未向日军实施有力的攻击。7月初，日军在崇仁集结整顿，准备以第三师团竹原支队及井手支队围攻退至秀才埠南北之线的第五十八军。日军第三师团从崇仁附近出发，向杜家园、秀才埠的新十师进攻；日军竹原支队从马鞍坪附近出发，经富水河谷向樟树进攻；井手支队从三江口出发，向大臣岭、白马寨进攻，以切断第五十八军的退路。今井支队则于7月4日由宜黄出发，向南城前进。顾祝同得知日军向第五十八军发动围攻后，即令第五十八军向富水西岸荷湖圩西南山地撤退。在日军步步紧逼的情况下，第五十八军相互掩护，逐次向富水西岸转移。新十一师在转移途中遭日军第三师团的截击，苦战三小时后脱离战场。全军先后转移至磨盘山、荷湖圩、狮子山附近，脱离了日军包围圈。日军在给予第五十八军以沉重打击后，认为在临川地区的作战任务已经完成。7月8日，今井支队放弃南城，向临川集结，第三师团也逐渐向临川集结，竹原支队集结于衿山，井手支队集结于三江口。

丽水机场是中国东南沿海的重要空军基地之一。早在会战开始前，日本大本营就指示此次会战预定以地面兵力攻占的中国主要航空基地之一是丽水。原计划使用小薗江混成旅团完成这一任务。小薗江旅团是由华北方面军第三十七师团和第二十六师团抽调部队组成的，以第二十六步兵团团长小薗江邦雄任支队长，所属部队总计约五千兵力。6 月 15 日，小薗江旅团攻克丽水后进攻温州。防守温州、丽水等浙东南地区的为第三战区第二十五集团军暂九军五个师及临时归其指挥的第八十八军两个师。根据空中侦察的情况，小薗江旅团决定避开有中国军队防守的经缙云至丽水的公路，由武义附近进入南方山地，从小路进袭丽水。6 月 22 日，小薗江旅团从武义以两个纵队分由苦竹、桐琴市循山区小路南进，主力右纵队在岭下场击退保安第四团一部抵抗后进至安凤附近的溪下村。24 日，小薗江旅团右纵队占领了丽水。日军左纵队由桐琴市南下，于 25 日到达丽水。小薗江旅团攻占丽水后，即着手准备进攻温州。由于沿途没有有力的部队防守，仅赖地方自卫队阻击，所以日军进展极为顺利。7 月 1 日，小薗江旅团的两个纵队分别进至白塔地、郭溪附近，遭到暂三十三师两个营士兵的阻击。此时日海军陆战队一百余人亦在瓯江口以南的寺前街一带强行登陆，击退防守的第二营部队之一部，向温州急进。防守温州城的守军兵力薄弱，于当日下午向瞿溪以西山地转移，温州遂为日军占领。

7 月 12 日，位于飞龙江口附近海面上的日本海军部队遭到陆上守军火力的袭击，向小薗江旅团求援。小薗江旅团派出一部兵力组成瑞安支队向瑞安进攻。该支队在白象市击溃暂三十三师一个营的兵力伏击后继续前进，于第二天进至瑞安。小薗江旅团从丽水向温州进攻时，第七十师团按照第十三军的命令，将奈良支队派至丽水接防。奈良支队是从华北方面军第四十一师团抽调部队组成的，以步兵第二三七联队联队长奈良正彦任支队长，7 月 8 日到达丽水。日军攻占温州后，暂三十三师立即反攻瑞安，并不断袭扰温州；新三十师及暂三十二师协同保安第三、第四团进攻丽水外围的碧湖镇。7月23日，第八十八军从敌后经壶镇、缙云转至赤石附近，与防守松阳、遂昌地区的暂九军会合，已对丽水、龙游构成严重威胁。

7月25日，第十三军令其刚刚集结于龙游的原田旅团、丽水的奈良支队分由龙游、丽水对进，合击松阳地区的中国军队，而后固守该地，以保障其主力侧后方的安全。原田混成旅团是由驻徐州的第十七师团中抽调部队组成的，以第十七步兵团团长原田次郎为旅团长，所属三个大队，野炮兵一个大队和工兵一个中队。按第十三军规定，奈良支队归该旅团指挥。原田旅团由龙游出发，经溪口市以西的灵山市南进，在北界击退暂三十四师阻击部队后进至遂昌以北，却遭到守军暂三十四师约一个团兵力的坚强阻击。激战数小时，日军突破阵地，占领遂昌。其主力进至金岸市。

8月2日，日军继续南进。守军暂九军令暂三十五师在石龟山、大徐村等地进行阻击。日军一再受阻，主力多次展开进攻，方于傍晚到达松阳西北的坛口附近。这天，奈良支队也从丽水出发西进，守军暂三十二、暂三十三师及保安第三、第四团沿途予以堵击、侧击和追击，战斗相当激烈。当晚该支队进至碧湖镇以西的裕溪镇。当日，第二十五集团军下达命令，命保安第四团从松阳南进，迎击裕溪的日军；命保安第二、第五团尾随追击，令第八十八军新二十一师从赤石推进至松阳东南的石仓源，准备侧击，接着又命令暂三十四师回师攻击遂昌。日军原田旅团及奈良支队分由坛口及裕溪向松阳进攻，守军已全部南撤，日军占领松阳。暂三十四师重据遂昌，暂三十五师仍坚守松阳以西的源口。8月27日，丽水、松阳两地日军分别撤至武义、永康集结，浙东南地区又全部为第二十五集团军收复。历时三个多月的浙赣会战，日军除损失酒井师团长外，死伤四万八千九百多人，失去战马二千六百多匹。

10月24日至27日，顾祝同在长官部召开的由各集团军总司令、各省主席、行署主任参加的战役检讨会上说：“赣江东岸为三、九两战区接合部，事先无统一指挥机构，又无控制部队，当时，夏楚中部东调临川，行动较预定为迟，仓促应战，又孙渡军与夏楚中军未受统一指挥，致减少协同作战的效果；大兵团作战，态势重于战斗，准备重于实施，后方重于前方，决心既定，部署需时，屡次变更，后方诸处置不易配合，转进时尤然；道路破坏应事先长时间发动，方能收效，待敌迫近临时指示，民众已相率逃亡，根本不易实施，此次衢州以东破坏较为彻底，衢州以西则差甚远；阵地工事须适当兵力，尤须留有强大之预备队，以便逆袭及转移攻势，自身不仅要能抗敌，而且要能掩护本身出击，方能支持时日，以待会战有利时机；日军近来采取反清野战法，裹挟民夫，每到一地即洗劫财物觳米，使我再对敌扫荡或出击时，物资缺乏，困难横生，故无论部队大小，对重要据点均以不轻易退出为宜；日军在此次战役中对渗透战术的运用颇为活跃，通常均先以便衣队钻隙迂回，其后则随以搜索部队相机支持其战斗，最后则以主力部队迅速利用其成果以遂行战斗，如安华附近第八十八军坚固阵地之被迫放弃，衢州附近日军渗入后溪街袭击扰乱，皆属此类战法。凡此经验教训，我们都必须特别提高警觉，研究改进。”至此，浙赣会战结束。

战后处理　辕设东南

战区经此一战后，真可谓百废待兴，百事待举。最为急要的当推兵力重新部署、部队的整编与各地方经济的重建。关于兵力部署方面，在检讨会后，第四十军、第八十六军、暂九军先后西调，战区仅留九个军和一个独立旅。顾祝同依据现有兵力调整部署：闽海方面，以第七十军为闽省保安纵队担任闽海防务；浙东方面，由第三十二集团军总司令李默庵指挥的第八十八军为主，划定沿海温州、台州、宁姚、虞绍四个守备区，以各区专员兼保安司令；浙赣东段，由第二十五集团军总司令李觉指挥，以第四十九、第二十六两军做规复金、兰地区的准备；在浙西、苏南方面，新成立苏、浙、皖边区总指挥部，以陶广为指挥官，统一指挥第一、二两游击区部队实施游击；在赣东北和浙赣西段，由第二十三集团军总司令唐式遵指挥，以第二十一、第二十五、第五十三三个军与鄱湖警备部所属部队担任警备，并将总部移至浙赣路上横峰，与第九战区协同作战；战区长官部以一〇〇军控制于黎川、南城附近，保持机动。

关于部队整编方面，战区于1941年底，颁布1942年加强军师编制及1943年军师编制表两种，目的在于缩小师级单位而加强军级单位，以增强战力，除暂九军及第八十八军，列入1942年军师编制整编，均于1942年2月底以前整编完成。由于浙赣会战中，各部队损失惨重，为调整各军建制，使战力相当、人地适宜、指挥便利，并使西调的第八十六及暂九军易于集中，将暂十三师改归第二十五军，第五十二师改归第二十八军，预五师改隶属于第四十九军，暂三十二师改隶属于第八十六军，第七十九及暂三十三等两师改隶属于第八十八军；新三十师因纪律不良，呈准撤销番号，并编入暂三十四师，隶属暂九军，均自10月1日实施，从此各军战力才得到适当调整。关于游击部队，在浙赣会战后，浙赣沿线出现非正式游击部队甚多，多假借名义，越货害民，分别对其进行编并、调整或剿办，仅保留第一游击纵队钟光仁部及挺进第二纵队顾心衡部两个纵队。

由于浙赣会战的地区较广，为时也较长，地方人民所受日军烧杀蹂躏之惨，以及财产物质的损失，远远超过了预想，因此，善后工作就十分急要和艰巨。9 月初，顾祝同一再电请国民党中央拨款赈济，中央共拨款给赣省两百万元、浙东三百万元、水灾赈款一百万元，浙省又自筹四百万元。顾祝同命令由省政治部及党政分会组成宣慰团，携款分赴各地宣慰，督导各级地方政府迅速恢复地方经济，以适应战区未来长期作战的准备。又订立改进东南经济计划，包括工业、农业、金融、贸易、运输、经济作战等方面，以为未来战区作战做好准备。同时，布设经济情报网，以扩大经济作战效果。

浙赣会战后，由于日军在太平洋各地战事逐渐被逆转，对中国战区已无力再发动大规模的作战，除在 1944 年对第三战区原战场及桂、柳各地曾发动疯狂的攻击，暴露出其垂死挣扎的企图外，第三战区当面的日军，并未再有任何积极行动。1944 年底，同盟国对日作战已面临胜利前夕，蒋介石配合盟军作战，迎接胜利的到来，乃于 11 月 20 日成立中国战区中国陆军总司令部，派何应钦为总司令，执行阿尔法计划，训练接受美式装备的新军计三十六个步兵师，积极展开反攻日军的准备。为了统一东南各省的军政指挥，以能适应未来战局的发展需要，于 1945 年 1 月 30 日，特派顾祝同为军事委员会委员长赣州行辕主任，要求顾祝同尽快着手筹备，成立赣州行辕。当时，因为东南行辕情势十分稳定，而赣州却于 2 月 6 日被日军攻陷，直至 7 月中旬才收复，且考虑并非十分迫切，因此，顾祝同仍在江西长官部所在地，并未正式成立赣州行辕的组织，及至 7 月 1 日，为顾及事实，又奉命改称军事委员会委员长东南行辕。

二战结束　南京受降

1945 年，整个世界大战的局势有了显著而重大的变化，盟军在太平洋上的对日作战也有了胜利在望的态势。5 月 7 日，德国向同盟国无条件投降，欧洲的战事胜利结束；6月，美军对日逐岛作战，连获大胜，麦克阿瑟将军统率的美国太平洋海、陆、空军，向日本本土挺进；7月26日，中、美、英三国联合发表《波茨坦公告》，促使日本无条件投降；8月6日，美空军以第一枚原子弹投向日本广岛，造成极重大的毁伤，震撼了整个世界；8月8日，第二枚原子弹再投向日本长崎；10日日本政府接受《波茨坦公告》，15日宣布无条件投降。

国民政府外交部接获日本的投降照会后，蒋介石当天就给驻南京的侵华日军最高指挥官冈村宁次发出电报，大意是，冈村宁次应立即通令所属日军停止一切军事行动，并派代表到浙江玉山机场接受何应钦的命令。因为玉山机场在浙赣会战中损坏严重，没有完全修复，蒋介石改令冈村宁次派员到湖南芷江机场接洽投降。军事行动停止后，日军可暂时保有其武器及装备，保持其现有态势，并维持其所在地的秩序和交通，听候何应钦的命令。所有的飞机及舰船应停留在现地点，但长江内的舰船应集中到宜昌和沙市。日军不得破坏任何设备及物资。芷江这座五万人的小城市，成为侵华日军乞降的洽商地点。8月21日，今井武夫一行四人，代表侵华日军总司令官冈村宁次飞抵芷江向何应钦接洽受降。

8月29日，何应钦飞抵南城召顾祝同面授受降要旨，顾祝同将事先准备的受降计划面呈何应钦。何应钦告诉顾祝同，军委会决定由顾祝同代表全国陆军，参加即将在南京举行的受降典礼。返回驻地后，顾祝同一面按预定计划，派副长官韩德勤率参谋长张世希及参谋人员组成前进指挥所，前往富阳宋殿，与日军第一三三师团长野地嘉平派遣人员接洽受降事宜。安排妥当后，9月8日，他再赴南城机场，随何应钦同机飞往南京，参加中国战区受降典礼。

1945年9月9日，在炎热的南京，市民们一大早就手举彩旗，走上街头，燃放鞭炮。中国将在这一天举行接受日本投降的仪式。8时30分，中外来宾赶到中央军校大礼堂，陆续签到入场。从轩门到礼堂通道两侧，每隔十步便有一面同盟国国旗，礼堂大门口的松柏牌楼上悬挂着“胜利完成”“和平永奠”的条幅，门两旁列着彩旗，四周警戒森严。

8时52分，日军投降代表冈村宁次等七人分乘三辆汽车，由王武上校导引到大草坪下车。礼堂正中央的长餐桌为中国军队受降席，对面设置一个较小的长案，为日军投降代表席，席后各有十二名士兵肃立。受降席与投降代表席的四周环绕着白绸。中外观礼人员和外国来宾都依席次坐定。礼堂左侧是中国军队高级将领席和中国记者席，他们是：陆军总部参谋长萧毅肃、海军总司令陈绍宽、空军第二路司令张延孟。

军委会东南行辕主任兼第三战区司令长官顾祝同随何应钦于8时56分迈着整齐的步伐，配合着礼乐声进入中央军校大礼堂。观礼台上，将军们肃然挺立，日方冈村宁次、小林、今井武夫、野地嘉平等人也都起立，微微地弯着腰，低着头，面色苍白灰暗，往日的骄横跋扈荡然无存。

9时04分，受降仪式开始。何应钦命令冈村宁次呈交证明文件，冈村将证件交给小林浅三郎，呈递给何应钦。何应钦检视后，将该证明文件留下，将日军投降书的中文本两份，交由萧毅肃，递交给冈村。冈村起立，双手接受，小林在一旁为他磨墨。冈村极为谨慎地翻阅降书，一面握笔吮毫，用微微颤抖的手在两份降书上签字，然后从右衣袋中取出一枚圆形水晶图章，在签名的下端盖印。冈村签字盖章后，令小林将降书呈递给何应钦。小林将两份降书送到受降席前，双手呈递给何应钦。何应钦检视后，在日军的降书上签名盖章，将其中一份令萧毅肃交付给冈村。冈村起立接受。何应钦又将中国战区最高统帅蒋介石的第一号命令连同受领证，递给萧毅肃转交冈村。冈村在受领证上签字盖章，并将受领证交给小林送呈何应钦。至此，何应钦宣布日军代表退席。日军代表在王俊引导下离座，向何应钦一鞠躬，然后退出礼堂。整个仪式历时二十分钟。

仪式结束后，何应钦通过广播向全中国和全世界同胞宣告：中国战区日军投降签字已于本日上午9时在南京顺利完成。这是中国历史上最有意义的一个日子，这是中国抗战艰苦奋斗的结果。我们用事实向全世界证明了中华民族是不可侮的民族，是不可征服的民族，我们伟大的国家将永远屹立于世界民族之林。

第八章　劳心勉力持战事

徐州绥靖

抗战胜利后，中共军队的发展已逾百万，所辖人口近亿，更由于从事敌后游击，据有大量的根据地，再加上严密的组织和严明的纪律，大有问鼎中原之势。但与国民党的军事实力相比仍悬殊，再加上国际现实所逼，国内普遍厌战，毛泽东不愿再把战火延烧下去，但求改组国民党中央政府，重组结合各党派的联合政府，让自身取得合法地位，分享政权。

国民党方面，为了整理部队统一编制，国民政府军委会在抗战即将胜利时，就计划要对军队进行整编，不过，早先国民党军方面的整理计划与后来根据国共和谈协议而制订的整编计划并不是一个版本。早先军政部编制的《军事委员会陆军整理计划》，至 1945 年 7 月底，全国陆军部队加军事机构和学校在编人员总计约五百二十四万人。其中，步兵、骑兵师共二百八十个，炮兵团三十二个，工兵团二十六个，辎汽团二十个又八个营，挺进部队约十五万人；按照编制，前述各部合计约为四百二十万人，其余一百余万人则为军事机构和学校的人数。基于上述计划，军委会拟议的裁军计划是陆军保留一百个师，骑兵十个师及其他特种部队，共约一百八十万军队；军事机构和学校的人数减为七十万人。然后，这份裁军计划，随着内战的爆发也就束之高阁。在成立联合政府前，蒋介石要共产党交出军队与地方政权，不交出来就用武力解决。毛泽东当然不会理睬。蒋介石认为自己的力量强大——珍珠港事件后，美国为蒋介石装备了几个精锐之师。抗战后又经整编，将杂牌军淘汰殆尽。美国通过《军事援华法案》，赋予美国政府广泛的权利为蒋介石编练军队。美国在赠送二百七十一艘舰艇的同时，又将八亿美元的剩余物资低价售给蒋介石，国民党军总兵力已达四百三十余万。无论从军队数量上还是装备上，都让共产党军队难望其项背。

在国共剑拔弩张之时，也就是 1945 年 12 月中旬，年届五十四岁的顾祝同奉派为徐州绥靖主任。副主任韩德勤，参谋长张世希，政工处长滕杰，其余人员均为第三战区原班人马。徐州绥靖公署下辖四个绥靖区，第一绥靖区司令为汤恩伯，驻无锡；第二绥靖区司令官为王耀武，驻汉口，后移驻济南；第三绥靖区司令官为冯治安，驻徐州；第八绥靖区司令官为夏威，驻蚌埠。顾祝同一上任就着手巩固点线，加强工事，扩大面的控制。积极收编伪军，抚绥地方，宣扬政令，慰安离乱，收揽人心，恢复交通，振兴实业。国民党军队控制津浦路的徐州至利国、徐州至滁县段，陇海路的徐州至商丘、徐州至大许家、白塔埠至海州段。共产党军队控制津浦路的韩庄至泰安段，陇海路的大许家至白塔埠段。

1946 年 1 月 5 日，国共双方代表达成《关于停止国内军事冲突办法的协议》。两天以后，由共产党代表周恩来、国民党代表张群（后改为张治中）、美国政府代表马歇尔组成“三人委员会”，会商解决军事冲突及有关事项。10 日，国共双方正式签订《停战协定》，要求13日午夜前，双方军队应在各自位置停止一切军事行动。根据停战协定，由郑介民、叶剑英、饶伯森三方代表在北平组成“北平军调部”，负责监督执行《停战协定》。为便于调处各地冲突，军调部先后下设三十六个执行小组，分赴各冲突地进行调处。而事实上国共双方的摩擦一直持续不断。停战令生效的第二天，国民党第七十七军第一九二师向贾汪炮击，继而侵占萧县。鉴于此，17日，北平军调部派第四执行小组来徐州，主要任务是负责鲁南部分地区和华中地区的军事调处事宜。四天后又派第二十四执行小组来徐州，协商津浦路兖州至浦口、陇海路商丘至海州地段已破坏铁路的修复事宜。

为缓和徐州的严峻形势和激烈冲突，1946年3月2日下午，三人委员会周恩来、张治中、马歇尔偕军调部三方代表叶剑英、郑介民、饶伯森及随员和记者共三十余人，由济南机场起飞抵达徐州大郭庄机场。新四军军长兼山东野战军司令员陈毅同时飞抵徐州。此前，华中军区副司令员粟裕、副政委谭震林也飞抵徐州，候晤三人委员会。徐州绥靖公署主任顾祝同率政工处长滕杰、总务处长李子敬等军政长官和各机关团体代表到机场迎候，并举行简短欢迎仪式。三人委员会成员检阅仪仗队并乘车进城，前往原日本领事馆，听取军调部第四小组美国代表哈瑞士上校报告军事调处经过。接着与国共双方军事负责人顾祝同、陈毅、粟裕、谭震林商谈。参加汇报和商谈的主要人员还有：北平军调处执行部委员叶剑英、郑介民、饶伯森，徐州第四行小组代表韦国清、谢慕庄、德瑞克。经过两个多小时汇报会谈后，晚上7时，顾祝同在绥靖公署（原道台衙门）举行宴会，宴请三人委员会成员并邀陈毅、粟裕、谭震林参加。

徐州道台衙门有房屋九十五间，有传令排、警卫连、大礼堂、情报处、参谋处、秘书长、参谋长办公厅、总司令办公楼、电报收发室、军官宿舍等，四周是碉堡，完全是一处军事重地。大礼堂设在大堂，前有檐柱，檐柱间装花棱门，歇山式屋顶原铺绿色琉璃瓦，正脊两端安装绿色吻兽，屋檐稍有翘角，檐下彩绘斗拱极为美观。做办公用房，多是罗汉墙，上半部木雕花棂，下半部青砖砌成，便于采光通风。办公室后为大花园，有假山、亭池。“一字形”照壁长三十米，高近六米。大堂面阔五间，主体为清式建筑，立柱间加有支承大拱券的方柱。檐下彩绘斗拱，西山墙斗拱有牛腿支撑。大堂西侧有木制讲台，东山墙有一个两米多高的壁龛和大挂钟。

宴会后，国共双方军事负责人同徐州第四执行小组三方代表就恢复交通、城镇解围、枣庄煤矿复工、双方部队隔离等问题继续商谈。遇有问题，随时请示三人委员会各方委员。整个会商过程，争论异常激烈，国共双方各执一词，美方貌似公允，实质偏袒国民党。尤其是铁路被国共双方分割占领，成为斗争焦点。另一个激烈争论的问题是煤矿。枣庄煤矿有三口井，国民党占一口，共产党占两口，电控制在国民党手里，水控制在共产党手里，双方都无法出煤。上述争论，在周、张、马参加的会谈中，也一再翻腾，争论不休。一直至午夜商谈才告结束，达成原则意见。是夜，三人委员会在徐州下榻。马歇尔住前日本领事馆，张治中住绥靖公署，周恩来下榻花园饭店。

谈判结束后，周恩来在饭店中楼会议室召集中共谈判成员和徐州两个执行小组的中共成员开会。叶剑英介绍会谈情况后，周恩来对斗争形势做了精辟分析。最后，他又详细讲述了我党执行《双十协定》《停战协定》《政协协议》的方针政策。会上，陈毅还讲述了在顾祝同举行的宴会上，因对他的座位安排失当，拒绝入席，并向顾祝同提出抗议。第二天早上 8 点，陈毅会晤马歇尔时，指斥国民党军队在苏中的挑衅行为，对顾祝同在昨晚宴会上的轻慢表示不满。

马歇尔当即表态由军调部派人到苏中视察，并对宴会上的安排失当向陈毅道歉。当天晚上，随行采访的新华通讯社、新华日报特派员周而复还请周恩来审阅了新闻稿。

3 月 3 日早饭后，三方最高领导人达成如下重要协议：一、政府与共产党方面均同意恢复交通，即行开工修路。二、拆除一切交通线上之障碍物。三、枣庄煤矿即恢复开工，并令组成矿区生产委员会监督实施。关于恢复交通等诸项技术问题，由顾祝同与陈毅军长继续商定。同一天，北平军调执行部美方代表白鲁德少将在徐州签署枣庄煤矿协议，三人委员会对枣庄煤矿协定予以证明，并令双方军队撤出矿区。军调部联合参谋长即派遣铁路小组至枣庄，主持矿务委员会，并留驻该区协助处理矿务。双方军队撤退，由第四小组执行。矿务委员会由政府代表、共产党代表及矿员各一人组成。随后，周恩来、张治中、马歇尔结束在徐州的调处，乘机飞往新乡。顾祝同、陈毅、粟裕、谭震林到机场送行。

应该说，在周恩来、张治中、马歇尔的直接调处下，就恢复交通、城镇解围、枣庄煤矿复工等问题达成协议，这对于徐州地区缓解军事冲突、恢复生产、稳定局势曾起到一定作用。然而，正当周恩来为实现和平而积极奔走时，国民党六届二中全会竟然背信弃义，撕毁《停战协定》，重新把中国拖入内战的火海。

处理闻一多案

国民党政府还都南京后，国民党中央召开最高国防会议，变更军事体制，裁撤军事委员会和所属一切军事机构，仿照美国的制度，在行政院下设国防部，国防部长由行政院政务委员兼任，掌理一切军政事宜；另设参谋总长，在军政系统上为国防部长幕僚长，在军令系统上为总统的幕僚长，总统依宪法统率全国陆、海、空军；参谋总长以下分设陆、海、空军及联勤四个总司令部。6 月 1 日，国防部成立，白崇禧任国防部长，陈诚任参谋总长，顾祝同任陆军总司令，桂永清为海军总司令，周至柔为空军总司令，黄镇球为联勤总司令。南京国防部派薛岳接替顾祝同的徐州绥靖主任一职，顾祝同与薛岳一起由南京飞往徐州，办理交接手续。

陆军总司令部由原来的陆军总部及军训、兵监各部合并组成，以林柏森任参谋长，张世希、冷欣为副参谋长，陈以忠为办公室主任，下设六个署。由于陆军总司令部刚成立，业务尚未开展，顾祝同乘此闲暇，前往东北、北京、西安等处视察。在东北，他同卢汉一起慰问在东北作战的云南部队，随后到达营口、沈阳、辽阳、长春、吉林、鞍山等处传达国民党中央命令，抚慰军心。

1946 年 7 月，云南李公朴、闻一多被害案在全国引起轩然大波。西南联大教授闻一多为李公朴抱不平，向全国通电，领导学生罢课，游行示威。在 7 月 15 日抗议游行上，闻一多父子被杀，激起全国人民的义愤，一致高呼要团结，反对内战；要和平，反对内战；打倒蒋介石，推翻蒋家王朝。正义的呼声震撼世界，弄得蒋介石在国际上声名狼藉。他为此大伤脑筋，眼看事情闹到了不可收拾的地步，便派顾祝同去平息这场风波，以挽回民心。7 月 27 日，顾祝同奉令偕陆总副参谋长冷欣、军法处副处长张小骞由九江飞往昆明，处理闻一多案。

在卢汉等人及顾祝同的好友张维汉的鼎力协助下，闻案得以顺利处理。经派员依法侦查起诉，顾祝同指派张小骞为审判长，组成合议军事法庭，依法审讯。8 月 15 日，假昆明地方法院开庭，邀请梁漱溟及各机关代表、新闻记者列席旁听，公开审判做成判决书，送核后，顾祝同令驻昆明宪兵第十三团团长彭景仁为监刑官，于审判长张小骞宣判后，依法签提凶犯原云南省警备司令部特务营第三连连长汤时亮、排长李文山执行死刑，并将在逃凶犯徐占坤年龄相貌表呈报国防部明令通缉。至于霍揆彰身为云南省警备总司令，而犯案凶手居然是该部特务营的连、排长，霍与该部参谋长刘绪婉均不能免于行政责任，因此，经中央核准，霍揆彰革职，交由陆军总部看管，遗缺派第八军军长何绍周升任，刘绪婉撤职查办，以保安副司令马瑛补缺。

霍揆彰在江西时，曾是顾祝同的部下，对他有过救命之恩。在处理闻案时，霍揆彰多方托人说情，请老长官网开一面，顾祝同没有理会。闻案处理后，8 月 25 日，顾祝同在昆明金碧别墅举行记者招待会，通报闻一多案处理经过，他强调说："部队初级军官所受教育程度不多，遇事不够冷静，容易冲动，以致犯下不可饶恕的罪行。但就总体而言，绝大多数军官对国家是忠诚的，皆能舍生忘死，不然，抗战焉能取得胜利。故我对闻一多教授遇害深为惋惜和义愤，终触犯刑律。在执行国家法律之余，深盼国人对总理缔造之国家慎勿轻易毁灭，对浴血抗战之军人亦应给予适当的爱护。"

郑州绥靖

处理闻案期间，郑州绥靖主任刘峙借口解放军中原军区李先念部河山、长江、江汉军区部队以及第一、二纵队，破坏平汉路南端进而威胁汉口，发动对大别山进攻，紧急呼援。大别山区东起豫、鄂、皖边境，经桐柏、大洪、伏牛、武当、终南山等山脉，西至秦岭及龙右山地，为黄河与长江之间的山岳地带。李先念部五万余人集结在信阳东南宣化店与应城西南及平汉路南段东西两侧地区，据此可以北出黄淮平原威胁中原，南下武汉可以窥视两湖，西进随时可控制荆襄，并可以切断国民党军平汉路的中原大动脉。而郑州绥署所辖部队除第一战区司令长官胡宗南部驻西安外，第四绥靖区司令刘汝明部驻许昌，第五绥靖区司令孙震部驻驻马店。战事从 6 月 29 日发起，至 8 月 28 日结束，历时两个月之久。解放军运用沿路遗弃物品的败退假象，诱使国民党军上当，驻守考城的第三师师长赵锡田在战斗中被俘。消息传至南京，朝野震惊。参谋总长陈诚率陆军总部副参谋长张世希到达郑州，做应急处置。顾祝同由昆明返回南京的当天，就接到蒋介石从牯岭打来的电话，要他火速去郑州兼任绥靖公署主任，并命张世希为参谋长。奉令后，顾祝同从陆军总部抽调少数幕僚前往郑州，仍以韩文源为副参谋长兼办公室主任，从此以后，顾祝同往来于南京与郑州之间，指挥作战达半年之久。

解放军太行军区陈赓所属各部队与刘伯承部一部，分据太行东南道清路东西两侧地区，不时向国民党军发起攻击。当国民党军向大别山区李先念部发起攻击时，更受到陈赓和刘伯承部队牵制。为打通道清铁路，重新占据焦作、六河沟矿区，巩固平汉、陇海两路安全及黄河河防，以策应鲁南、晋南之作战。顾祝同决定以一部肃清道清路东段，再以主力打通西段，等占据焦作矿区后，续对太行东麓六河沟地区进击，以期将解放军压迫至山区予以封锁。9 月 26 日，顾祝同令第二十七、第四十九旅由长垣，第八十五师二十三旅由汲县，暂三纵队由淇县，开始向濬县、滑县攻击前进。29 日，暂三纵连克濬、滑两县，与第四十九旅在长垣会师；右翼第三十八师一七七旅由合河西进，暂第三十二师由修武西进，攻克焦作；第八十五师由新乡车运武陟，发动攻击，连克博爱、沁阳、温县；第三十八师攻克孟县。至 10 月中旬，道清路两侧已没有解放军活动。23

日，暂三纵队再由汤阴发动攻击，克广楼、鹤壁；第四十师由安阳攻克丰乐、水治，国民党军左右两翼军攻克六河沟，解放军向漳河以北及山区撤退，太行山东麓告靖。尤其在龙凤战役中，顾祝同集中主力化解刘、邓的强大攻势，把中野一步一步逼退到黄河北岸。正当顾祝同在河南用兵取得进展时，徐州绥靖主任薛岳也向解放军华东根据地临沂发动大规模进攻，企图消灭陈毅主力。令欧震、李仙洲两兵团由南北实施分进合击，欧震兵团由新安镇向北攻击前进，李仙洲兵团由吐丝口南下攻击。解放军却将其主力由临沂、蒙阴、新泰道路两侧偏僻小路隐蔽北移，将李仙洲兵团包围在吐丝口以南谷地，部队拥挤一处，伤亡惨重，致使国民党军队在山东境内的战局急转直下。

1947 年 1 月，徐州绥靖主任薛岳企图彻底消灭陈毅部队主力，扫荡沂蒙山区，乃命令欧震、李仙洲两兵团，由南北实行分进合击的方法，进击解放军。这时候，马歇尔的调处，经过三次停战，已告失败，马歇尔归国。1 月 30 日，蒋介石对徐州绥署属下的绥靖区和部队做了调整充实，总兵力增至五十余万人。徐州绥署确定的作战方针是：以徐蚌地区国民党军极力向东向西发展，在第一绥靖区和第五军北进支援下，合力规复苏北、皖东，彻底消灭该地区解放军，而后进入鲁境，寻求华东陈毅主力实施决战，并制订了分三期作战计划：第一期，徐蚌方面应以极力扩展周边空间，以利第二期“进剿”作战之容易；江北方面一举规复天长、盱眙、海安、如皋，解除京沪北侧及津浦路南段东侧威胁。第二期，徐蚌方面，西以贯通徐州、郑州，东则进出运河，并准备第三期向两淮之“进剿”作战；江北方面，第一绥区利用第一期组织成果进出东台、高邮以北之线。第三期，徐州方面，西以廓清鲁西，确保掩护陇海路东段北侧安全，东则进出两淮，在第一绥靖区的策应下，肃清苏北解放军，并准备继续向东海挺进。

薛岳的这个作战计划，无异于江西“剿共”的翻版，从军事层面上说，这个作战计划只注重攻城掠地，对于所占之地又必须分兵把守，必然造成兵力四处分散，不能充分发挥总体的兵力优势而达到速战速决的目的。然而，国民党军不单有向敌对阵营进攻消灭其武力的任务，还承担着扩大和守卫国统区地盘的职责，以向民众宣扬德化和中央政府的正统性，于是，战略攻势和战术守势便成了一个难以解开的死结。可蒋介石偏偏看重掌握交通要点和大城市的重要性，认为现代作战最要紧的莫过于交通，而要控制交通就要先控制城市，因为城市不仅是经济政治文化中心、一切人才物资集中之所在，而且在地理位置上一定是水陆交通要点。国民党军占领重要城市之后，四面延伸，就可以控制所有的交通线，交通线如果在国民党军控制之下，则解放军即使有广大的正面，也要为国民党军所分割截断，使其运动范围缩小，联络断绝、后勤补给都有困难，处处处于被动挨打的地位。

应该说，薛岳在战争指挥艺术上颇有建树，在对日作战和主持湖南军政时期也表现突出，尤其在指挥江西和湖南的几次大会战中，虽与日军互有胜负，薛岳突出的大兵团组织和指挥能力还是受到蒋介石的赞赏。但是，在坐镇徐州不到九个月的时间里，薛岳却丢掉了国民党军一个军又三个师的精锐，这让蒋介石大伤脑筋，难以掩饰内心对华东解放军迅速壮大的焦虑和不安。

这天，蒋介石在办公室巨大的军用地图前踱来踱去，苦思冥想，终于总结出了几条失败的教训。蒋介石认为，从军事方面来讲，其中重要的一条就是以前战线拉得太长，兵力分散。如何调整战略部署呢？蒋介石萌生出一个大胆的想法，在晋冀鲁豫、晋察冀、东北等战场收缩力量，由攻转为守，然后抽调兵力，对共产党发起重点进攻，搞一次哑铃攻势，一举击溃解放军。哑铃攻势，即是形成两个重点：一个重点在西北，用重兵向陕甘宁边区进攻，直取延安；另一个重点就是华东，向山东根据地发动进攻，目标直指鲁中，保卫南京与上海的安全。蒋介石决定，把这两个任务交给胡宗南与顾祝同来完成。想到这里，蒋介石的精神不禁为之一振。他叫来侍从，要他马上打电话把胡宗南与顾祝同叫到南京，与他们谈话。

这天，正在郑州开会的顾祝同接到南京电话，说是蒋委员长要召见他。顾祝同匆匆结束会议，连夜赶回南京。顾祝同走进蒋介石的办公室，蒋介石马上起身相迎，显出少有的亲热："墨三啊，听说你在郑州开会，会议开完了吗?""会议正要结束，委员长要召见我，我就连夜赶回来了。"虽然夜里坐了一宿车，有些困倦，但在蒋介石面前，顾祝同仍是精神抖擞，一点儿倦容也没有。"墨三啊，共产党的势力一天天坐大，我们千万不能小看。陕西与山东的共军是共产党的左右膀，也是我的心头大患。我想将围剿陕西共产党的任务交给胡宗南，断其左臂，将围剿山东共产党的任务交给你，砍断其右膀，以解除共军对南京、上海的威胁。你看怎样?"蒋介石话里充满着重托与希望。顾祝同一个立正："报告委员长，我一定完成任务。""好！我决定撤销徐州、郑州两个绥署，成立陆军总司令徐州司令部和郑州指挥部，由你统一指挥，你赶快回去准备吧。""是。"顾祝同戴上军帽，敬礼，随即离去。

顾祝同回去以后，马上重新配置兵力。他将所辖的二十四个整编师六十个旅共四十五万兵力分成三个兵团，准备在 4 月初动手，发起向山东解放区的进攻。并在郑州设置指挥部，以孙震为郑州指挥部主任，张世希为副主任，韩文源为参谋长。以张秉钧为徐州司令部参谋长，滕杰为秘书长，衡权为办公室主任。作战计划报告蒋介石后，很快得到了批准。在进攻之前，顾祝同在徐州召开了一次军事会议。这是一个少有的晴天，风和日丽，太阳照得人身上暖洋洋的。前来开会的各师师长齐集在徐州司令部。大家也许是受到这春日的感染，会议还未开始，都在司令部门前的太阳下说说笑笑，聊着天，一扫以前那种沉闷气氛。“委员长这次调整战略方针，是非常正确的。五个手指伸出去打人，当然没有捏成拳头有力。共军那些破枪居然能与我们周旋这么长时间，而且还占了便宜，这就是战略部署的问题。早点儿收缩兵力，我们不至于输得这么惨。共产党打赢仗，我看不是什么战略、战术的问题。唉，人家得民心啊！”这个肩扛少将军衔高个子师长的牢骚，立刻引来几个人的围攻。正在争着，吵着，顾祝同的秘书顾少青从司令部走出来叫道：“顾总请大家进去开会。”这些人才停止争吵，步入会议室。

顾祝同一身戎装，二级上将肩章上的金色梅花在灯光照射下熠熠生辉。他表情严肃，看到人们都到齐了，宣布会议开始。“按照委员长的部署，最近我们要对山东的共军来一次大的军事行动。作战计划委员长已批准，在这里我宣布一下，任命汤恩伯为第一兵团司令，下辖整二十八师三个旅、整六十五师两个旅、整二十五师三个旅、整三十师三个旅、整七十四师三个旅、整五十七师两个旅；王敬久任第二兵团司令，下辖整三十三师两个旅、整七十五师两个旅、整八十五师两个旅、整七十二师三个旅、第五军三个师；欧震任第三兵团司令，下辖整二十七师两个旅、整四十八师两个旅、第七军两个师、整六十四师三个旅、整十一师三个旅。”顾祝同下命令之时，汤恩伯、王敬久、欧震等三人分别起立，表示接受顾祝同的调派，服从命令。接着，顾祝同和盘端出了考虑已久的作战计划：“这次进攻，我想第一步，先以一部分兵力，打通徐州至济南段津浦路和兖州至临沂的公路，压迫陈毅退出鲁南。第二步，部队全线展开，向鲁中山区莱芜、新泰、蒙阴、沂水一线进攻，寻找华东野战军主力决战，将其压迫至沂蒙山区或者胶东狭窄地区，一举消灭。如果共军不敢与我决战，则迫使其北渡黄河。这样，我们就可以占领整个山东，切断关内山东半岛和关外辽东半岛的联系。”讲到这里，一丝微笑浮现在顾祝同脸上，他似乎已经看到胜利在向他招手。会议开得很顺利，与会人员对顾祝同的部署没有提出更多的意见。在他们看来，武器精良、人数多出解放军近一倍的国民党军，再怎么打，也能赢得这场以多对少、以优对劣的战役。散会以后，顾祝同宴请了与会人员。酒席上，这些师长、军长们个个踌躇满志。当顾祝同端着酒杯向他们敬酒时，他们几乎是众口一词：“总座，您就在司令部等着我们的捷报吧。”“不能大意，不能大意。”顾祝同微笑着，回到自己的席位上。他最后说：“我受总裁重托，来徐州主持军务，希诸位以党国利益为重，精诚团结，协力剿灭山东共军，不负总裁殷殷之望。我想，剿共第一要务首先是整肃军纪，做到有功必赏，有罪必罚，如有玩忽职守、违抗军令、作战不力者，本总司令必将严惩不贷！”

会后他分别召见部分将领谈话。四十三岁的第七十四师师长张灵甫依仗蒋介石的宠信，飞扬跋扈，目空一切。顾祝同对他早有耳闻。他决定要用恩威并施的办法来驾驭像张灵甫这样的悍将，所以对他前来行的军礼并不谦让，只是脸上略带微笑。他首先询问了张灵甫从南京到苏北作战以来部队损失多少、有没有得到补充以及军饷欠缺情况，对一些迫切需要解决的问题略作指示，然后用略带亲切的语气说：“张师长，你是个有作为的军人。”他也不让张灵甫坐下，接着说，“所以总裁对你寄予厚望，把你调往前线，可谓知人善用。不过自古为大将者难免因功多而自傲，不能保持名节。每读史书，我常为之掩卷叹息。当今共军为祸甚烈，国家正处存亡之秋，而将军正值有为之年，日后或提拔重用，名垂青史，或辜负国家，身败名裂，都在将军自为。今总裁对属下功过明察秋毫，有功必赏，有罪必罚，想将军已知道。”张灵甫说：“这是总裁对学生的知遇之恩，也是顾总司令的栽培，灵甫就是粉身碎骨，也难报万一。至于剿灭山东共军一事，灵甫早已抱必死之心，不成功，便成仁，有匪无我，有我无匪，一天不消灭山东陈毅主力，灵甫一天寝食难安。”“请坐!”顾祝同说，“将军秉性忠义，我早有耳闻，若能效法古之名将，一举歼灭山东陈毅主力，则功在国家，利在民众，必为历史所传颂。”

稍停片刻，顾祝同忽然问道：“依你之见，目前剿灭山东共军何为最要?”张灵甫回答：“最要紧的是知己知彼。”顾祝同又问：“知己知彼之外，何者要紧?”张灵甫回答：“将士用命，上下一心。”顾祝同轻轻地点头说：“你说的这些仅仅是一个方面，依我看，目前，将骄兵惰，对军令执行不力，实为可虑，如果有令不行，即便对共军的情况了如指掌，也很难毕其功于一役。希望你回到师部之后，切实整顿部队，严明军纪，务要为全军做出表率，以不愧对国家和民众。倘能一扫将骄兵惰积习，做到军令如山，官兵一体，勠力剿共，纵然陈毅有天大的本事，又何患灭匪无日!”当顾祝同说到“希望你回到师部之后”时，张灵甫赶快垂手起立，心中七上八下，等顾祝同的话一说完，他赶快恭敬地回答说：“卑职一定谨遵教诲，全力以赴，即便不能将陈毅主力全部消灭，也要把他们赶过黄河。”

4 月中旬，顾祝同决定以第一兵团与第三兵团向陈、粟部临沂根据地发动攻势，而以第二兵团主力守备大汶口、兖州，一部警备泰安，保证左翼安全。陈毅主力与国民党军激战三昼夜，在付出一定伤亡后退向坦埠；而国民党军左翼受到解放军强袭，泰安不守。5 月上旬，顾祝同令第一兵团向沂水、坦埠，第三兵团向新泰、徂徕山区追击，第二兵团反击宁阳、泰安，进展甚微。5 月 11 日，第一兵团司令汤恩伯令第七十四师向坦埠进击，并以整第二十五师和八十三师各一旅掩护其左右两侧。而第二、三两兵团亦对当面解放军发动攻击。剽悍的张灵甫不待友军跟上，就擅自向前突进。汤恩伯见第七十四师孤军突出，慌忙驱车追赶。而解放军决定从敌战斗队形的中央楔入，切断第七十四师与其友邻的联系，将其消灭。以五个纵队围歼敌整编第七十四师，以四个纵队阻击援敌。汤恩伯回到指挥部，立刻调整部署，以第七十四师为中心，除第二十五师、第八十三师担任左右翼掩护外，又令第六十五师保障第二十五师侧翼安全，第七军和第四十八师保证第八十三师侧翼安全，限12日攻占坦埠。5月13日，白色的雾像一缕缕飘带，飘荡在鲁中大地，给战前的阵地蒙上一层厚重的神秘面纱。第七十四师由重山、艾山间渡过汶河，攻至坦埠附近，遭到许世友部顽强抵抗，激战终日，双方互有伤亡。而此刻解放军第四、第八纵队也全面向第七十四师猛扑。是夜，第二十五师阵地出现动摇。第七十四师阵地因过于突出，不得不逐渐向南转移，全部集结于孟良崮占领阵地。顾祝同旋即乘飞机亲临前线督战，指挥新泰之第十一师、蒙阴之第六十五师、桃墟之第二十五师、青驼寺之第八十三师、河阳之第七军和第四十八师、莱芜之第五军、鲁南之第六十四师、第二十师以及楼德之第九师迅速向孟良崮开进，攻击的力度之强为解放战争所罕见。尽管各部队拼命救援，但解放军阻援部队反复争夺，寸步不让，援军根本难以向第七十四师靠近。直至5月16日黄昏，第七十四师陷入重围，解放军攻陷孟良崮，并乘夜向沂蒙山区行进。

顾祝同在总结孟良崮战役失败教训时沉痛地说："本来，鲁中地区经共军盘踞已久，人力、物力动员极为彻底，组织严密，情报灵活，而国民党军以优势装备在山区行动反多不便，情报、保密工作不如共军，加之第七十四师南撤孟良崮时，既没有与后方取得联络，致陷孤立，而孟良崮为岩石地质，构筑工事、人畜饮水、空投补给均感困难，奉令驰援部队又行动迟缓，未能坚决执行上级指示，舍命相救，遂致造成如此令人悲痛之后果，犹感万分遗憾!”

孟良崮战役失败后，顾祝同在作战部署上采用“并进不如重叠，分进不如合击，以三、四师重叠交互前进”的指导方针，令所辖部队向沂蒙山区发动第三次进攻，企图占领沂水、东里店、南麻等地区，压迫华东野战军撤出鲁中山区。但在此前后，刘伯承部趁国民党军豫北兵力空虚，集中五个纵队兵力，乘机向新乡、黄河铁桥之国民党军第二十六军及第六十六师阵地进击。中野第一纵队由黄河铁桥东北两侧猛攻桥头堡，郑州市内隐约听到炮击声。激战至中午，顾祝同令空军飞临协助，阵地上到处烈焰升腾，解放军主动后撤。当晚，解放军第一、第七两纵队以羊群排除地雷，从东、北、西三面向桥头堡进攻，激战至第二天中午，解放军为国民党军步、炮、空协同击退；而后解放军再以牛群为先导，进行三度进攻，未能得手。接着，解放军再以二十万主力围攻汲县，与国民党守军第一〇四旅激战，其后兵力不断增加，国民党军依靠空军协助，不断逆袭，未获进展。这时，国民党军增援部队奉顾祝同之命陆续沿铁路向北推进，新乡守军也奉令出击，解放军感受侧背威胁太大，被迫向太行山区撤退，撤退途中向驻守汤阴的孙殿英部和安阳守军第四十师发起攻击，因救援部队未及时赶到，汤阴为解放军占领。但解放军在进攻安阳时，遭到守军强大火力的逆袭，激战三天未能攻陷。

1947 年 7 月 4 日，南京国务会议通过“厉行全国总动员戡平共军叛乱方案”，实施全面“戡乱”。顾祝同决定调整部署，重划绥靖区，实行分区防守与“清剿”。当时依国防部核定战斗序列，陆总徐州司令部计辖第一绥靖区司令官李默安驻南通，第二绥靖区司令官王耀武驻济南，第三绥靖区司令官冯治安驻贾庄，第四绥靖区司令官刘汝明驻开封，第六绥靖区司令官周磊驻商丘，第七绥靖区司令官张雪中驻淮阴，第九绥靖区司令官李良荣驻临沂，第十绥靖区司令官李玉堂驻兖州，第十一绥靖区司令官丁治磐驻青岛，第十四绥靖区司令官李觉驻阜阳，第二兵团司令官李延年驻徐州，陆军郑州指挥部辖第十二绥靖区司令官陈鼎勋驻新乡，第十三绥靖区司令官王凌云驻南阳。

绥靖会议

1948年1月28日至30日，顾祝同在徐州召开苏、鲁、豫、皖四省绥靖会议，召集四省主席，保安副司令，民政厅长，省党部主任委员，各绥靖区司令、参谋长，新闻、民事处长。第二兵团司令李延年出席，还邀请行政院政务委员彭学沛、内政部次长彭昭贤以及国防部各厅代表、空军和海军代表一并参加会议。参加会议的还有陆军副总司令韩德勤、参谋长郭汝槐、秘书长滕杰等。

顾祝同在会上着重强调："鉴于华中战场当面共军流窜黄河以南、汉水以东、长江以北的广大地区，我们原有各绥区大半位于津浦路以东及陇海路以北，不能适应当前情况，必须重新调整，特制定华中战场重新划建绥靖区纲要，其要旨是：一、共军流窜避实窜虚，聚散无常，飘忽无定，必须追堵兼施，方能彻底予以消灭，故划建绥区的目的即在于以静制动，以逸待劳。二、过去地方党政工作与军事配合，未能到达预期目的，为谋实现七分政治、三分军事的要求，必须参考原有政治区域的划分，重新划建绥区，方可统一绥区军政指挥，实施军、政、党一元化。三、绥区幅员大小视交通状况而定，以便控制战略上重要点线，实施堵截清剿，并掌握绥区一切人力、物力，以期集中力量消灭共匪。”然后，与会人员就重新划建绥区纲要进行广泛而深入的讨论，收到各方议案众多，经将决议要点加以整理，大致可分为军事、政治、经济与党务四大类。

> 军事方面：统一绥区政权，完成军、政、党一元化体制；机动事业兵力，坚固必守之要点、要线工事，以集中优势兵力歼灭敌人；加强协同作战，各绥区接合部实施联合清剿，发挥协同作用；充沛国军战力，争取壮丁，充裕兵源，巡回整补，增强战力。
>
> 政治方面：严密保甲组织，查挤潜伏分子，肃清零散共军，以巩固基层行政组织；加强民众团体，唤起民众，团结意志，集中力量维护政府戡乱建国，实践总动员纲领；建立民众情报，以无孔不实之方法，制服共军无孔不入之行动；充实地方武力，扩充地方民众自卫力量，摧毁共军民兵制度；积极救济难民，粉碎共军制造难民，扰我后方之阴谋，并增加人力生产。
>
> 经济方面：改进土地处理办法，实施民生主义土地政策，打破共军“土地改革”“穷人翻身”等欺骗宣传；加强对共区经济封锁，确保人力物资，使共军有窜扰无掠获，求兵求食全部落空；争取战地物资供应充足，削弱共军力量。
>
> 党务方面：党务配合军政，以党务协助军事政治发展；发动党员参加各部门工作，投入剿匪戡乱，发挥模范核心作用，以提高各部门工作效率；加强对匪攻势宣传，鼓舞国军士气，坚定民众信心，瓦解匪军斗志。

会后，顾祝同将这个纲要呈报蒋介石奉核，蒋介石认为十分重要，指定江西、湖南两省参照实施绥靖区制度。于是仍由国防部召开六省绥靖会议，白崇禧担任主席，甘乃光为大会秘书长，邓文仪为副秘书长。顾祝同指派滕杰代表陆总徐州司令部前往参加。会后据滕杰返徐向顾祝同报告，徐州司令部的决议要点并未交大会参考，也没为大会所重视。

其实，对解放军总体作战的观念，早在顾祝同第一次受任徐州绥靖主任的时候即已奠定基础。当时他一直继承抗战期间党、政、军联席汇报的传统，凡牵涉地方党政的事，都提交党、政、军联席汇报来决定，以集中党政力量配合军事要求，效果十分明显。及至到徐州以后，顾祝同深深感到，对解放军作战与对日军作战不同，对日军作战，不管老百姓如何受日军胁迫，为日军办事，内心里始终有国家民族意识，向着国军。而对解放军作战，老百姓与国民党军离心离德，却为解放军利用，使国民党军耳目失聪，处处受制。顾祝同以为，非把党、政、军、民团结在一起，充分发挥总体作战力量，是无法与解放军抗衡的。只是顾祝同的这个党、政、军、民一体的作战方略，由于种种原因，被搁置一边。

洛阳原为陇海路上的军事重镇，自豫西国民党军西调关中，解放军集结陈毅所部第三、第八纵队，陈赓所部第四、第九纵队向洛阳逼近，国民党军第二〇六师与解放军苦战一周，伤亡殆尽，而奉令驰援的国民党军两个师人马因大雨滂沱，迟滞了救援时间，致第二〇六师师长邱行湘在突围时被解放军俘虏，直至援军到达时，解放军已不知去向，第四十七军占领洛阳。没过几天，阜阳、陕北各地情势日趋紧张，驻守洛阳的部队相继调走，仅留一个团防守，解放军再次夺得洛阳。1948 年 2 月，刘、邓主力转出大别山，进至淮河、陇海路之间，于洛阳战役后乘势攻击阜阳。顾祝同被迫由全面防御改为分区防御，在阜阳设第十四绥靖区司令部，任李觉为司令官，刘晓云为参谋长，指挥整编七十四师之整编五十八旅驻阜阳。

3 月 20 日，刘、邓部第一纵与第十一纵在沈丘、临泉地区会师，进行一周水网地区作战训练，接着奉命东进，围攻阜阳。第十一纵九十五团在城北白庙歼敌一个连，第九十七团在张三湾歼敌一个营，第十一纵独立支队在插花庙西宋楼歼整编七十四师辎重队一百四十余人，缴获七辆汽车及部分弹药装备。顾祝同令空军连续数日向阜阳空投守备物资。3 月 30 日，第一纵第二十旅攻东关，第二旅攻南关，第一旅为第二梯队。第十一纵第三十一、第三十二、第三十三旅攻北关。豫皖苏军区独立旅攻西关。第二旅第四团攻占文峰塔，歼敌一个加强排，第二旅第五十九团攻占三里湾，歼敌一个营。第二旅第五十团攻战东关后猛攻东城门，守军以火焰喷射火烧东关，第五十八团团长郄晋武率领战士奋勇猛扑，虽两次攻城受挫，但保住了东关阵地，全团伤亡六百余人。黄昏后，第一旅第二团到东关与第五十八团换防。经过数昼夜激战，双方伤亡甚大，解放军大炮多在大别山未带出来，守军凭借优势美式武器装备固守，阜阳城久攻不克。

顾祝同一面派空军连日对解放军攻城部队及后续部队轰炸、扫射，一面调集张轸、邱清泉等兵团共二十个旅在纵深策应，企图合击解放军主力。刘伯承见阜阳久攻不克，外围形势愈加不利，命令部队分路向西撤退。顾祝同急令各路援军分路跟踪追击，因部队行动迟缓，未能捕捉战机。一个月前，山东陈毅所部集中四万兵力，向周村、淄川等地钻隙运动，第二绥靖区情报失灵，直至张店、周村、桓台被解放军攻克，绥区才集中济南国民党军主力第七十三、七十五两师和二一三旅等部东向驰援，21 日，守军第一四一旅等部与解放军苦战十一昼夜，淄川宣告不守。顾祝同令东进兵团撤回济南外围，构筑工事固守。4 月 2 日，昌乐、潍县又遭解放军大部队围攻，第二绥靖区迭次向顾祝同求救；16 日，顾祝同令东进兵团向前推进，命第八十四师北上增援，再令青岛第十一绥靖区以第五十四、第五十七、第六十四师，由东向西攻击前进。两路攻势均先后为解放军所阻，潍县、昌乐、寒亭等地守军相继突围，东进兵团救援无望，复撤回济南。

第九章　国共对决败走台湾

行宪改组　华中作战

1948 年 3 月，第一届第一次国民大会在南京开幕。会议期间，蒋介石当选总统，李宗仁当选为副总统。经蒋介石提名与立法院同意，翁文灏任行政院长，组成新内阁，以顾孟余为副院长，何应钦为国防部长，顾祝同为参谋总长。国内战局并没有因行宪改组而峰回路转。东北行辕撤销后，卫立煌就任东北“剿匪”总司令。这时，吉林守军已撤至长春，解放军攻克四平，林彪所部正向东北心脏地带扩展；撤销华北行辕后，傅作义就任华北“剿匪”总司令，聂荣臻所部正一面策应东北解放军作战，一面掩护华东解放军后方；陈毅、刘伯承、陈赓所部则以牵制消耗国民党军主力为其战略指导原则；西北由西安绥靖主任胡宗南负责，解放军彭德怀所部主要目的是牵制国民党军陕甘部队转移，以策应华东解放军作战。此时，国民党军的战略态势已逐渐陷于被动，既不能编组有力兵团，机动歼灭解放军主力，而防区辽阔，据守点线，又难以集中主力适时支援各个战场。根据以上问题，参谋本部调衢州绥靖主任余汉谋继任陆军总司令；撤销国防部九江指挥部及武汉行辕，在汉口设立华中“剿匪”总司令部，任命白崇禧为总司令，指挥第五、第八、第十三、第十五及第二十一等五个绥靖区以及第三、第四、第十等三个兵团；撤销陆军总司令部徐州司令部，成立徐州“剿匪”总司令部，以刘峙为总司令，辖九个绥靖区及第二、第七两个兵团，原陆军郑州指挥部改为徐州“剿总”指挥部郑州指挥部，仍由孙震负责，辖第十二绥靖区，归刘峙指挥；另设长沙绥靖公署，以程潜为主任，辖第十七绥靖区。

1948年5月1日，刘伯承、陈赓所部以六个纵队兵力，分由伏牛山、大洪山向宛西各县进击，在老河口被陷后，顾祝同令第四十七军及第七十五军沿平汉路南下，另以张轸兵团第十八军进出泌阳、襄城、许昌，向宛东进击。但张轸兵团被解放军阻于老河口再度被攻克。7月5日，解放军围攻襄樊，第一六三旅在乐乡关与解放军激战后下落不明，樊城撤守。驻襄阳第十五绥靖区司令康泽，指挥第一〇四、第一六四旅与解放军激战十余天后被俘。

豫东方面，陈毅所部于5月26日自董口以北地区再渡黄河，与国民党军发生激战。刘伯承部乘机集结第三、第八两个纵队围攻开封，与国民党军第六十六师等部队发生激战，师长李仲莘自杀，河南省主席刘茂恩突围。蒋介石闻报大惊，亲赴郑州督令部队反攻，国民党军占领开封，解放军向南撤退。顾祝同令区寿年、邱清泉两兵团跟踪追击，解放军以一部牵制邱兵团，而以主力包围区兵团，双方厮杀四昼夜，区兵团损失惨重。顾祝同急调黄百韬兵团第二十五师、第三快速纵队及交警二总队火速增援，援兵赶到帝邱店附近时被解放军包围，黄百韬镇定指挥，以一部兵力迂回到尹店解放军侧背突然发起袭击，解放军向陇海线以北撤退。这次战役历时二十六天，解放军伤亡十余万人，以血的代价窥出国民党军不能够适时集中兵力救援守军的弱点，策划了在徐州外围的作战。

6月10日，陈毅所部突然包围兖州，与守军第十二师激战一个月，拔除国民党军外围据点，第十二师退守城边地堡。7月12日，解放军猛攻兖州城，地下堡垒全部被炸毁，与守军展开巷战。国民党军虽然依靠空中优势，使解放军受到一定的损失，但终因寡不敌众遗弃兖州突围。9月中旬，陈毅集中十一万兵力，向济南外围发动攻击，与国民党军激战于长清、炒米店等处，国民党军第七十三师阵地逐渐缩小。刘峙急调第八十三师救援济南，但遭解放军炮火拦截，无法靠近。第七十三师阵地被突破，解放军不断以人海战术向济南突进。迫于情势，第八十三师吴化文在青龙山、簸箕山阵地率部起义，济南解放。

徐蚌会战　辽沈战役

自从济南城破之后，陈毅所部在兖州附近短暂整补便向鲁南移动，计划在徐州东西地区与国民党军决战。陈毅集中十个纵队及淮南、淮北两个独立旅共约二十万人，集结徐州以东地区；其第三、第八、第十纵队与两广纵队及刘伯承所部第一、第三、第四、第九及第十一纵队，约十六万人，集结于徐州以西地区。

11月5日，顾祝同令将第四绥靖区所部第五十五、第六十八两军由商丘车运至蚌埠；第九绥靖区所属第四十四军亦由海州西撤。以第七兵团黄百韬所部第二十五、第四十四、第六十三、第六十四、第一〇〇等军，集结于徐州以东；以第十三兵团李弥所部第八、第九军控制于徐州附近；以第二兵团邱清泉所部第五、第十二、第十七、第七十二、第七十四等军，集结于徐州以西；第十六兵团孙元良所部第四十一、第四十七两军准备由蒙城向徐州北调；另将第四绥靖区所属第五十五、第六十八两军编组为第八兵团；第十六兵团第九十九、第三十九、第五十四与第九十六等军编组为第六兵团，均集结于蚌埠附近；第十二兵团黄维所部也在11月初由平汉线东调，准备参加作战。

国防部为针对前方作战，每日清晨集合部长、总长、次长以及有关厅处长由蒋介石主持开会，先由主管单位报告前一天战况、最新情报、研判解放军企图与可能行动，再由参加会议人员申述意见，然后由蒋介石亲自裁决，即电令前方。

11月8日，华野第三、第八、第十及两广纵队与中野第九纵队，分向徐州以西黄口一带进击，与国民党军第七十军、第五军发生激战；华野另六个纵队与第七兵团发生激战。徐州城里的刘峙坐卧不安，连电告急，蒋介石命各部队开始行动。但他又错误地判断解放军有可能先消灭海州的李延年部队，先令第一〇〇军星夜开往海州，增强海州、连云港防务，后又令援军中途返回，改令李延年部队向徐州龟缩。令黄百韬、李弥兵团之一部在运河以东、陇海路以北掩护李延年部撤退。黄百韬为掩护第九绥靖区部队撤退，在新安镇等了两天，而运河上只有一座桥，这样的大兵团行动，如何能安然撤退。当解放军发觉李延年和黄百韬的行动后，立即将运河大桥截断，以雷霆万钧之势扑向黄百韬。黄百韬的部队边打边退，损失惨重。第三绥靖区何基沣、张克侠部起义，迅速由枣庄、贾汪南下，插入碾庄地区的曹八集附近，消灭第十三兵团一部后，占领了纵深阻击阵地。黄百韬兵团被解放军包围于碾庄地区。

蒋介石令杜聿明接替刘峙指挥徐蚌会战。杜聿明得知蒋介石擅自改变“徐蚌会战计划”后十分恐惧，想托病不出，又怕别人说他胆怯避战，只好硬着头皮来到南京。他一下飞机就立刻赶往颐和路三十四号顾祝同的家中，想打探一下徐州的全面情况。当杜聿明走进客厅时，顾祝同正与徐州的刘峙通电话，他向杜聿明略打个招呼，继续对刘峙说：“叫黄百韬在碾庄待命，等明天官邸汇报决定后再通知你。啊，光亭在我这里，你同他讲话吗？”顾祝同将话筒递给杜聿明。间隔不到一分钟，刘峙在电话里说：“光亭，你快点儿来吧，我们等着你！”杜聿明说等他见了总统再说。他向刘峙询问黄百韬的情况。刘峙告诉他，现在主力已退到碾庄，敌人已到运河以东，黄兵团损失很大，现在稍微稳定一点儿。放下话筒，顾祝同与杜聿明谈了何基沣、张克侠叛变，徐州险被解放军攻占等情况，说他今天一天就忙于将临、韩等地李弥兵团调回徐州巩固防务，并令邱清泉兵团且战且退，向徐州集中。等顾祝同说完，杜聿明惊问：“为什么徐州国军主力不照徐蚌会战计划及早撤退到蚌埠呢？”“你讲得好，时间来不及啊！”杜聿明从顾祝同谈话的语气中，似乎看出了他有难言之隐，也不便多问，便把话题转到葫芦岛撤退方面。顾祝同一再委婉地劝说杜聿明：“明天参加汇报会后就去徐州指挥，国难思良将嘛。”离开顾公馆，杜聿明坐在汽车里想，徐州的军事部署未按原计划执行，形成未战而先溃乱丧师的局面，令他大为失望。他不想去徐州，又怕触怒龙颜。

第二天下午，蒋介石在黄埔路官邸召集军事会议。杜聿明到时，郭汝瑰、侯腾等人都先后到会。黄百韬被围的消息一经传开，大家七嘴八舌，都说未料共军行动如此神速。正说着，顾祝同、蒋介石先后步入会场。国防部第二厅厅长侯腾首先报告战况：“共军三野主力已占领贾汪，迫近运河以东地区，一部渡过不老河插进曹八集、薛家湖附近，截断黄百韬后路；二野及三野主力一部在徐州以西黄口附近与邱兵团接触中。黄百韬兵团主力及第四十四军已退过运河西岸碾庄圩附近被围，在抢过运河桥时受三野火力封锁阻击，伤亡甚重。李延年本人已与徐州取得联系，第六十三军到达窑湾镇后，尚未渡过运河。西路邱兵团与共军接触后且战且退，正由黄口向徐州转进中。孙元良兵团昨日已到宿县附近。刘汝明部已到固镇以南，今日向蚌埠前进。判断：敌人将以有力之一部牵制我军，主力有包围歼灭黄兵团之企图。”停顿了片刻，侯腾接着说，“目前徐州吃紧，南京后方秩序也相当混乱。满街到处抢粮，警察袖手旁观，粮店大部关门不敢营业。”未等报告完毕，蒋介石勃然大怒，用手指着侯腾的鼻子说：“你造谣！胡说！胡说！哪里有这回事？”会场上气氛陡然紧张起来，众人吓得连大气也不敢出。接着，第三厅厅长郭汝瑰报告作战计划：“以目前情况判断，共军有包围攻击黄兵团的企图。我军空军炮火有绝对优势，以内线作战原则，陆、空、步、炮、战车协同，先将运河西岸徐州以东共军歼灭，以解黄兵团之围。以黄兵团死守碾庄圩，第六十三军守窑湾镇待援。以李弥兵团附七十二军守备徐州。以邱兵团、孙兵团迅速东调，击破徐州、碾庄间之共军，以解黄兵团之围。”

蒋介石听完报告后说：“一定要解黄百韬之围！”而后，他侧过头来问顾祝同，“墨三有什么意见？”顾祝同轻咳一声，显得一脸的倦容，说：“我基本同意这个计划，只不过救援要迅速，切不可延误时机。”蒋介石频频点头。顾祝同担心关系到几十万国民党军将士生死存亡的徐蚌会战计划被总统改变了，杜聿明因此而不去徐州指挥。蒋介石转身问：“光亭还有什么意见？”杜聿明调整了一下自己的情绪说："敌情和各兵团的情况我都不了解，到徐州后向刘总司令请示，看如何可以抽调部队解黄兵团之围。"蒋介石说："好！我已经把飞机替你准备好，你今晚就去。"

蒋介石走后，顾祝同把杜聿明叫住说："一山难容二虎，你们两个都在徐州指挥有些不大方便。叫刘经扶到蚌埠去指挥，那样你会顺手得多，你意如何?"杜聿明说："指挥这样大兵团作战，情报补给是一项极其复杂的业务。总部一离徐州，我的机构不健全，势必形成瘫痪，影响作战。请总长放心，我同刘总司令不会发生摩擦的。"他思索了一会儿，又对顾祝同说，"请总长答应我一个要求。""请讲!""就是解黄兵团之围的战略战术、兵力部署，我不一定照今天会议决定的去做。"顾祝同了解他的意思，连声说："可以，可以，你怎么决定就怎么办好了。"

当晚，杜聿明带着邓锡光、冯石如等幕僚飞往徐州。说也奇怪，南京到徐州的飞机经常飞来飞去，可这一次迷失了方向，沿途找不到徐州。一直飞到黄河边，驾驶员才发现飞过了头，急忙掉头，一直折腾到午夜过后还没有找到徐州。驾驶员发出警报说，如果再过一个小时找不到的话，油就用完了。茫茫夜色中，杜聿明心里发紧。正在这时，左侧方忽然现出灯光，飞机转身而去，降落在徐州机场，此时已是深夜一点。

杜聿明到徐州综合了解各方面的情况后，与刘峙研究，调整了兵力部署。即命令各部开始救援行动。次日，邱清泉兵团在白楼、崔楼附近与解放军局部发生战斗；李弥兵团在苑山以北遇到袭击，一度发生混乱。第三天，邱、李两兵团完成攻击准备，在空、步、战、炮协同下，向解放军发起猛烈攻击。空军以轻重炸弹及燃烧弹轮番投掷，山、野、重炮齐发，一时硝烟弥漫，村落尽成瓦砾。正当战役进行时，机场东北跑道附近突然遭到解放军远程炮弹的射击，空军无法起飞，陆、空联络中断。而从安阳空运来的第三十九师在徐州以北龙庄附近刚集结完毕。杜聿明即令该师协同第十三兵团之一部，向不老河北岸攻击，压迫解放军炮兵撤退。空军继续起飞，掩护陆军攻击前进。每个村落据点都遭到解放军顽强抵抗，甚至有的村落已被空军炮火摧毁，解放军士兵仍坚守阵地，勇猛阻击国民党军。国民党军刚打进去，就被解放军赶出来；再打进去，再被赶出来；打得国民党军垂头丧气，每占领一个村落据点都要付出无数的炸弹炮弹和重大伤亡。

在苑山指挥所，杜聿明透过望远镜看到战场上处处尸横遍野，血流成河。激战三天，救援部队行进六七公里，杜聿明乐观地估计，在一周以内可以打到碾庄附近。岂料解放军打援部队越打越多，邱清泉兵团右翼的第七十军被解放军彻夜包围猛攻，阵地一度被突破，反复争夺至拂晓，阵地才逐渐恢复。空军按照预定计划轰炸后，步兵疲劳不堪，没有按计划实施攻击。双方开始抱怨，空军指责步兵按兵不动，等邱清泉完成攻击准备，要求空军协助时，空军负气不肯出动轰炸。邱清泉又指责空军不支援，使步兵徒受损失。铁路以北的第十三兵团第八军虽然在空、炮、战车掩护下经过激烈争夺，也只占领两三个村庄，左翼第九军毫无进展。

蒋介石在接到邱清泉按兵不动的报告后，气得摔碎了茶杯，一面对邱清泉申斥怒骂，一面派顾祝同、郭汝瑰到徐州督战。顾祝同一下飞机就问杜聿明："敌人也就那么几个纵队，为什么我们两个兵团还打不动?"杜聿明向顾祝同汇报了几天来的战况以及邱清泉与空军闹矛盾的情况，然后说："敌人先我占领阵地，兵力陆续增加，战斗非常顽强，每一个村落据点都得经过反复争夺才能攻占。"坐在一旁的刘峙向顾祝同建议，放弃徐州，集中全力解黄百韬之围。顾祝同没有表态，只是要杜聿明大胆抽调兵力解救黄百韬。至于如何抽调兵力既保徐州安全，又可解黄百韬之围，大家一时还拿不出好的办法。

在沉默了一段时间后，杜聿明提出了上、中、下三策，请顾祝同定夺。他说这次战役的胜败在于黄百韬坚守的程度如何，如果黄百韬能像潘裕昆守德惠、陈明仁守四平街那样坚守，以这几天攻击进度看是可以解围的，这是上策。如果黄百韬坚守不住，徐州尚且能保全，这是中策。如果放弃徐州，丧失机场补给基地，又不能一举击溃共军以解黄百韬之围，势必弄得全军覆灭，这就成了下策。顾祝同左手抚摩着下巴，对杜聿明的指挥不力在心里产生一丝不满，他预料到解放军很可能有一半以上的兵力集结在徐蚌地区，一场决战看来在所难免。如果蒋介石不改变当初拟订的计划，局势就不至于落到现在这种地步。见顾祝同不吭声，杜聿明已在心中酝酿，准备将第七十四军增加右翼，向解放军迂回攻击，待弄清楚九里山第七十二军当时情况后，再继续抽调兵力，增加攻击强度。因为有郭汝瑰在场，他并没有将这个计划直接向顾祝同说出来。

午饭后，杜聿明单独去了顾祝同下榻的地方，谈出自己的作战计划："我指挥作战的方案，事先绝不能让郭汝瑰知道。如果郭汝瑰知道这个方案，我就不照原方案执行。"顾祝同答应了他的要求，当晚返回南京复命。此时的顾祝同坐在飞机的沙发上思绪万千，他对张克侠、何基沣的临阵叛变导致黄兵团陷入绝境恼怒万分。

两个月前的一天，他奉命来到徐州代表总统宣慰这两位前线将领，期待他们能为党国尽忠。顾祝同刚下飞机，就见张克侠一身戎装，文质彬彬地站在将台下，他身旁挺立着膀阔腰圆、方脸浓眉、身披斗篷的绥靖区副司令官兼第七十七军军长何基沣。此刻的顾祝同威严地站在将台上，侍从校官捧着两个描金匣子递给他，匣子上写有“中正剑”和“民国三十七年金秋”的字样。顾祝同亲自将中正剑替张克侠、何基沣佩在腰间。他对张克侠和何基沣说：“自古徐州乃兵家必争之地，二位将军是把守徐州北门的虎将，总统特派我前来赐剑，想必二位能体察总统的用心。”

自从济南战役后，关内战场上的几个战略集团，均被解放军分割在几个互不联系的地区，华北傅作义集团六十万人，分布在张家口、北平、天津的狭长地带，欲守无力，欲走无路；太原阎锡山集团已被解放军重重包围，四面楚歌，坐以待毙；西北胡宗南集团被解放军钳制于关中一隅，苟延残喘，疲于应付；中原白崇禧集团约七十五万人，仅限于平汉铁路南端，虚张声势，朝不保夕；华北刘峙集团六十余万人，分布在以徐州为中心的津浦、陇海铁路上，处境危险。

徐州地处苏、鲁、豫、皖四省交界之处，扼南北要冲，四千年来，在这里发生的著名战役，仅有文字记载的，从夏帝启十五年彭伯寿征西河到如今就有四百余次之多。辛亥革命元勋、卓越的军事家黄兴说得更透彻，南不得徐州，无以图山东；北不得徐州，无以窥江东，是胜负转战之地。蒋介石深知这个战略要地的价值，在他听到济南失守的消息后，做了一番痛苦的反思：必须研究中国的战略与战术以及部队的组织与训练情形，使济南所犯的错误不致重演。因此，在对待徐州问题上，他是很用了一些心思的。战役前，国民党军刘峙集团六十五万人，加上随后参战的黄维兵团，有近八十万人，分布在以徐州为中心的由津浦和陇海两铁路上，形成一点两线重兵密集的防御体系，其特点是机动迅速，便于驰援，谁来担当坐镇徐州的老总呢？蒋介石为此很伤脑筋。本来顾祝同提出，把华中“剿总”和徐州“剿总”合并，让有小诸葛之称的白崇禧出山，孰料这个桂系中坚先允后变，不肯上任。不得已，蒋介石只得仍让刘峙支撑大局。而今第三绥靖区第五十九军和第七十七军临阵叛变，让开通道，使解放军飞兵南下直插大许家、曹八集陇海铁路段，切断黄兵团退路。由此可见，蒋介石当初授剑于第三绥靖区副司令官张克侠和绥靖区副司令官兼第七十七军军长何基沣的用心。

11 月 16 日，邱清泉兵团第七十四军开始由潘塘镇经双沟向土山镇方面解放军侧背迂回攻击，不料行动一开始就在张楼、陈庄与解放军由南向北的三个纵队遭遇，在空、炮掩护下激战终日，不但毫无进展，一线部队反而被解放军击溃。邱清泉在电话里连连告急，要求调第七十二军增援。杜聿明令邱清泉以仅有的预备队及坦克重炮支援，才稳住阵地。19 日，解放军全力扑向碾庄，由南寨墙突入，双方发生激烈巷战。但 19 日后，永城附近雨雪交加，空投补给无法实施，虽至 1948 年 12 月 5 日，并无重大战斗，但官兵饥寒交迫。6 日，解放军全力再攻，至 11 日，司令官邱清泉等以下官兵大多死亡，残部突围，至此，徐蚌会战结束。徐蚌会战历时六十五天，解放军投入兵力约八十万，伤亡四十六万人；国民党军投入兵力五十七个整编师四十五万人，伤亡失踪三十余万人。

1948 年 2 月，解放军东北野战军林彪所部向卫立煌集团展开了凌厉的攻势，全歼了国民党军新五军、第四十九军第二十六师，向辽阳、鞍山、营口挺进。国民党军节节败退，仅剩下锦州、沈阳、长春三大据点。锦州地区，国民党军约有十五万人，由东北“剿总”副总司令兼锦州指挥所主任范汉杰指挥的第六兵团四个军十四师，分布于义县至秦皇岛一线。这一线是国民党军联结东北与华北的战略要地，也是取得关内增援、补给的陆上枢纽。沈阳地区，国民党军有三十万人，由东北“剿总”总司令卫立煌直接指挥第八、第九兵团八个军二十四个师三个骑兵旅，控制着沈阳及其外围的铁岭、抚顺、本溪、辽阳、新民等地。长春地区，国民党军有十万人，由东北“剿总”副总司令郑洞国指挥第一兵团两个军六个师，依靠空中补给，凭借永久性和半永久性工事孤守长春。9 月 12 日，解放军东北野战军仿佛在一夜之间占领了滦县、绥中、义县等地，封锁了锦州机场，拉开了辽沈战役的序幕。蒋介石急调华北的新五军、独立九十五师，还有烟台的第三十九军正在葫芦岛登陆。锦州频频告急，蒋介石命令卫立煌火速从沈阳出兵增援。卫立煌感到自身难保，予以推托，经蒋介石急电教育一番，方才愿意出兵增援。但蒋介石对他似乎不太放心，并派顾祝同去沈阳监军。

第二天，蒋介石带着空军司令周至柔、海军司令桂永清、作战厅副厅长罗泽闿和俞济时飞到沈阳。蒋介石认为，东北是华北的屏障，要保住华北，必须保住东北，并宣布新的作战计划：第一，范汉杰固守锦州，吸引和消耗共军主力；第二，华北“剿总”的第六十一军、第九十二军一个师、独立第九十五师及烟台的第三十九军两个师马上到葫芦岛，会同锦西、葫芦岛的原四个师，共十一个师，组成东进兵团，由第十七兵团司令官侯镜如指挥增援锦州；第三，由沈阳的新三军、第一军、第六军、第七十一军和第四十九军，共十一个师附一个骑兵旅，组成西进兵团，由第九兵团司令官廖耀湘指挥，向彰武、新立屯攻击，截断解放军后方补给线，然后经阜新趋义县，协同东进兵团夹击解放军；第四，长春的郑洞国第一兵团准备伺机向沈阳突围。

尽管蒋介石做了详细部署，但东北战局没有丝毫改观。徐蚌会战期间，东北战局也每况愈下。解放军的东北野战军对沈阳外围连续发起的七次攻势，使国民党军处境日益困难，兵员、物资消耗日趋严重，海、陆运输又相继中断。守军据点分散，每每遭遇解放军攻击，主力既无法转移，应援又难以到达，造成各点孤军苦守，终为解放军各个击破。对此，南京国防部迭令东北“剿匪”总司令卫立煌与长春守军郑洞国部，奋力向锦州突围，并令锦州守军范汉杰兵团策应作战。10 月 15 日锦州失守。长春在困守九个月之后，于 22 日午夜解放了。

在锦州战役发起时，东北“剿总”以五个军的主力由第九兵团司令廖耀湘统率西进，企图解锦州之围。部队进至黑山东北地区闻锦州已陷，遂向东撤退，遭解放军猛击，廖耀湘阵亡，部队一片混乱，全军覆灭。解放军以摧枯拉朽之势攻克沈阳，顾祝同也结束了监军的使命。

长江天险　一朝崩溃

经历了辽沈、淮海、平津三大战役，国共双方的兵力对比已今非昔比。国民党总兵力为二百零四万，可作战兵力仅有一百四十六万，分布在新疆至台湾等广大地区，在战略上无法组织有效防御。共产党总兵力发展到四百万，占领长江以北广大地区。西北解放军彭德怀部占据陕西、山西，与国民党军晋、陕、甘、宁、绥部队相持于榆林、三边及渭河流域陕南、竹溪地区；中原解放军刘伯承部以有力之一部与国民党军华中部队相持于固始、遂丰、襄阳一线，其主力积极整补，准备协同华东解放军作战；陈毅部除以有力之一部与国民党军长江以北部队相持于如皋、泰县、天长、蚌埠、六安以北之线，其余积极准备协同中原解放军作战；东北解放军林彪部，除留一部于东北地区外，主力进入关内，参加华北作战；华北解放军聂荣臻部，则协同入关的林彪主力，与据守平、津、塘沽、大连及太原、大同、新乡的国民党军作战。

这时，国民党军在战略上的态势已显得十分脆弱，而自金圆券发行后，国内经济出现一团糟的局面，物价飞涨，到处发生抢购物资风潮，京沪一带谣言四起，人心浮动不安。报纸公开刊载李宗仁、程潜乘国军军事逆转之机，倡导与共产党和谈，要求蒋介石下野。蒋介石宣布暂行引退，并发表文告。

蒋介石在下台之前，召集陆、海、空军军事将领会议，要求提高警惕，免为共军所乘。同一天，毛泽东提出和谈八项条件，蒋介石先后约张君劢、左舜生、张群、吴铁城、张治中、邵力子等人交换意见，并对重要人事做了部署，任命陈诚为台湾省主席兼台湾警备总司令，任命汤恩伯为京、沪、杭警备总司令，协助华中“剿匪”总部统一长江下游作战行动，撤销徐州“剿匪”总部，江北军事归京、沪、杭警备司令部副总司令李延年指挥。随后又任命朱绍良为福州绥靖公署主任、张群为重庆绥靖公署主任、宋子文为广东省主席、余汉谋为广州绥靖公署主任、陈济棠为海南特别行政长官公署长官、蒋经国为台湾省党部主任委员。1949 年 3 月 23 日，行政院再度改组，何应钦就任行政院长，徐永昌担任国防部长，顾祝同以参谋总长兼陆军总司令。3 月 25 日，李宗仁派邵力子、张治中、黄绍宏、章士钊、李蒸为和谈代表，中共派周恩来、林伯渠、林彪、叶剑英、李维汉为和谈代表，双方在北平举行谈判。4 月 15 日，中共以最后修正案八条二十四款，要求国民党和谈代表签字，并以 20 日为最后限期。20 日，南京国民政府关上了和谈的大门，发表文告，昭告国人，坚决作战。

长江是我国的第一大江，自西向东横跨大陆中部，下游江面宽阔，汛期来临，水位猛涨，风大浪高。沿江地域多为水网地区，河流湖泊纵横交错，大兵团行动困难。汤恩伯集团除以一部兵力控制若干江心洲以及江北据点作为警戒阵地外，以主力十八个军五十四个师沿南岸布防，重点置于南京以东地区，于纵深控制一定的机动兵力，待解放军渡江时，凭借长江天险，依托坚固工事，在海、空军支援下将解放军歼灭于江心或滩头阵地；如江防一旦被解放军突破，则分别撤往上海及浙赣铁路杭州至株洲间组织新的防御。具体兵力部署：以第八兵团指挥的三个军防守湖口至铜陵段；以第七绥靖区指挥的三个军防守铜陵至马鞍山段，第十七兵团第一〇六军位于泾县、宁国、太平地区为预备队；以第六兵团及首都卫戍总司令部指挥的三个军防守南京及东西地；以第一绥靖区所属四个军防守镇江至江阴段，第五十四军位于丹阳、武进地区为预备队；以淞沪警备司令部指挥的三个军防守苏州至上海间。另以第九编练司令部指挥的六个军位于浙赣铁路沿线及浙东地区，担任第二线防御。防守湖口至宜昌的白崇禧集团，以十四个师的兵力位于武汉至九江地区，以十三个师的兵力置于长沙至南昌地区。

中共在与南京国民党政府谈判期间，已令第二、第三、第四野战军与中原、华东军区部队约一百一十万兵力准备适时发起渡江战役，决定由刘伯承、林彪、陈毅、粟裕、谭震林五人组成渡江战役总前委，于安庆、芜湖、南京、江阴之线发动进攻，夺取国民党政权中心南京以及上海、安徽、浙江、江苏广大地区。第四野战军第十二兵团抽出两个军约十二万人组成先遣兵团，归第二野战军指挥，由平津地区南下，攻取信阳，威胁武汉，会同中原部队牵制白崇禧集团，策应第二、第三野战军作战。渡江战役总前委依据中央军委的意图和国民党军在长江下游的兵力部署，制定了《京沪杭战役实施纲要》，组成东、中、西三个突击集团，采取宽正面、有重点的多路突击，歼灭沿江国民党军，直捣南京。其兵力部署是东突击集团三十五万人由粟裕、张震指挥，以两个军位于江北全椒、仪征、扬州等地并攻占瓜洲、浦口、浦镇，吸引和牵制南京、镇江地区国民党军，主力六个军由扬中以北至靖江以东段实施渡江，成功后向宁沪铁路挺进，阻击南京、镇江国民党军东逃和上海方向国民党军西援，并向长兴、吴兴方向发展，会同中突击集团切断宁杭公路，封闭南京、镇江地区守军南逃之路，完成战役合围，而后协力歼灭被围之敌。中突击集团三十五万人由谭震林指挥，在芜湖以北至枞阳段渡江，成功后以一部兵力歼灭沿江守军并监视芜湖守军；主力迅速东进，会同东突击集团完成对南京、上海、杭州地区国民党军的包围，而后各个歼灭被围之敌。第七兵团准备夺取杭州。为求得中、东两集团行动上的协调，迅速合围南京、镇江地区守军，中突击集团过江后统归粟裕、张震指挥。由刘伯承统领三十五万人的西突集团，于枞阳至望江段实施渡江，成功后以一个兵团挺进浙赣铁路衢州及以西以北地区，控制这一路段，切断汤恩伯与白崇禧集团的联系；主力沿江东进，接替第九兵团歼灭芜湖守军的任务，准备参加夺取南京的作战。

4月20日夜，解放军按预定部署发起渡江作战。中突击集团第一梯队四个军在强大炮火掩护下，顶着国民党军军舰和江防炮火的拦截，在一百余公里的正面登船强渡，攻占了鲫鱼洲等多处江心洲。接着，突破鲁港至铜陵段国民党军江防阵地，连续击退守军的多次反击，巩固了滩头阵地，相机向纵深发展，占领铜陵、繁昌、顺安等地，继续东进。埋伏在泰兴西南至黄港的解放军中突击集团，于泰兴以南等地发起猛烈攻击。突破守军防御后，连续击退国民党军三个军的高强度反击，进抵江阴以南、申港以西地区，建立了东西五十公里、南北十余公里的滩头阵地。长江在流经江阴、黄山地段时骤然收缩，形成长江最窄处。由江边的君山、黄山、肖山、长山组成的江阴要塞就在此依山傍水，扼守这险要位置，控制着狭窄的江面。抗战胜利后，在顾祝同的建议下，国民党军队就加紧扩建江阴炮台，以拱卫宁沪杭政治经济中心地区，经过几年的苦心经营，建成炮台总台，配备各种型号口径的大炮四十二门。解放军兵临长江时，国民党军又从台湾调来游动炮团，配备五七战防炮三十六门，加上守备总队、工兵营，总兵力达七千多人，控制着从张家港到黄田港五十多公里的江面。在解放军大举渡江时，唐秉琳成功地领导要塞官兵阵前起义，活捉要塞司令戴戎光。江阴炮台七千余名官兵归降后，立即封锁了江面，将炮口对准国民党军，使解放军轻而易举地渡过长江，连下龙窝口、扬中、彭泽、东流、安庆、南陵等地。停泊在镇江附近江面的四艘英国军舰向解放军渡江部队发起炮击，遭到猛烈还击，“紫英”号旗舰被击伤后，其余军舰逃往上海。沿江防线被陆续突破，南京孤悬于解放军钳形工事之下，无法发挥高度战斗力量。

顾祝同看到部署在沿江一线的国军有被解放军分割围歼的危险，立刻下令各部队向浙赣沿线及上海方面撤退。芜湖以西部队向浙赣铁路沿线撤退；芜湖以东、常州以西的部队向杭州方向撤退；常州以东的部队向上海方向撤退，在浙赣铁路沿线和上海地区组织新的防御。解放军除组织第二梯队继续渡江外，主力乘胜向国民党军防御纵深发起追击。中突击集团占领丹阳、常州、无锡等地，切断了宁沪铁路，国民党海防第二舰队司令林遵率二十五艘舰艇在南京以东江面投降。中突击集团一部占领芜湖，主力渡过青弋江，在湾沧歼灭国民党两个军。西突击集团占领贵池、青阳等地，歼灭国民党军第八兵团一部。解放军第四野战军先遣兵团和中原军区部队占领武汉以东以西的黄梅、浠水、汉川，成功牵制了白崇禧集团，保障了第二野战军渡江作战的侧翼安全。

从南京撤退的第四十五、第二十八军与从镇江撤退的第四军、从铜井以西撤退的第六十六军，一齐涌入广德东北部地区，溃不成军。解放军两路大军日夜兼程，猛追逃敌。4 月 23 日晚，解放军占领南京。

退居台湾　心系家乡

1950 年 1 月，“国民政府行政院”局部改组，以谷正纲掌内政、严家淦掌经济、陈诚继掌交通。顾祝同因阎锡山辞去“国防部长”一职，奉令兼代“国防部长”，由吴国桢出任台湾省主席兼保安司令。鉴于兵败大陆的教训，顾祝同着手整顿军队，他向国民党非常委员会提出《军事革新纲要》，确定政略、战略，主张贯彻精兵主义，严肃军纪，健全各种制度，加强敌后作战，力争在较短的时期内训练出一支精兵，防卫台湾。规定称，凡是来台的部队，必须先放下武器，然后按照指定地点登陆、行军、宿营。由于每一支部队都经过重新登记，有了准确的人数，并按人头发给薪饷，使长期以来缠绕国民党军“吃空额”现象有了很大的改进。其后，对军队实行三次整编。第一次整编，目的在于统一编制，后两次整编意在减少指挥机构，将权力集中。经过整顿，“老弱无能”的军官被裁掉数万人，同时撤销了军队中六十多个番号。在整军的基础上，进一步整顿军纪，严加训练。为便于统一指挥、调动军队，顾祝同效仿美式建制，重建军事体制和首脑机关。“国防部”设人事、人力、物力、军法、法规、战略计划研究、军事工程等机构，主管军事行政；参谋总部辖陆军、海军、空军、联勤、警备总司令部和宪兵司令部，并直辖澎湖、金门、马祖防卫司令部；总政治作战部设立人事、党务、保防等机构，隶属于“国防部”。其职能是掌理国民党军政治作战政策、军事新闻、心理作战、组织训练、政治教育、文化宣传、康乐、监察、保密防谍、军眷管理、官兵福利及战地政务等业务。军事机构恢复政治工作制度，这是国民党退台后实施军事改革的重要步骤。

蒋介石在总结国民党兵败大陆的教训时，认为士兵缺乏政治训练，不知为何而战，以《革命魂》《军人魂》《民族正气》《汉奸必亡与侵略必败》四篇文章明确士兵为谁而战，为何而战。为让蒋经国在军队里抓权，做日后再度升迁准备，于是组建政治部与设立政工制度。为激励军队的高度战斗精神，每一军官或士兵必须充分信仰三民主义，并具有为三民主义而不惜牺牲之坚决意志。创办政工干校，通过该校的创办，蒋经国大量网罗“人才”，使政工干校成为台湾的黄埔，门生遍布党、政、军各界，为日后蒋经国升迁保驾护航。在军队整顿过程中，蒋介石还对军官队伍进行调整，制定制度。实行军官“假退役制度”，这一制度主要针对年高失势的将领而言。通过此制度，蒋介石让阎锡山、徐永昌、何键等一百四十名少将以上的高级军官和一批校级军官退出现役。实施军校教育制度，蒋介石规定，国民党军队的各级军官一律经过军校培养和轮训，以造就出“效忠党国”“领袖”的各种指挥人员。建立“军事主官任期制”，规定各主要军事单位指挥官每两年变更一次，实行轮换制，以防止军事主官拥兵自重，权力膨胀。

蒋介石自从败退孤岛后，曾希望美国人能伸出手来给予援助，但希望越来越渺茫。中共军队随时准备进攻台湾，怎样能抵挡住进攻呢？1949 年 2 月，他辞去总统职务，来台后仅以国民党总裁身份发号施令，毕竟名不正言不顺，尽快恢复“总统”职务已成为他的当务之急。早在国民政府迁往广州时，黄埔系将领和蒋派政客就有请蒋介石复职的企图，直到国府撤退到重庆，这种呼声更是甚嚣尘上。但是，蒋介石心里明白，要让自己顺顺当当地复职，最便捷的途径就是由李宗仁劝进。此后，在蒋介石亲信的策划下，先是“国民大会”代表电请蒋介石复职视事，随后中国国民党中央常务委员会决议，请蒋介石早日恢复行使“总统”职权。接着“立法院”在台北首次举行会议，三百八十多名“立法委员”联名电请蒋介石恢复视事，以竟“戡乱”全功。蒋介石假意俯顺民意，于 1950 年 3 月 1 日在台湾复职“总统”。或许是因为那次顾祝同直击大陆的败因，给蒋介石触动太深，他在继整军之后，又着手改造国民党。他在国民党七大上做政治报告时指出，并不是共军有什么强大的力量足够打败国军，完全是领导国民革命的本党组织瓦解、纪纲废弛、精神衰落、藩篱尽撤之所致。党的失败的主因，是在三民主义信仰的动摇，是国民党内部分歧矛盾所致。

7 月 8 日，蒋介石主持召开整理党务会议，讨论国民党改造方案。蒋在会上还提出必须以重新做起为要旨，以制度与人事为根本要图。在蒋介石复职四个月后，台湾出台了中国国民党改造方案，重新建立基层组织，改造了领导机构；强化组织纪律和开展党内教育训练；拓展党的构成成分，规定以青年知识分子和农工生产者为社会基础，结合其他爱国分子为党的构成分子；削弱国民党内非蒋派别的力量。这次改造，蒋介石成功地进行了一次人事上的调整和权力的再分配。蒋经国进入国民党“中央”决策机构。蒋介石提名陈诚为“行政院长”，任命郭寄峤为“国防部长”，周至柔为“参谋总长”兼“空军总司令”，孙立人为“陆军总司令”。国民党内长期掌握实权的何应钦、阎锡山、陈果夫、陈立夫、顾祝同、白崇禧等纷纷离开领导层。

顾祝同被罢黜兵权后，担任“总统府”战略顾问委员会副主任，协助何应钦从事战略研究。1952 年 10 月，国民党第七次代表大会在台北举行，顾祝同受提名，荣任“中央”评议委员。1954 年晋升陆军一级上将。在他六十七岁之后的两年时间里，父亲和继母相继去世，合葬于观音山。

1959 年 7 月 1 日，顾祝同奉调为“国防会议”秘书长。这是蒋介石基于蒋经国顺利接班的考虑，他认为蒋经国从赣南时起就得到了顾祝同的细心呵护和指点，使他在政治和军事上渐趋成熟。顾祝同忠心可嘉，在蒋经国未来接班时仍离不开像顾祝同这样的老臣压台。“国防会议”为国民党最高决策机构，由主要党政机关的首脑组成，国民党的一些重大决策都出自这个机构，由蒋介石兼任主席，陈诚兼任副主席。这个机构是为适应现代战争需要成立的一个组织。由于现代战争涉及范围广泛，除军事外，凡政治、外交、财政、经济、思想、文化等活动，莫不与战争休戚相关。如何谋求军事与政治协调、政略与战略的配合，已成为现代国防的重要课题。基于这样的考虑，蒋介石决定成立这个机构。

1961 年 12 月，顾祝同奉蒋介石之命，成立战地政务委员会筹备处，隶属“国防会议”，指定副秘书长蒋经国为筹备处主任，并调澎湖防卫司令部副司令夏季屏为副主任。筹备处负责整个战地政务政策制定、审议、协调和督导责任。1962 年 1 月，由顾祝同签定核准的“国防会议”特种作战指挥部成立，负责统一计划、指挥、协调与管制敌后的特种作战事宜。直至“国防会议”改组为“国家安全会议”后，顾祝同感到自己年事已高，精力不济，主动将秘书长一职交卸蒋经国，改任“总统府”陆军一级上将战略顾问和中国孔孟学会名誉理事长。

1971 年 10 月，第二十六届联大通过驱蒋案。第二年 2 月，蒋介石最主要的外交“盟友”美国总统尼克松访问中国大陆。这股冲击波使整个台岛处在动荡不安之中，蒋氏父子更是心急如焚。1972 年 9 月，蒋介石另一外交“盟友”日本首相田中角荣踏上了中国大陆进行友好访问。在此前后，许多国家相继与中国台湾当局断交。八十六岁高龄的蒋介石经不住这一连串的打击，终于病倒了。7 月初，蒋介石因患感冒转为肺炎住进医院，在病体尚未痊愈之际，又因一次意外车祸住进荣民总院。此后蒋介石宣布避不见客，实际上已基本处于退休状态，工作基本由“副总统”严家淦与长子蒋经国处理，遇到重大问题与棘手之事，才到他的病榻前请示、汇报。

1975 年 3 月 26 日晚，蒋介石病情又呈变化，经三个多小时急救才见好转，醒来后的蒋介石深感来日无多，令蒋经国召“各院”院长来士林官邸听他口授遗嘱。授完遗嘱后，蒋介石让蒋经国把顾祝同找来交代后事。在他病重期间，台湾政局动荡，他担心蒋经国能否顺利接班。按说经过这些年的苦心经营，蒋经国逐渐掌握了实权，接班不应该出现问题，但从稳重起见，尚需一位德高望重的老臣出来压阵。遍观朝野，能够和他一心一德的老臣已为数不多，有的早已先他而去，有的坐在轮椅上口不能言，唯有顾祝同身体硬朗，而且对他忠心不贰。在削夺了顾祝同兵权的八年之后，蒋介石甘冒打破政治平衡的风险，出人意料地起用顾祝同，安排他就任“国防会议”秘书长，目的就是让他传给儿子韬光养晦之术，历练他在政治和军事上更趋成熟。

八十四岁高龄的顾祝同来到草山别墅，蒋介石屏退左右，一字一顿地同他谈论身后之事，把蒋经国接班的事托付给他。顾祝同当面承诺，定当与岛内同仁不遗余力辅佐蒋经国。4 月 5 日晚 11 时 50 分，八十九岁的蒋介石在宋美龄与蒋经国的哭泣声中溘然长逝。

蒋介石去世后，顾祝同想，如果把蒋经国直接扶上大位，既有违法统，也会给人留下口实，于是，他找何应钦、张群等人商量解决办法，大家都认为应该有一个缓冲人物作为过渡。最终商定推举严家淦代理“总统”，蒋经国依然担任国民党主席、“行政院长”兼“国防部长”。严家淦是江苏吴县人，抗战时期是第三战区的一名普通技术干部，在顾祝同的提携下，仕途一帆风顺。此人既没有政治实力也没有政治野心。严家淦在“总统”的位子上服务三年，在下一届的“总统大选”之前，顾祝同联络何应钦、张群、陈立夫、薛岳等老臣压阵，终使蒋经国顺利就任“总统”。

顾祝同自从淡出政坛之后，一直担任有名无实的国民党“中央”评议委员及主席团主席。虽然步入晚年，但他依然力所能及地在为社会服务。旅居台湾的江苏籍人士比较多，他们在台湾的生活难免会遇到这样那样的困难，只要找到顾祝同，他都极力帮他们想办法解决。但他一个人的能力毕竟有限，况且这些人找到他也不是那么容易。于是汪宝煊、滕杰等人同顾祝同商量成立江苏同乡会，利用顾祝同的声望为江苏人做点儿善事。

顾祝同觉得这是一个善举，欣然同意。很快，江苏同乡会筹备成立，公推顾祝同为名誉理事长，陶桂林、吴佩绅、张仁涛等人为常务理事，韩德勤、丁治磐、余井塘为常务监事。会所设在台北市复兴南路一段三一八号二楼。同乡会的任务是为江苏籍同胞办理小额贷款，辅助同乡小本经营谋生；办理大专院校江苏籍贫困学生奖学金；为同乡介绍工作，资助贫困医疗，灾荒慰问；介绍老无所依或伤残同乡到各公私立救济院，免致流离失所；为同乡办理籍贯更正证明，调解同乡纠纷；每年春节举办同乡团拜以敦睦乡谊；每年扫墓节遥祭江苏先贤先烈以增进乡土观念；每年春节、端午、中秋，派员分赴台湾各救济院慰问住院同乡，送给慰问金，以表示对孤苦同乡的关怀；资助江苏文献社和江苏文物月刊。当然，这些活动的开展需要一定的资金做保证，对于同乡会服务资金的筹措，顾祝同应几位执行常务理事的邀请，找到了他以前的部下严家淦，与他一起请江苏籍工商界巨头解囊相助，保证服务同乡的资金来源。

顾祝同在担任江苏同乡会名誉会长的同时，还担任涟水同乡会会长。自 1971 年起，为落实同乡会应有功能，他要求张奇担任总干事，并要张奇推选几位副总干事协助工作。张奇按照顾祝同的嘱咐，推选徐镇中、顾振华、张学劳、杨汉生为副总干事。在没有经费没有会所的情况下，涟水同乡会每年办理联谊活动及奖学金核发、年老无依之救助与慰问，搞得相当出色。

1980 年秋的一天，顾祝同通知张奇到官邸谈话，转入两岸话题。他根据自己的判断，两岸未来趋势将有走向开放、交流、探亲、合作的可能性，向张奇询问有哪些涟水人士在台湾对教育工作既有经验又有财力。张奇不假思索地向他报告，说有两个半人。顾祝同听了觉得奇怪，笑问他怎么有半个人。张奇解释说："两个人是男生，一个有经验有财力，另一位有财力无经验，但有兴趣。那半个人是女生，有财力无经验，加之她先生不是涟水人，庞大资金动支将受其左右，可能性不大。"顾祝同听后即指示张奇，尽速与他们联系，如果两岸形势一旦好转，针对故乡涟水经济落后，应考虑以教育优先，配合时代需要走建教合作之路，培育人才。张奇遵其所嘱，即与预定对象联络，约定时间，交换意见。张奇随后将交换的意见向顾祝同汇报。顾祝同指示张奇立即转告两位乡长，对已隔绝四十年之久的故乡先做初步了解与构想蓝图，一旦时机成熟，即可按步实施。

1988 年，张奇终于踏上了盼望已久的归乡之路。近一月的逗留，他与家乡的各级领导广泛接触交流，十分满意。回台后，他立即约见两位有意愿回故乡投资兴学的乡长，畅谈他回乡的观感，敦促他们亲自回乡了解情况，以便按既定计划推进。后来两位乡长陆续回乡考察，其中一位因对故乡隔绝已久，沟通并未如预期顺利，又因水土不服生病而致意外死亡。另一位乡长蒋志平则按张奇的建议，由浅入深，先行捐助故乡修建校舍，在城区创办一所小学，再兴建一所初级中学，而后又与地方政府协商，创建一所炎黄学院，开县级设置高等学府先河。随后更有郑兆财先生回乡捐建郑梁梅系列学校的盛举。至此，顾祝同早期的设想化为现实。

顾祝同还兼任台湾中国孔学会会长。中国孔学会在台湾成立时间虽然不长，却有着深厚的历史渊源，最早是陈焕章在北平创立的孔教会。民国政府成立后，会址迁往南京，以考试院院长戴季陶任会长。当时的会务是以研究性理心法，弘扬孔门道统为宗旨。“国民政府”迁台后，贾景德、许静之、陈可忠、李寰、孙炳炎等人共谋复会，故定名为中国孔学会。以继承过去学术研究之精神，研究和发展理学的现代化、科学化为主要任务。前名誉理事长贾景德、倪昌英逝世后，顾祝同受聘为名誉理事长。他不仅注重学术研究，而且身体力行。

除此，顾祝同还热心办学。由江苏人钮永建创办的强恕中学人才济济，负有盛名。国民党自大陆撤退到台湾后，台湾的学校寥若晨星，赴台的同乡向顾祝同建议创办一所学校，收容由大陆来台的失学青年。遂经撤退时江苏省来台的教育厅长洪钧培、民政厅长顾希平、社会处长钮长耀多方奔走，征得钮永建和夫人以及上海强恕中学校长黄梅仙的同意，申请将强恕中学迁到台北，选择同安街二十八巷为校址，重组董事会，聘请江苏籍人士钱大钧、丁治磐、王懋功、顾希平、钮长耀等为首届董事，推选吴敬恒为董事长，钮永建、顾祝同为副董事长，钮永建为校长。从此弦歌再续。强恕中学礼堂落成后，顾祝同亲笔题名，每年春节同乡联谊会以及清明遥祭江苏抗战死难先烈典礼都在这里举行。校址设在古亭区，能容纳一千五百人以上。图书馆设在礼堂的顶层，另有两间阅览室可容纳三百人阅览，藏有图书四万余册。后来政府实行九年义务教育，强恕中学改名为台北市私立强恕高级中学。1970 年，强恕高级中学与日本大学附属松江高等学校、大韩民国信光女子高等学校缔结姊妹学校。强恕中学建校几十年来，毕业学生一万七千余人。早期毕业的学生有四十余人获得博士学位，两百余人获得硕士学位，培养了大批德才兼备的杰出人才。

戎马倥偬中，顾祝同无法在父母身边尽孝。他到台湾后，将父母从任台湾光大银行行长的弟弟那里接到自己家中赡养，以尽孝道。一家人倒也其乐融融。顾祝同常对儿女们说，明珠弹雀不如泥丸，白璧疗饥不如壶餐。休论人之短，莫论人之长，施恩不图报，受惠慎勿忘，隐心而后动，谤议庸何伤，虚荣不足慕，古诫勿违抗。过去，他带兵与友军并肩作战时，有重大危险的任务，总是让自己的部队抢着担任，在撤退时又让自己部队殿后，受到友军的爱戴与信赖。中原大战时，蒋介石要陈调元的指挥所靠近顾祝同，顾祝同索性搬过去与他同住一起，陈调元自然放心。在处理西安事变善后事宜时，杨虎城之所以能接受顾祝同的意见，也是因为在过去的相处中顾祝同对他关爱有加。一次，夫人许文容将从书店里购得一本吴相湘撰写的《民国百人传》拿给他看，其中，对顾祝同有一段评语：其忠厚的个性以及表现于外的宽以待众、诚以服人的风度，遂使其在先后处理甘肃、青海、宁夏以及四川、贵州各省问题时，达成不战而屈人之兵的最高理想，对于国内统一工作以及抗日战争后方基地的建设，都有贡献。顾祝同看后淡然一笑，他对夫人说："吴先生对我的夸奖，我愧不敢当，不过，宽诚两字倒确实是我一向待人行事的品行，是没有错误的。对国家，对长官，我都本着一个老兵固有的习性，特看重'忠诚'两字，因此平时对国家赋予我的责任、长官给予我的任务，我总是本着自己的职责，竭尽自己的力量，努力去做，不计功过得失；任何职务，该要我担任的，我决不规避，不该我去的，我也决不妄想更不强求，这也是我的生活守则之一。"

在顾祝同九十华诞的生日宴会上，有人问他，以他九十之年，耳目聪明，步履轻健，养生有何秘诀？顾祝同微笑着说："其实并没有什么养生要诀，如果说先天的遗传、生活的改善、医药的进步、活动的维持，这些对一个人的长寿有关系，自然无可否认，不过，我个人认为更重要的也许就是我自己的心境坦然。我相信，这对任何人应该都可以适用，任何人只要做到这一点，一定可以益寿延年。”

韩德勤、王仲廉、冷欣、方先觉等江苏同乡常来台北市敦化南路顾祝同的寓所串门聊天，谈起当年的往事，顾祝同的脸上总是充满笑意。他对每次战役都记忆犹新，不时地纠正别人讲述的谬误之处。顾希平、顾锡九等本家兄弟也常来与他小聚，把酒言欢。那次顾祝同特地拿出老家的高沟大曲与众人分享，兴趣所致，他还讲述了当年从好友韩德勤家出来途经高沟镇时，用他在南京陆小节省下来的生活费买了几坛子高沟陈酿孝敬父亲，父亲很开心。也是在那次买酒时，他对酒的酿造工艺了解个大概，说得在场的人眼都直了：“想不到墨公对酿酒如此精熟。”顾祝同拊掌大笑：“我哪懂什么酿酒，还不是从别人嘴里掏来的？”顾锡九说：“怪不得墨公在镇江时，把高沟酒指定为省府接待用酒，四时八节派人到高沟镇采购，弄得南京国府的人都知道这件事。就为这事，有人还打你的小报告，说你家乡情结太重，不仅在甸湖镇上办起了乡村师范学校，连省政府招待客人喝的酒也出自涟水高沟，把纳税人的银子送给家乡。总裁听了差点儿笑破了肚皮，指责那个告状的人没出息，连这点儿鸡毛蒜皮的小事也烂嚼舌头，何以能治国理政？”顾心衡向顾祝同证实此事，顾祝同连连摇手说：“那些都是坊间传言，不必当真。我可从来没听蒋公提起这事。”顾锡九问：“墨公，听说你喝了家乡的高沟酒，仗愈打愈奇，几乎每战必胜，连小诸葛白崇禧都自愧弗如，这是真的吗?”顾祝同将端起的酒杯放下说:“你这话只讲对了一半,就说我打陈炯明、周荫人那会儿,去哪里买高沟酒?况且部队严禁酗酒,只是在打败了陈炯明的悍将林虎后,蒋公才破例让大家痛饮了一回,而且喝的是贵州茅台,只不过是后来打败了孙传芳和张宗昌时,才喝到家乡的高沟酒。”调侃中,不知不觉已喝了三瓶,顾祝同让侍卫换上茅台酒,众人不答应,闹着还要喝高沟酒。顾祝同说:“你们莫要嫌我小气,就剩几瓶了,我还要留它做个纪念哩!”

第十章 “驭将之才”的陨落

八十二岁那年，秋高气爽，顾祝同陪同何应钦到金门和澎湖列岛参观。在金门时，他特地参观了炮兵工事，看得非常仔细、认真。他举起高倍望远镜对着大陆方向凝视许久，脸上的笑容渐渐地化为愁云，缄默不语。隔着一望无际的海水，他思绪万千，他想到了涟水、南京、武昌、保定、桂林……漫漫人生路，上下求索，有过困惑和迷茫，也有过成功和失败。当年那个身无分文的青年，为了筹措上学的费用，受尽了羞辱和委屈，如果不是堂表叔严润公慷慨解囊，自己不知道该怎样越过那道坎。而今严润公早已作古，自己居然连见他最后一面也成了奢望。所幸的是，他举荐了严润公的毕业于中央大学的公子，他先是在侍从室担任机要秘书，随后又担任国民政府邮电总局副局长。遗憾的是，解放军打过长江时，他忙于收缩兵力保卫上海，以至于严润公的公子被解放军俘虏。这还是好多年后，家乡人写信告诉他的。

转眼几十年过去了，如今的涟水究竟是什么样子呢？那里毕竟是他的根，而今流落海岛几十年了，他有家难回，这该是人生中怎样的缺憾！随侍左右的人见他默然无语，都不敢打搅他。直至离开了炮兵阵地，顾祝同的脸上才渐渐露出笑容。他和何应钦边走边聊，谈到了1925年的那场棉湖之战。何应钦对身旁的人调侃说："我的命可是顾长官从战场上拣回来的，当初要不是他带着教导二团一营袭击林虎的总部，我恐怕早已身埋黄土了。"顾祝同谦逊地说："老长官，那不是我有功，是你福大命大，阎王爷不敢收你。"一句话说得众人都捧腹大笑。

蒋经国、郝柏村、严家淦、马树礼等人每年春节都来看他。在他九十二岁那年，他给蒋经国等人分别致信，谈了他对两岸关系的看法。他说："蒋公在世时提出的复国的口号没有错，但随着时间的推移，我们的口号已经过时了。我们和大陆不能老是处于这种敌对状态，缓和紧张局势是两岸人民的企盼，我们的血管里都流淌着炎黄老祖的血液，无论到了哪天，都不能把台湾从中国分裂出去，谁分裂，谁就是历史的罪人。我们应该摒弃历史的成见，主动与大陆接触，实现两岸经贸往来，为民族之复兴尽绵薄之力。"

1986年春的一天，正在侍弄花草的顾祝同突然感到头昏脑涨，血压升高。家人立即将他送往台湾三军总医院救治。经医生诊断，他患的是老年性高血压，服了几片药后，血压很快恢复正常，第二天便出院。他平时很少生病，偶尔伤风感冒，也不随意吃药，坚持喝白开水排毒，实在顶不住时才去打吊针。他认为是药三分毒，长期服药会损害人体的器官和功能。而入夏以来，台湾进入高温季节。顾祝同一时兴起，不顾此刻老人最不宜外出的禁忌，欣然前往花市赏花。

他在花市逛了一整天，还带回了几盆花。结果回到寓所的当天晚上就感到阵阵头晕，眼前发黑，他被家人第二次送往医院。经诊断为高血压引起的脑部微血管阻塞，不得不接受住院治疗。可这一次他一住就是半年，再没有回过家。琏生等几个女儿轮流陪护着他。他的黄埔学生、老部下黄杰也在隔壁病房里住院，时常坐着轮椅过来问候，同他谈论往事。顾祝同的心情倒也开朗。

大约住院一周后，蒋经国亲自到床前探望。蒋经国一直惦记着顾祝同，常派人到家中探视，让闲居在家的顾祝同备感欣慰。在他九十华诞那天，蒋经国还亲自登门祝贺，授予他“中正勋章”，成为大陆赴台老臣中获此殊荣的第一人。临别前，蒋经国叮嘱院长，一定要派最好的专家给墨公治病，必要时可以去美国请专家来台会诊，尽快让墨公的身体康复。韩德勤、薛岳、严家淦、冷欣等也常来医院探视。他的部下、黄埔学生以及友人也都陆续来医院探视，但他的生命就像一盏耗尽了油的灯，正走向生命的终结。

1987 年 1 月 17 日凌晨，九十四岁高龄的顾祝同带着他对大陆和远在美国亲人的不尽眷念，在台北三军总医院溘然长逝。儿女们哀声一片，小女琏生几次哭得背过气去。她是在徐蚌会战时降生的，那时的父亲正穿梭于南京和徐州之间，忙于指挥军事，他给女儿的父爱太少太少了，及至到了台湾以后，他才和女儿朝夕相处，忙里偷闲地指导小女功课，偶尔也带她出去游玩。父亲静静地躺在那里，心爱的女儿再也见不到父亲的音容笑貌，怎不叫她寸断肝肠？

国民党治丧会在台北民权东路第一殡仪馆景行厅举办告别仪式，蒋经国、严家淦、郝柏村、马树礼、韩德勤等人前来向他做最后的告别。葬礼采用传统棺柩大殓，自上午 8 时至 10 时 50 分前，拜祭数千人。仪式结束后，移灵至十五里外之五指山军人示范公墓，沿途除派军宪警维持交通秩序外，自动前往执绋的亲友、同乡、僚属、袍泽达数万人之多，道路堵塞，史无前例。

图书在版编目(CIP)数据

顾祝同传 / 吕慧著. — 北京 ：中国文史出版社，2020.1

ISBN 978－7－5034－9792－6

Ⅰ. ①顾… Ⅱ. ①吕… Ⅲ. ①顾祝同(1893－1987)－传记 Ⅳ. ①K825.2

中国版本图书馆 CIP 数据核字(2017)第 286387 号

选题企划：篝 笛 段 冉
责任编辑：卢祥秋

出版发行：**中国文史出版社**
社　　址：北京市海淀区西八里庄 69 号院　邮编：100142
电　　话：010－81136606　81136602　81136603（发行部）
传　　真：010－81136655
印　　装：廊坊市海涛印刷有限公司
经　　销：全国新华书店
开　　本：720×1020　1/16
印　　张：18　　　字数：190 千字
版　　次：2020 年 1 月第 1 版
印　　次：2020 年 1 月第 1 次印刷
定　　价：65.00 元